중학생도, 고등학생도 그림책을 사랑한다!
중등 그림책 수업

중등 그림책 수업

초판 1쇄 발행 2023년 5월 4일
초판 2쇄 발행 2023년 12월 11일

지은이 그림책사랑교사모임
발행인 최윤서
편집 김은아
디자인 신미연
마케팅 김수경, 최수정
펴낸곳 (주)교육과실천
도서문의 02-2264-7775
인쇄 031-945-6554 두성 P&L
일원화 구입처 031-407-6368 (주)태양서적
등록 2020년 2월 3일 제2020-000024호
주소 서울특별시 중구 창경궁로 18-1 동림비즈센터 505호

ISBN 979-11-91724-27-1 (13370)

책값은 표지에 있습니다.
저작권법에 따라 한국 내에서 보호를 받는 저작물이므로 무단 전재 및 복제를 금합니다.

중학생도, 고등학생도 그림책을 사랑한다!

중등 그림책 수업

그림책사랑교사모임 지음

차례

여는 글 – 중학교, 고등학교에서 그림책 수업을 한다고? 7

자유학기   그림책으로 다양한 '나'를 만날 수 있다 15

나 소개하기 20 / 걱정 23 / 두려움 26 / 자기 긍정 29 / 자존감 33 /
나다움 36 / 꿈 39 / 소통 42 / 마음 열기 45 / 관계 49 / 인권과 평화 53 /
세계 시민 59 / 수업 성찰 61

국어   그림책은 국어 수업의 훌륭한 보조 교재이자 주교재가 되어 준다 65

(듣기·말하기 영역) 담화와 의사소통 70 / 연극과 매체 표현 75,
(읽기 영역) 독서와 발표 78 / 진로 탐색을 위한 국어 활동 83,
(쓰기 영역) 문학 작품의 관점 86 / 문학과 성찰 90,
(문법 영역) 한글과 국어 생활 93,
(문학 영역) 문학 작품의 재구성·비판적 듣기와 읽기 97

영어   영어 그림책으로 영어까지 좋아할 수 있다 105

Sculpt Your Dream 111 / A Dollar in My Pocket! 119 /
Expand Your Horizon 125 / Technology Changes Our Lives! 131 /
You Are What You Eat! 137 / Small Step to a Big Change 143

| 수학 | **그림책으로 수학의 발생을 경험하고 수학을 쉽게 이해할 수 있다** 149

확률 154 / 연산 160 / 명제 165 / 방정식과 부등식 168 / 기하 172 /
함수 177 / 수학에 대한 이야기 180

| 과학 | **한 권의 그림책이 과학에 깊은 호기심을 갖게 한다** 187

태양계 192 / 별과 우주 195 / 빛과 파동 198 / 물질의 구성 202 /
동물과 에너지 206 / 생물의 다양성 210 / 기권과 날씨 217 /
수권과 해수의 순환 221 / 발명 224

| 도덕 | **강요하지 않는 그림책이 교사의 이야기를 대신한다** 227

첫 수업 232 / 도덕적인 삶 236 / 도덕적인 행동 240 / 자아 정체성 244 /
행복한 삶 250 / 가정생활과 도덕 255 / 참된 우정 261

가정 **가족과 일상을 담은 그림책으로 어려운 주제에 쉽게 다가갈 수 있다** 269

청소년기 발달과 자아 정체감 형성 274 / 개성 있는 옷차림 278 /
책임 있는 소비 생활 281 / 생활 자원 관리 285 /
의사소통과 갈등 관리 288 / 안전한 가정생활 294 /
건강한 식생활 300 / 이웃과 더불어 사는 주생활 문화 304 /
미래 가정생활 307

한문 **한문과 그림책은 '온고지신(溫故知新)'의 관계로, 학생들의 질문을 바꾼다** 311

나이 316 / 기아와 빈곤 322 / 노력 331 / 감정 335 / 배움 338 /
덕목 341

여는 글

중학교, 고등학교에서
그림책 수업을 한다고?

'그림책' 하면 어린아이들이 긴 텍스트를 읽기 전에 한글을 깨우치기 위한 책으로 인식하는 교사들이 많다. 중학교, 고등학교에서 그림책으로 수업을 한다고 하면 무척 놀라며, 초등학교도 아니고 중등에서 그림책 수업이 가능하다는 사실을 믿기 어려워한다. 학생들도 마찬가지다. 그림책으로 수업을 하려고 하면, 우리를 초등학생 취급하는 거 아니냐며 반감을 표하곤 한다. 시시한 그림책으로 무슨 수업을 한다는 건지 그림책을 무시하는 반응도 보인다. 학교에서는 그림책 수업을 한다고 별난 교사라는 시선으로 보고, 학부모들 중에는 교과서를 중심으로 교과 이론을 배워야 하는데 그림책으로 수업한다며 딴지를 걸기도 한다.

이런 분위기 때문에 그림책 수업이 쉽지 않았다. 그런데도 그림책 수업을 꾸준히 해 올 수 있었던 것은 그만큼 그림책 수업이 좋기 때문이다. 다행스럽게도 최근 들어 그림책을 좋아하는 사람들이 늘고 있다. 학생들뿐 아니라 교사를 포함한 성인 독자까지 그림책을 읽고 나누며 마음의 위로를 얻고 있다. 그림책이 지닌 문학성과 예술성의 가치가 많은 이들에게 인정받으면서 그림책 수업을 하기에 훨씬 편한 분위기가 마련되고 있다.

특히 그림책 수업의 가치는 학생들의 반응에서 확인할 수 있다. 꾸준히 그림책 수업을 한 학생들은 다른 수업보다 그림책 수업을 가장 좋아한다. 지금까지 들어 본 수업 중에 최고라는 학생, 다음 시간에는 어떤 그림책을 읽어 줄지 기대된다는 학생, 그림책을 읽어 준 선생님을 평생 기억하겠다는 학생 등 그림책 수업을 학생들은 정말 좋아한다.

앎과 삶이 일치하는 그림책 수업

교사라면 누구나 '앎'과 '삶'이 일치하는 수업을 꿈꾼다. 앎과 삶이 일치하려면 우선 학생들의 삶을 통한 앎이 이뤄져야 한다. 교과서를 넘어 학생들의 삶 이야기를 수업에 활용해 앎을 확장해 나가야 한다. 하지만 매 시간 학생들의 삶을 활용하기는 쉽지 않다. 주제에 딱 맞는 삶 이야기를 찾기도 어렵고, 무엇보다 학생들이 자기 삶을 교실에서 쉽게 드러내지 않기 때문이다.

그림책은 우리의, 학생들의 삶을 이야기한다. 친구에게 나쁜 말을 듣고 미움으로 가득 찬 삶을 살아가는 〈미움〉의 주인공 아이, 다른 이들의 기대에 맞춰 살아가느라 천 년은 늙어 버린 〈슈퍼 거북〉의 꾸물이, 다른 사람들에 비해 키가 크다는 이유만으로 사회에서 따돌림을 당하는 〈다른 사람들〉의 주인공처럼 그림책에는 학생들의 삶이 들어 있다.

학생들은 매일 친구들로부터 상처를 받고, 부모의 기대에 맞춰 공부하느라 지쳐 있으며, 다른 친구들에게 따돌림을 당하지 않기 위해 부단히 애쓴다. 그래서 학생들은 그림책을 읽어 주면 금방 그림책 장면 장면에 빠져든다. 단지 그림책 속 이야기가 아니라 자기 이야기이기 때문이다. 자기 삶의 이야기를 그림책으로 마주하면서 감정 이입을 하고, 자신과 닮은 주인공의 모습이나 상황을 보며 마음에 위로를 얻고 눈물을 흘린다.

앎이 이뤄지기 위해서 학생들은 감동이 있는 교재, 텍스트를 만나야 한다. 그림책은 학생들에게 감동을 준다. 울림을 주는 그림책을 만났을 때 앎을 향한 학생들의 태도는 달라진다. 건조하고 딱딱한 교과서를 접했을 때 보기 힘든 생동감을 느낄 수 있다. 그림책을 읽고 나서 자기 생각과 감정을 적극적으로 표현하는 학생들을 만날 수 있는데, 이렇게 학생들은 그림책을 통해 배움의 열정을 키우게 된다.

단순히 감동을 주는 그림책을 읽는다고 앎과 삶이 일치하는 수업이 바로 이뤄지는 것은 아니다. '앎'이 '함'이라는 실천 과정으로 이어져야 하고, 실천 과정에서 자신의 행동이 앎에서 비롯된 것이라는 '반성적 사고'도 필요하다. 그림책 수업은 그림책 속 주인공의 이야기를 나눈 후에 학생들의 삶 이야기에 다가간다. 내 삶의 문제를 다루기 때문에 학생들은 단순히 앎에 그치지 않고 함이라는 실천으로 나아간다.

이성과 감성을 동시에 기르는 그림책 수업

그림책 수업은 학생들에게 생각하는 힘과 마음을 다루는 능력을 동시에 길러 줄 수 있다. 그림책은 문학적 성격을 지닌 글과 예술성이 강한 그림이 상호 작용하면서 이야기를 만들어 낸다. 그림책 속에서 글과 그림은 같은 이야기를 하거나 서로 앞서거니 뒤서거니 보충하면서 이야기를 이끌어 간다.

그림책의 글과 그림을 읽고 작가가 전하는 메시지를 파악하는 과정에서 이성적 사고의 핵심인 문해력이 길러진다. 단순히 글만 읽는 것이 아니라 그림을 함께 보면서 작가의 메시지를 파악하기 때문에 텍스트만 이해하는 것보다 훨씬 더 다차원적인 사고력이 길러진다. 또 그림책을 읽고 질문을 만들고 토론하는 과정을 통해 논리적인 사고가 길러진다.

무엇보다 그림책 수업은 학생들의 감성을 자극한다. 그림책 수업이 여느 수업과 다른 가장 큰 장점이라고 할 수 있는데, 이성적으로 사고할 때 다가오는 글과 달리 그림책의 그림은 직관적이고 직접적으로 학생들의 마음에 다가간다.

그림책의 한 장면에 멈춰서 한동안 눈을 떼지 못하는 학생들을 자주 만나게 되는데, 학생들의 배움에 있어 감성은 이성보다 훨씬 더 중요하다. 마음이 안정되지 않은 상황에서는 배움이 일어나지 않는다. 불안, 초조, 두려움이 마음을 차지하면 이 감정들에 치우쳐서 다른 무엇도 하기 힘들다. 그림책은 학생들의 이런 마음을 어루만져 준다.

그림책 수업은 어떻게 할까?

그림책 수업은 그림책 선정, 그림책 읽기, 생각 열기, 생각 나누기, 생각 정리하기 순으로 진행한다. 그림책 수업의 시작은 그림책을 정하는 것이다. 각 교과의 성취 기준에 맞는 다양한 그림책이 있지만, 수많은 그림책 중에서 어떤 그림책을 골라야 할지 막막할 때가 많다.

그림책 정보를 얻는 방법은 다양하다. 인터넷에 주제어를 입력해서 다양한 사람들이 소개한 그림책 정보를 얻을 수 있다. 그림책 박물관 사이트 같은 곳에서도 주제별, 작가별 다양한 그림책 정보를 손쉽게 얻을 수 있다. 그림책 활용 도서에 소개된 그림책들도 좋다.

무엇보다 교사가 수업 전에 그림책을 먼저 읽고 마음에 와닿은 그림책으로 수업하기를 권한다. 다른 교사들이 아무리 좋다고 해도 나와 맞지 않는 경우가 있다. 누군가가 좋다고 하는 이유로 잘 살펴보지 않은 그림책을 교실에 들고 가면 그 수업은 실패하기 쉽다. 학생들은 교사가 그림책을 얼마나 진심으로 전달하고 싶어하는지 다 안다. 교사가 자신이 그림책에서 받은 감동을 전하려고 할 때 학생들도 마음을 열어 그림책을 만난다.

그림책을 읽는 방식에는 정답이 없다. 수업 상황에 따라 다르다. 교사가 학생들에게 읽어 줄 수도 있고, 학생들이 모둠별로 읽을 수도 있고, 학생들이 모둠에서 먼저 읽고 교사가 다시 읽어 줄 수도 있다. 교사가 그림책을 읽어 줄 때도 한 번에 전체를 읽어야 할 경우도 있고, 한 장면 한 장면 읽으면서 학생들과 그림책 장면을 이해하고 그 장면과 닮은 삶의 이야기를 나눌 수도 있다. 다양한 교실 상황에 맞게 적절하게 읽으면 된다.

그림책을 읽은 후에는 생각 열기를 진행한다. 생각 열기는 본격적으로 학생들과 그림책에 관한 이야기를 하기 전, 마음과 생각을 여는 활동이다. 포토 스탠딩 토론을 활용해서 그림책 읽은 소감을 작성하거나, 다양한 그림책 놀이를 즐길 수도 있다. 그 외에도 다양하면서 간단한 독후 활동으로 학생들이 그림책 수업에 집중할 수 있도록 마중물 역할을 하는 것이 생각 열기 활동이다.

생각 나누기 단계에서는 그림책에서 찾은 질문으로 대화와 토론을 한다. 교사가 사전에 중요하다고 생각한 질문으로 진행하거나 학생들이 만든 질문으로 토론할 수 있다. 찬반 토론, 비경쟁 토론, 심도 깊은 철학 토론까지 무엇이든 가능하다. 생각 정리 단계에서는 생각 나누기를 하며 갖게 된 자신의 최종적인 생각을 글쓰기, 그림 그리기, 글과 그림 함께 작성하기 등으로 정리한다.

이 모든 단계를 거치려면 시간이 꽤 많이 필요하다. 그렇기 때문에 교실 상황에 맞게 시간을 조정한다. 수업마다 그림책 읽기부터 생각 정리 단계까지 모두 다 할 필요는 없다. 그림책 읽기만으로 충분할 때가 있고, 생각 열기 활동으로 학생들의 마음과 생각을 가볍게 하는 것이 더 중요할 때도 있다. 때로는 그림책 토론으로 학생들의 생각을 확장할 필요가 있을 때도 있다. 시간 여유가 많고 그림책을 깊게 나누고 싶을 때는 모든 단계를 거치면 된다.

한 가지 중요한 점은 그림책 수업을 처음 시작할 때 교사에게 맞는 수업으로 시작하면 좋다는 것이다. 그림책을 읽는 것이 재밌고 학생들과 편하게 대화 나누는 게 좋은 교사라면 그림책 읽기 수업을 중심으로 한다. 놀이가 적성에 맞는다면 그림책 놀이 수업을, 독후 활동이 좋으면 그림책 독후 활동 수업을, 질문이 있는 수업을 하고 싶다면 그림책 질문 수업을, 토론이 좋다면 그림책 토론 수업을 하면 된다. 자신에게 맞는 활동을 중심으로 그림책 수업을 하기 시작하면 그림책 수업이 더 재밌어진다. 그렇게 차츰 활동 범위를 넓히며 학생들에게 다가가면 된다.

〈중등 그림책 수업〉은 앎과 삶이 일치하는 수업, 이성과 감성을 길러 주는 수업을 하고 싶어 하는 그림책사랑교사모임 중학교, 고등학교 교사들이 함께한 책이다. 자유학기, 국어, 영어, 수학, 과학, 도덕, 가정, 한문 총 8개 과목의 그림책 수업 사례를 소개한다. 과목당 한 권의 책이 나올 수 있을 만큼 열심히 수업한 사례를 한 권의 책으로 엮다 보니 수업 활동을 하나하나 구체적으로 자세히 설명하지는 못했지만, 교과마다 최대한 많은 그림책 수업을 소개하려고 노력했다. 자기 과목이 아닌 다른 과목의 사례를 보면서도 많은 수업 아이디어를 얻을 수 있으므로 이 책에서 다양한 그림책 수업 사례를 참고하기를 바란다.

〈중등 그림책 수업〉을 읽고 많은 중학교, 고등학교 교사들이 그림책으로 학생들을 만나면 좋겠다. 그림책은 초등학교 학생들의 전유물이 아니다. 중학교, 고등학교에서도 그림책으로 수업을 꼭 한번 해봤으면 좋겠다. 평소보다 훨씬 더 수업에 빠져드는 학생들을 만날 수 있을 것이다.

그림책을 사랑하는 마음을 담아
그림책사랑교사모임

자유학기

그림책으로 다양한 '나'를 만날 수 있다

　그림책은 인간의 삶을 이야기한다. 다른 문학 작품과 조금 다른 점이라면 '글'과 '그림'이라는 서로 다른 의사소통 방식이 결합되어 통합된 하나의 이야기를 전달한다는 점이다. 글과 그림으로 표현되는 독특하고 흥미로운 도서 장르인 그림책은 아이부터 어른까지 폭넓은 독자층을 아우르는 문학 작품이자 예술 매체다. 누구나 쉽게 접근할 수 있으며, 여러 번 반복해서 읽고 깊이 이해할수록 감동의 여운이 오래 간다.

　독자는 수많은 그림책 속에서 '나'를 만나는 경험을 한다. 〈잃어버린 영혼〉이라는 그림책을 처음 읽었을 때 느꼈던 감동이 아직도 생생하다. 빠르게 변하는 세상 속에서 매 순간 일에 쫓기는 주인공은 자신의 이름조차 기억하지 못할 정도로 영혼이 피폐했다. 바쁜 일상의 속도를 영혼은 미처 따라오지 못했고, 영혼을 잃어버린 주인공은 공허함으로 아무것도 기억할 수 없었다. 주인공의 모습에서 교직 경력 19년 차 교사로 쉼 없이 달려오며 지쳐 있는 내 모습을 보았다.

그림책은 지치고 한없이 작아진 내게 따뜻한 위로를 건넸고, 그때부터 나는 그림책을 사랑하는 사람이 되었다. 표지부터 책을 덮는 순간까지 촉감, 색감, 작은 그림 하나 하나 사소한 것들에 담긴 정성스러움이 마음을 흔들었다. 그림책에서 위로를 얻으며 사소해 보이는 우리 일상에서 중요한 삶의 가치를 찾을 수 있었다. 마음을 위로하고 두근거리게 했던 그림책들을 학생들과 나누고 싶었다.

중학교에서 그림책 수업을 개설하는 데는 용기가 필요했는데, 잘 살펴보니 자유학기 활동 프로그램 중 주제 선택 수업이 그림책 수업을 열기에 아주 적절해 보였다. 중학교 1학년 때 실시하는 자유학기의 주제 선택 수업은 학생의 흥미와 관심을 반영한 체계적이고 심층적인 프로그램을 운영하여 학습 동기를 유발하고 전문적인 학습 기회를 제공하는 것이 그 취지다. 교과와 연계한 프로젝트 수업과 범교과 주제 활동으로 그 폭을 넓혀 다양한 수업으로 확장할 수 있다는 점이 그림책 수업을 열기에 안성맞춤이었다. 게다가 주제 선택 수업은 대개 두 시간 블록으로 진행하는 경우가 많아, 그림책을 읽고 생각을 나누고 표현 활동까지 할 수 있는 시간이 충분했다.

그림책으로 주제 선택 수업을 열었을 때 할 수 있는 활동은 다양하다. 그림책 표지나 제목으로 상상하기, 그림책을 읽고 난 후 기분이나 감정 나누기, 그림책 속 이야기에서 찾을 수 있는 나의 경험 나누기, 그림책 장면 중 인상 깊었던 장면을 나누며 경청하고 공감하기, 그림책을 읽고 중심 단어를 찾아 그것으로 질문 만들고 이야기 나누기, 그림책과 연계한 표현 활동하기 등 그림책을 읽고 즐길 수 있는 모든 활동이 수업이 될 수 있다. 수업 시간을 확보하고 17주의 수업을 계획하여 한 학기 동안 주제 선택 수업을 했던 내용의 일부를 소개한다.

주제별 그림책 목록

주제	그림책
나 소개하기	너는 어떤 씨앗이니?
걱정	내 마음을 누가 알까요?
두려움	블랙 독
자기 긍정	커다란 악어알
자존감	사랑스러운 까마귀
나다움	고슴도치 X
꿈	행복한 기빙
소통	알사탕
마음 열기	두근두근
관계	4998 친구 알도
인권과 평화	꽃 할머니 평화 책
세계 시민	네 개의 그릇
수업 성찰	무슨 생각하니?

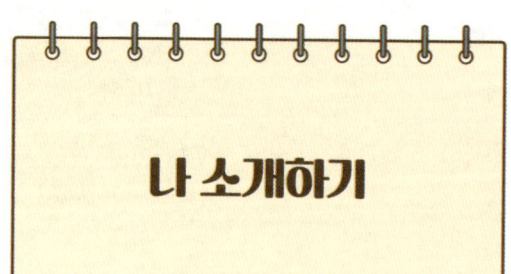

나 소개하기

사계절 피어나는 꽃들이 제각기 다른 것처럼 우리 아이들도 제각기 다른 존재다. 피는 시기도 다르고 생김새도 다르지만 결국 아름다운 꽃을 피워 내듯이 우리 아이들도 지금은 작고 보잘것없어 보이지만 의미 있는 아름다운 존재로 성장할 것이다. 이런 생각을 담아 자신을 소개해 본다.

> **그림책 소개**
>
> **너는 어떤 씨앗이니?** (최숙희 글·그림 | 책읽는곰)
> 보잘것없어 보이는 작은 씨앗이 뿌리를 내리고, 줄기와 잎이 자라 아름다운 꽃을 피워 낸다. 씨앗처럼 조금씩 성장하며 자신만의 꿈을 이뤄 나갈 아이들에게 희망과 용기를 주는 그림책이다.

활동 1 나의 씨앗과 꽃 표현하기

　그림책을 펼쳐 보면 작고 못생긴 씨앗들이 저마다 아름다운 꽃으로 피어난다. 씨앗만 봐서는 어떤 꽃이 될지 알 수 없다. 우리 학생들도 마찬가지다. 지금은 작은 씨앗으로 뾰족뾰족하고 까칠하고 단단한 껍질로 둘러싸여 있는 모습이지만, 언젠가 예쁘게 피어날 꽃들이다. 봄에 피는 꽃도 있고, 한겨울에 피어나는 꽃도 있다. 피어나는 시기와 모양이 다를 뿐 모두 꽃이 될 씨앗들이다. 현재 자기의 모습을 씨앗으로, 그리고 갖가지 색깔과 모양으로 피어날 꽃으로 표현해 본다. 걱정이 많은 작은 씨앗에서 어떤 일에도 휩쓸리지 않는 긍정의 꽃으로, 작고 단단한 씨앗에서 크고 예쁜 꽃으로 피어난 모습을 표현하는 학생들을 보며, 자신이 생각하는 현재 자기의 모습과 앞으로 자라서 되고 싶은 모습을 살며시 엿볼 수 있다.

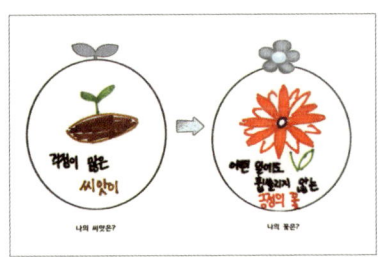 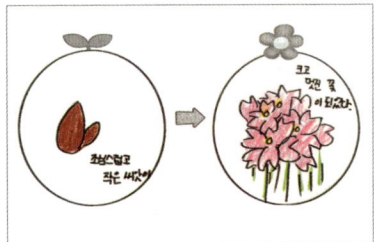

활동 2 플랩 북으로 나 소개하기

　플랩 북 활동지로 자기를 소개해 보게 하면 학생들이 흥미를 느끼며 개성 있는 자기소개 자료를 만들어 낸다. 플랩 북이란 들춰 보는 형태의 책을 말한다. 일단 프로필, 상태 메시지로 자기의 기분 상태를 표현한다. 그리고 자기를 소개하는 4개 칸에 나의 씨앗과 꽃 표현하기, 내가 좋아하는 것, 나의 장점, 나의 꿈 등 자기를 소개할 수 있는 항목들로 표현해 보는 활동이다. 예를 들어 플랩 북 활동지 겉면에 나의 씨앗을 소개하고, 펼쳐서 보이는 안쪽 면에 씨앗이 꽃이 된 상태를 표현한다. 옆쪽 나의 약속 칸에는 수업 시간에 자신이 지킬 수 있는 약속을 스스로 적어 보도록 한다.

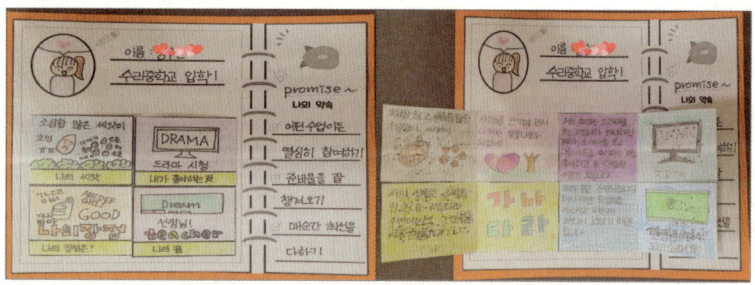

함께 활용하면 좋은 그림책

- 나는요.(김희경 글·그림 | 여유당)
- 신개념 공룡(노에 카를랭 글, 클라스 베르플랑크 그림 | 소금창고)
- 중요한 사실(마거릿 와이즈 브라운 글, 최재은 그림 | 보림)

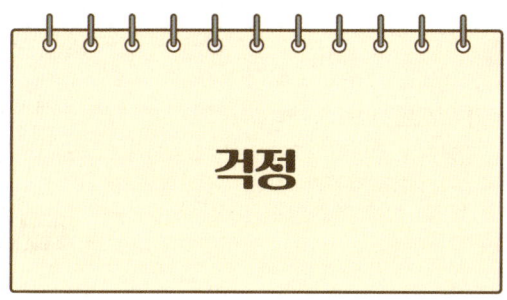

걱정 없는 사람은 없지만, 때로 지나치게 걱정하면 불안한 마음이 점점 불어나 커다란 걱정덩어리가 마음을 짓누른다. 그럴 때 마음속 걱정덩어리를 잘게 나누어 볼 필요가 있다. 잘게 나누고 분류하다 보면 단순한 걱정인지 또는 자신을 성장시키기 위한 걱정인지 조금은 명확해진다. 걱정의 종류에 따라 누군가에게 걱정을 털어놓는 것만으로도 마음이 가벼워지거나, 위안을 얻고 해결이 되기도 한다. 또 걱정이나 고민이 때론 나를 변화시키는 씨앗이자 거름이 될 수 있다. 걱정이 눈덩어리처럼 불어나 자신을 짓누르기 전에 자기의 내면을 들여다보고 치유할 수 있는 활동이다.

> **그림책 소개**
>
> **내 마음을 누가 알까요?** (줄리 크라우리스 글·그림 | 노란상상)
> 불행, 우울, 슬픈 감정 또는 아이들이 경험하는 마음을 무겁게 짓누르는 걱정들이 있다. 걱정이 지나가면 새로운 세상이 보인다는 것, 쉽게 포기하지 않으면 걱정이 때로 자신을 강하게 만든다는 사실을 알게 해 주는 그림책이다.

활동 1 걱정 분리수거하기

학생들의 마음을 짓누르는 걱정 돌멩이는 무엇이 있을까? 내 마음의 무거운 걱정거리들을 마음껏 작성하게 해본다. 손톱을 물어뜯는 것, 키가 작은 것, 뚱뚱한 것, 피부가 까만 것 등 외모에 대한 걱정거리, 숙제가 많은 것, 학원을 너무 많이 다녀서 힘에 부치는 것, 성적이 노력만큼 나와 주지 않는 것, 다른 친구들과 비교되는 것, 아직 꿈을 갖지 못한 것 등 학업과 미래에 대한 걱정거리, 친구와의 관계, 부모와의 관계, 이성 친구 문제 등 관계에 대한 걱정거리 같은 다양한 걱정거리들이 모인다.

학생들 마음속에서 뱉어 낸 걱정거리들을 그림책 소녀처럼 3단계로 분리수거를 해본다. 1단계는 친구와 나누면 금방 해결될 수 있는 고민, 2단계는 나를 새롭게 할 수 있는 걱정과 고민, 3단계는 내가 성장할 수 있게 해 주는 걱정으로, 각자의 고민을 분리수거해 본다. 마음속에 쌓이는 걱정을 모른 척하거나 걱정에 매몰돼서 자기 일상에 어려움을 겪지 않도록 걱정을 조금씩 단계별로 나눠서 해결하는 태도가 필요하다.

그림책 속 주인공처럼 단짝 친구에게 고민을 나누면 더 이상 혼자 힘들어하지 않아도 된다. 또 걱정 돌멩이를 잘게 부수고 복숭아나무에게 거름으로 주어 복숭아나무가 아름답게 무럭무럭 자라게 했다. 때로 걱정은 나를 새롭게 만드는 거름이 된다. 또 다른 걱정 돌멩이로 계단을 만들었다. 계단을 오르면 높은 벽 너머 멀리까지 볼 수 있다. 걱정이 지나면 새로운 세상이 보인다는 것을 알게 되고 걱정 때문에 쉽게 포기하지 않는 마음을 먹기를 바랐다. 걱정이 때론 자신을 강하게 만든다는 사실도 알게 되기를 바란다. 마지막으로 마음을 무겁게 했던 걱정들을 풍선에 적고 친구들과 터뜨려 보면서 마음이 후련해지는 것을 느껴 보게 했다.

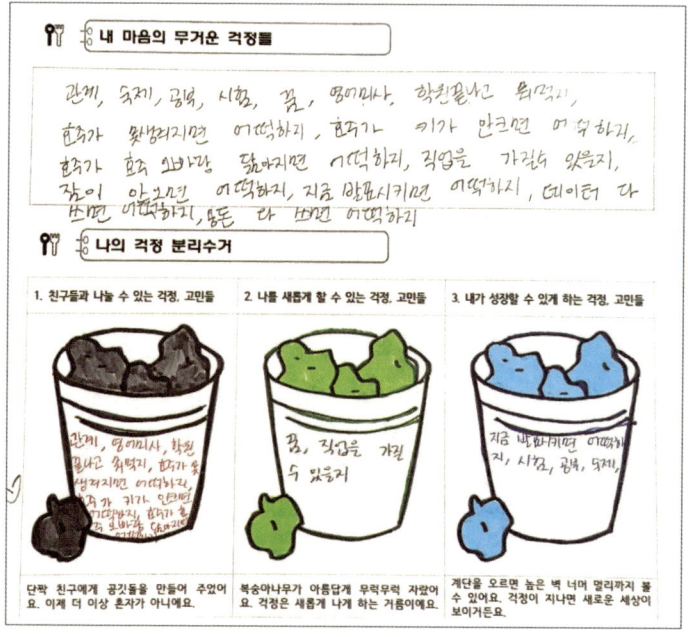

함께 활용하면 좋은 그림책

- ◆ 걱정 상자(조미자 글·그림 | 봄개울)
- ◆ 불안(조미자 글·그림 | 핑거)
- ◆ 안녕, 울적아(안나 워커 글·그림 | 모래알)
- ◆ 아름다운 실수(코리나 루이켄 글·그림 | 나는별)

막연하고 불확실한 삶에서 어쩌면 우리의 생각이 두려움의 크기를 부풀리고 실재하게 만드는지도 모른다. 실재하지 않는, 그렇게 부풀려진 두려움이 때로 우리를 꼼짝 못하게 하는 경우가 있다. 두려움에 잠식되지 않고 내가 통제할 수 있으려면 내 안의 두려움을 직면할 용기가 있어야 한다. 내 안의 두려움과 직면할 수 있는 용기를 얻기 위해 나만의 비법을 찾아보는 활동이다.

그림책 소개

블랙 독 (레비 핀폴드 글·그림 | 북스토리아이)
누구나 마음속에 하나쯤 가지고 있는 두려움이 있다. 마음속에 가지고 있지만 잘 꺼내 보지 않았던 두려움에 맞서는 용기에 대한 이야기다.

활동 1 나의 블랙 독은 무엇인가

그림책 속 가족들이 거침없이 나가려는 막내를 향해 "나가면 안 돼! 녀석이 널 잡아먹을 거야! 네 머리를 우적우적 깨물어 먹을 거야! 네 뼈를 아작아작 씹어 먹을 거야!"라며 무시무시한 말을 한다. 과도한 두려움은 이성적인 사고를 멈추게 하고, 우리의 내면을 무너뜨린다.

학생들의 마음속을 짓누르는 두려움은 무엇일까? 두려움을 이겨 낼 나만의 비법은 무엇일까? 그림책 속에 등장하는 호프씨네 가족이 블랙 독을 대하는 자세를 살펴보면 두려움을 직면하지 못하고 회피한다. 그림책 〈블랙 독〉은 누구나 마음속에 가지고 있지만 잘 꺼내 보지 않았던 두려움에 맞서는 용기에 대한 이야기를 들려준다.

1. 두려움을 대하는 태도 알아보기

인물	블랙 독을 대하는 자세
호프 씨	
호프 씨 아내	
애들라인	
모리스	
막내(꼬맹이)	
나	

2. 두려움의 대상 알아보기 : 나의 블랙 독은 무엇인가요?

이 책을 통해 내 안 깊숙이 자리 잡고 있는 두려움은 없는지, 있다면 어떻게 해야 하는지 학생들과 이야기를 나눠 볼 수 있다.

활동 2 **두려움을 이겨 내는 나만의 비법 양념**

블랙 독을 이겨 낼 용기는 어디서 나올까? 호프 씨네 가족들이 두려움을 회피하고 숨으려 하는 동안 블랙 독은 더 커졌다. 다른 가족들과 다르게 꼬맹이 막내는 두려움 앞에 당당히 직면하는 모습을 보여 준다. 두려움의 대상 앞에서 숨고 이성적인 판단을 하지 못하는 가족들과는 너무 다른 반응이다. 잡아먹힐 거라는 가족들의 경고에도 문을 열고 블랙 독을 마주하고, 더 나아가 블랙 독 앞에서 노래를 부르며 유인하면서 두려움의 크기를 작아지게 만드는 여유를 보여 준다. 과도한 두려움은 우리의 내면을 삼켜 버린다. 두려움을 이겨 낼 수 있는 자신만의 비법 양념통을 만들어 본다.

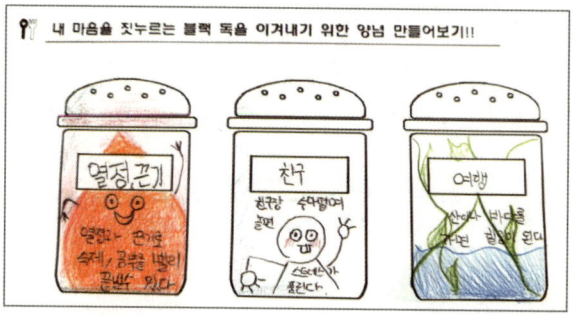

함께 활용하면 좋은 그림책

◆ 빨간 벽(브리타 테켄트럽 글·그림 | 봄봄)
◆ 용감한 아이린(윌리엄 스타이그 글·그림 | 비룡소)
◆ 곧 이 방으로 사자가 들어올 거야(아드리앵 파를랑주 글·그림 | 정글짐북스)

자기 긍정

긍정하고 칭찬하는 말 한마디가 아이들에게 용기를 주고 어려움을 극복할 수 있는 큰 힘을 준다. 내가 뭐든 할 수 있는 사람이라는 자신감과 확신의 마음을 가지기 위해서는 주변 가까운 사람들의 긍정과 믿음이 매우 중요하다. 존재 자체를 사랑으로 바라보고 성장할 수 있도록 용기를 주는 긍정적인 말에는 무엇이 있는지 알아보는 활동이다.

그림책 소개

커다란 악어알 (김란주 글, 타니아손 그림 | 파란자전거)
큰 알에서 태어난 악어 꽝장이. 엄마, 아빠와 형들의 걱정 어린 말에 주눅이 들어 아무것도 못하는 악어인 줄 알았던 꽝장이가 할머니의 칭찬과 긍정적인 말에 힘을 얻어 당당하게 성장하는 이야기를 담은 그림책이다.

활동 1 나를 힘들게 하는 말

그림책에서 주인공 굉장이는 가족들의 부정적인 말에 자꾸만 위축된다. 걱정과 한숨 소리에 심장이 쿵 떨어질 것 같은 굉장이는 아무것도 할 수가 없었다. 학생들의 심장을 쿵 떨어뜨리는 말에는 무엇이 있을까? 경험을 적어 보게 한다.

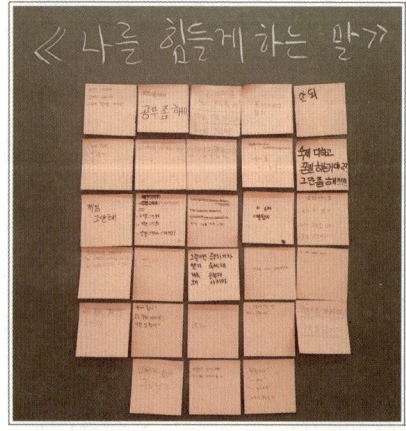

공부 좀 해. 뭐가 되려고 그러는 거니?
안 돼, 제발 그만 좀 해.
그럴 거면 공부하지 마.
빨리 숙제해. 공부나 해. 게임 그만해.
생각이 있는 거야?
너 숙제 대충 했지?
숙제 다 하고 폰질하는 거야?
시험 잘 봤어?
집에서 공부나 해.
숙제하고 놀아.
넌 왜 그러고 사니?

활동 2 긍정의 말과 장점으로 달걀 씨앗 채우기

고래도 춤추게 한다는 말처럼 긍정적이고 칭찬을 담은 한마디가 학생들에게 용기와 앞으로 나아갈 힘을 준다. 달걀 씨앗 채우기 활동지에 나를 성장시키는 긍정의 말과 나의 장점을 적어 넣어 보게 한다.

나는 뭐든 할 수 있는 사람이라는 자신감과 확신하는 마음을 가지려면 주변에서 영향력을 미치는 사람들의 긍정과 믿음이 매우 중요하다. 특히 아이들에게 엄마, 아빠의 말이나 친구의 말, 선생님의 말 한마디는 굉장히 중요하다. 악어 할머니처럼 존재 자체를 사랑으로 바라보고 긍정의 말로 성장할 수 있도록 용기를 주는 사람이 필요하다.

할머니의 긍정적인 말에 힘을 얻은 꿩장이는 잘 먹고, 수영도 잘하고, 쿵쿵 잘 걷게 된다. 심지어 마지막 장면에서는 하늘을 날아갈 듯 겨드랑이에 날개가 돋아나는 모습도 볼 수 있다. 긍정적인 말과 시선이 우리 아이들의 성장에 얼마나 중요한지 되돌아보며 꿩장이의 할머니와 같은 어른이 되기 위해 마음을 다지게 된다.

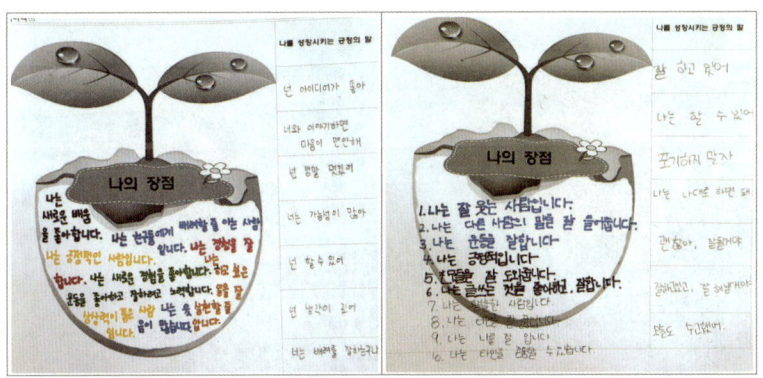

활동 3 **나의 꿈 달걀 만들기**

나는 무엇이든 될 수 있는 존재다. 달걀의 앞면에 꿈 이름 짓기를 해 본다. 단순히 미래 직업만 적지 않고, 그 직업을 통해 내가 어떤 긍정적인 영향을 미칠 수 있는지 형용사로 표현하여 꿈 이름을 짓는다. 뒷면에는 꿈을 이루기 위해 나에게 필요한 덕목에는 무엇이 있는지 적어 본다.

꿈 이름 짓기 예
- 행복을 전하는 아나운서, 마음이 따뜻한 수의사, 꿈을 키우는 선생님, 정의를 실천하는 검사 등
- '형용사 + 직업'의 형태로 짓는다.

꿈을 이루기 위한 덕목 예

즐거움, 평온, 격려, 경청, 공감, 기여, 나눔, 배려, 사랑, 수용, 신뢰, 예의, 우정, 정의, 존중, 진정성, 책임, 용기, 인격, 배움, 지혜, 창의성, 탁월함, 호기심, 결단, 겸손, 긍정, 끈기, 노력, 도전, 성실, 성장, 신중, 여유, 열정, 용서, 자신감, 절제, 정직, 감동, 감사, 경외심, 깨달음, 평화, 행복, 희망, 꿈, 몰입, 유머, 친절 등

함께 활용하면 좋은 그림책

- 완두(다비드 칼리 글, 세바스티앙 무랭 그림 | 진선아이)
- 세상에서 가장 힘이 센 말(이현정 글, 이철민 외 그림 | 달달북스)
- 점(피터 레이놀즈 글·그림 | 문학동네어린이)
- 말의 형태(오나리 유코 글·그림 | 봄봄)

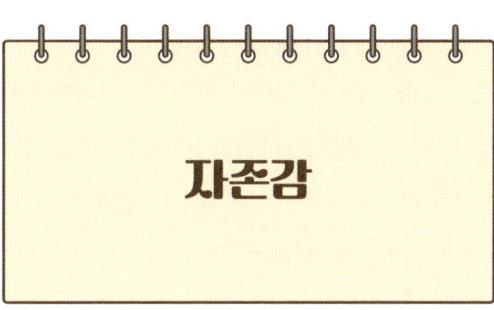

자존감

자존감은 자신을 존중하고 사랑하는 태도로, 나를 있는 그대로 인정하고 긍정적으로 받아들이는 데서 나온다. 자신의 단점만 부각해 부정적인 감정을 갖는다면 자존감을 키우기 어렵다. 단점을 장점으로 바꿔 보는 사고의 전환을 통해 자기 모습을 있는 그대로 사랑하고 좋은 점을 발견할 수 있다. 자신에 대한 부정적인 감정으로 캄캄해져 있는 마음에 자존감의 램프를 켜는 활동이다.

그림책 소개

사랑스러운 까마귀
(베아트리스 퐁따넬 글, 앙트완 기요뻬 그림 | 국민서관)
까마귀는 자신의 까만 깃털 때문에 슬프다. 눈이 내리던 어느 날 길모퉁이에서 만난 시인을 통해 자기 모습이 얼마나 아름다운지를 깨닫게 되고 자신을 사랑하게 된다.

활동 1 사랑스러운 까마귀 문장 완성하기

흰 눈이 내리는 어느 날, 까마귀는 시인 할아버지를 만난다. 시인 할아버지는 단번에 까마귀의 슬픈 마음을 알아채며 말을 걸어 온다. 까마귀는 처음 본 시인 할아버지께 자신의 까만 모습이 너무 슬프다고 얘기한다. 그런 까마귀의 마음을 알아챈 시인 할아버지는 까마귀에게 까만 모습에 대한 다른 시각을 말해 주고 까마귀를 위로한다. 내가 시인 할아버지가 되어, 까마귀에게 위로와 격려를 해 줄 수 있는 문장을 완성해 보게 한다.

> 마법사냐고? 미안해서 어쩌지, 난 평범한 시인이란다. 그래도 너의 몸 색깔이 왜 그렇게 슬프게 하는지 알고 싶구나. 난 말이야, 너를 처음 본 순간 _____ _____ _____ 라고 생각했거든.

활동 2 단점을 장점으로 바꾸기

이 책은 자기 모습 때문에 고민하는 아이들에게 따뜻한 위로를 줄 뿐 아니라, 자신을 새로운 눈으로 바라보도록 해 준다. 자기 모습을 남들과 비교하며 힘들어하는 학생들에게 사고의 전환을 통해 자기 모습을 더 깊이 있게 들여다보며 좋은 점을 발견해 내도록 이끈다.

단점을 장점으로 바꾸기 활동은 A4 색지 위에 손을 놓고 따라 그린 다음, 손가락 바깥쪽에 자신의 단점을 쓰고 안쪽에 단점을 긍정적인 측면으로 바꿔 적는 활동이다. 모둠으로 앉아 친구들이 돌아가면서 단점으로 쓴 내용을 장점으로 바꿔 써 주면 더 재미있게 진행할 수 있다. 친구들 모두가 시인 할아버지가 되어 주는 순간이다.

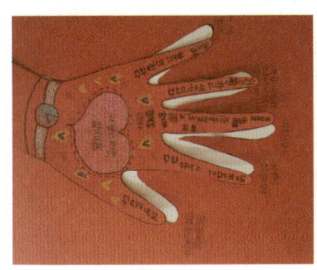 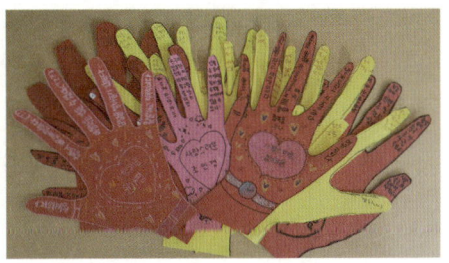

활동 3 나를 긍정하는 자존감 램프 만들기

한지에 자신을 격려하는 글을 작성하고, 원형 쿠키 통에 둥글게 말아 넣은 다음 통 안에 LED 미니 전등을 넣는다. 자신을 격려하기 위해 쓴 글이 어둠 속에서 반짝이며 마음을 밝혀 준다. 자신을 아끼고 사랑하는 마음의 불을 켜 보는 활동이다. 온라인 마켓에서 투명 원형 쿠키 통을 구입해 사용했다.

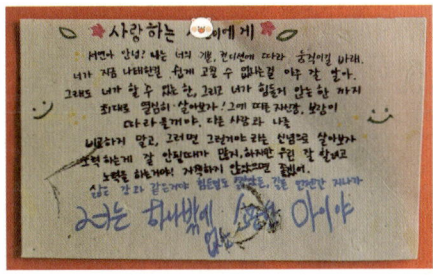  

함께 활용하면 좋은 그림책

- ◆ 머리숱 많은 아이(이덕화 글·그림 | 위즈덤하우스)
- ◆ 나를 찾아서(변예슬 글·그림 | 길벗어린이)
- ◆ 너는 특별하단다(맥스 루카도 글, 세르지오 마르티네즈 그림 | 고슴도치)
- ◆ 검은 반점(정미진 글, 황미옥 그림 | 엣눈북스)

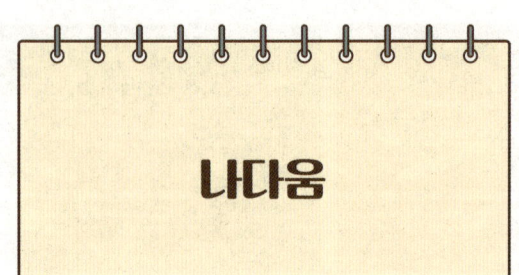

자신을 둘러싸고 있는 껍질을 깨고 나오는 고통의 순간을 거쳤을 때 비로소 독립된 인격체로 성장할 수 있듯이 자기 자신으로 성장하기 위해 반드시 거쳐야 하는 시련이 있다. 나다움을 찾아 도전을 멈추지 않는 용기 있는 사람이 되기 위한 활동이다.

그림책 소개

고슴도치 X (노인경 글·그림 | 문학동네)
고슴도치들이 오랜 세월 공들여 이룩한 완벽한 도시 '올'. 외부의 위험 요소로부터 완전히 차단된 그들만의 도시에서 벗어나 자기답게 살기 위해 미지의 숲으로 걸어 들어가는 용기 있는 고슴도치 엑스의 이야기가 담긴 그림책이다.

활동 1 중심 단어로 질문 만들기

그림책을 읽고 개별적으로 떠오르는 중심 단어를 활동지에 최대한 많이 적는다. 각자 적은 중심 단어를 발표하고 교사는 칠판에 적는다. 칠판에 적은 중심 단어를 살펴보며 왜 그 단어가 떠올랐는지 이유를 나눈다. 다시 개별적으로 중심 단어를 활용해 두 개씩 질문을 만들어 본다. 4명의 모둠원들이 각자 만든 2개의 질문에 대해 서로 생각을 나누고, 모둠 대표 질문을 1개씩 정한다. 선정된 대표 질문을 칠판에 적고 학급 전체가 생각을 나눈다.

중심 단어 예

도전, 모험, 나다움, 정체성, 억압, 통제, 행복, 자유, 완벽한 도시, 안전, 다름, 시련, 공동체의 규칙, 진정한 깨달음, 금서, 빨간색, 영웅, 지시, 의무, 경계, 획일화, 미지의 세계, 두려움, 막연함, 탄압, 규제, 자율성, 배움, 성장 등

질문 예

1. 완벽한 도시의 삶은 행복할까?
2. 완벽한 도시 올을 떠나 숲으로 간 엑스는 행복했을까?
3. 엑스가 완벽한 도시 올을 떠난 뒤 도시 올은 어떻게 달라졌을까?
4. 엑스가 책을 읽고 자기다움을 찾게 된다는 것은 어떤 의미일까?
5. 고슴도치의 가시를 부드럽게 만드는 것은 옳은가?
6. 안전을 위해 자유를 통제하는 것은 정당한가?
7. 나다움을 지키며 사는 것은 왜 중요할까?
8. 모두가 다르게 사는 것은 중요할까?
9. 공동체의 규칙은 항상 지켜야 할까?
10. 공동체의 규칙을 지키지 않을 때 탄압하는 것은 정당한가?

> **활동 2** 나답게 살기 버킷 리스트로 퍼즐 만들기

고슴도치 엑스는 도서관에서 발견한 책을 읽고 책 속에 등장하는 영웅 고슴도치처럼 가시를 세우기 위한 단련을 한다. 고슴도치답게 살기 위한 엑스의 피나는 노력이다. 나답게 살기 위해 우리는 무엇을 해야 할까? 학생들에게 나답게 살기 위해 할 수 있는 일 10가지를 찾고 퍼즐을 만들게 한다. 퍼즐 조각이 하나하나 맞춰질 때마다 나다운 삶에 더 다가갈 수 있다는 용기와 다짐을 가져 본다. 퍼즐의 안쪽에는 20년 후 버킷 리스트를 이루며 당당하게 살아가고 있을 자신에게 격려와 응원의 편지글을 작성해 본다. 다 완성된 퍼즐을 친구들과 바꿔 함께 맞춰 보는 놀이 활동으로 운영할 수 있다.

함께 활용하면 좋은 그림책

- ◆ 울타리 너머(마리아 굴레메토바 글·그림 | 북극곰)
- ◆ 슈퍼 거북(유설화 글·그림 | 책읽는곰)
- ◆ 빨간 벽(브리타 테켄트럽 글·그림 | 봄봄)
- ◆ 감자 아이(조영지 글·그림 | 키위북스)

아이들의 가방은 늘 무겁다. 꿈을 꾸며 살아가길 바라지만 현실은 입시와 성적표라는 무거운 짐으로 그다지 행복해 보이지 않는다. 우리 아이들이 행복해지려면 가방에 무엇을 담아야 할까? 타인의 평가와 시선을 만족시키기 위한 것이 아니라 생각만 해도 웃음과 콧노래가 나오는 자신만의 행복을 가득 담은 꿈 가방을 메고 살아가길 바라는 마음을 담은 활동이다.

그림책 소개

행복한 가방 (김정민 글·그림 | 북극곰)

가방 속 20점 맞은 시험지 때문에 소년은 가방이 너무 버겁다. 소년은 가방을 버리기 위해 갖은 방법을 쓰지만, 결국 가방은 소년의 집으로 돌아온다. 잔뜩 풀죽은 소년을 보고 마음을 알아챈 엄마가 소년의 가방을 특별한 가방으로 변신시켜 준다.

활동 1 나의 행복한 가방 꾸미기

  그림책 속 소년은 얼핏 이소룡이 떠오르는 운동복 차림에 장난기 가득한 모습이다. 가방에 축구공 액세서리가 달린 걸 보아 차분히 앉아 공부하는 것보다 운동을 좋아하는 아이라는 것을 눈치챌 수 있다. 가방 속 20점짜리 시험지가 소년의 가방뿐 아니라 마음까지 무겁게 만들고, 엄마는 소년의 마음을 알아챈다. 엄마는 소년이 행복해지기를 바라는 마음을 담아 밤늦도록 소년을 위한 가방을 만들어 준다. 가방은 축구공 액세서리가 바뀐 듯 축구공 모양이다. 소년은 학교에서 친구들에게 자신의 새로운 가방을 보여 주며 행복한 미소를 짓는다.

  학생들의 가방도 늘 무겁다. 각자 다른 삶을 살아가고 다른 꿈을 꾸지만, 대부분의 아이들이 학원, 학교, 집을 오가며 같은 공부를 하고 지칠 때가 많다. 아이들이 이 소년처럼 행복해지도록 가방에 무엇을 담으면 좋을까? 내가 행복해질 수 있는 가방으로 꾸며 보게 한다. 야구를 좋아하는 아이, 온라인 영상 제작을 좋아하는 아이, 사진 찍는 것을 좋아하는 아이, 타투에 진심인 아이 등 각자 행복해지는 시간이 될 것이다.

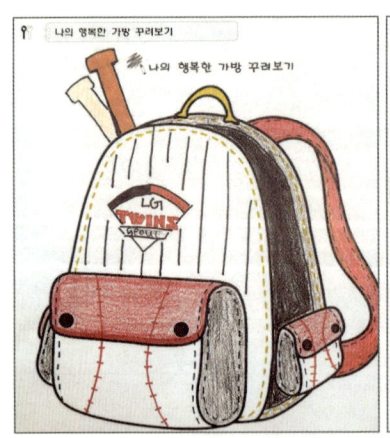 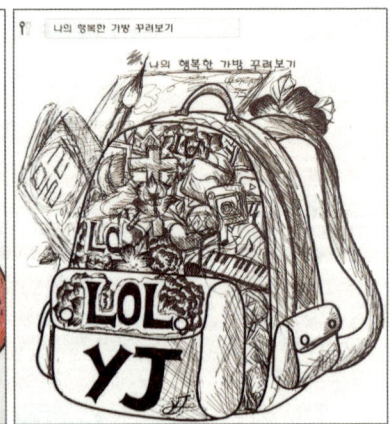

활동 2 꿈 열매 만들기

행복한 가방을 꾸며 봤다면, 나를 행복하게 하는 나의 미래 모습에 대해 좀 더 구체적으로 생각하는 시간을 가진다. 페이퍼 코스터를 활용해서 꿈 열매를 만들어 본다. 앞면에는 자신이 이루고 싶은 꿈을 명함 형태로 적고, 뒷면에는 미래에 꿈을 이뤘을 자신에게 편지를 쓴다.

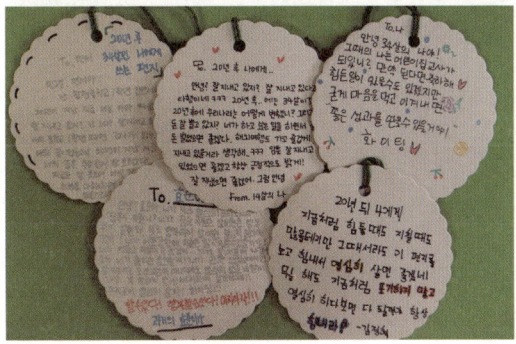

함께 활용하면 좋은 그림책

- 프레드릭(레오 리오니 글·그림 | 시공주니어)
- 노를 든 신부(오소리 글·그림 | 이야기꽃)
- 홈런을 한 번도 쳐보지 못한 너에게(하세가와 슈헤이 글·그림 | 천개의바람)

소통

마음속 진심은 표현하고 전달하지 않으면 상대방이 알 수 없다. 그래서 본의 아니게 오해하거나 속상할 때가 많은데, 이럴 때 속마음을 알 수 있는 마법의 사탕이 있다면 얼마나 좋을까? 상대방의 진실한 속마음과 소통하게 되면, 상대를 이해하고 더 사랑하는 경험을 하게 된다. 진심을 전하고 싶은 사람들에게 내 마음을 표현해 보고 내 안의 진심의 소리를 들어 보는 활동이다.

그림책 소개

알사탕 (백희나 글·그림 | 책읽는곰)

친구들이 먼저 말을 걸어 주기를 바라며 친구들 주변을 겉도는 소심한 동동이. 동네 문방구에 들러 사탕 한 봉지를 사고 사탕을 입에 넣는 순간 마음의 소리가 들리게 된다. 신기한 알사탕을 통해 다른 사람의 마음을 알고, 자신의 마음도 함께 들여다보게 되는 그림책이다.

활동 1 **알사탕 디자인하기**

　놀이터 한쪽 구석에 구슬치기를 하며 친구들이 행여나 말을 걸어 주지는 않을까 바라는 동동이가 있고, 그런 동동이를 별로 신경쓰지 않는 친구들이 신나게 놀고 있다. 놀이터에 모여 놀고 있는 친구들에게 다가가 말을 걸며 함께 놀면 될 텐데, 동동이는 친구들에게 같이 놀자는 말도 건네지 못하고 혼자 노는 것도 나쁘지 않다며 애써 태연한 척한다. 동동이는 자신의 마음을 솔직히 표현하는 것이 어려운 아이다. 그건 아빠도 마찬가지로, 아빠는 동동이를 사랑하는 마음을 말로 표현하지 못하고 쉴 새 없이 잔소리를 퍼붓는다.

　동동이는 문방구에서 사 온 알사탕을 입에 넣는 순간 상대방의 진실한 속마음과 소통하게 되고, 상대를 이해하고 더 사랑하는 경험을 하게 된다. 마음은 표현하지 않으면 상대방이 알 수 없기 때문에 진심을 오해하여 속상할 때가 많다. 마음을 표현하고 상대와 소통하는 마법의 알사탕, 상대에게 미처 말하지 못한 나의 마음을 전달해 줄 수 있는 알사탕이 모두에게 필요하다는 생각이 든다.

　동동이처럼 알사탕을 먹고 알고 싶었던 사람의 마음을 표현하고, 내 마음을 알려 주고 싶었던 상대에게 내 마음을 전달할 수 있는 알사탕을 디자인하는 활동을 해본다.

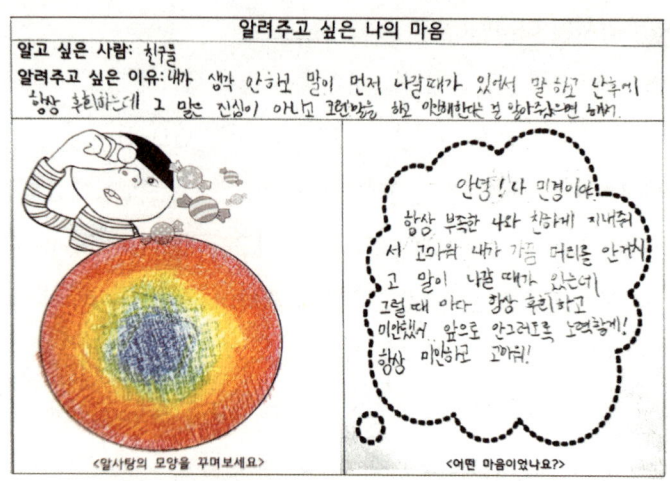

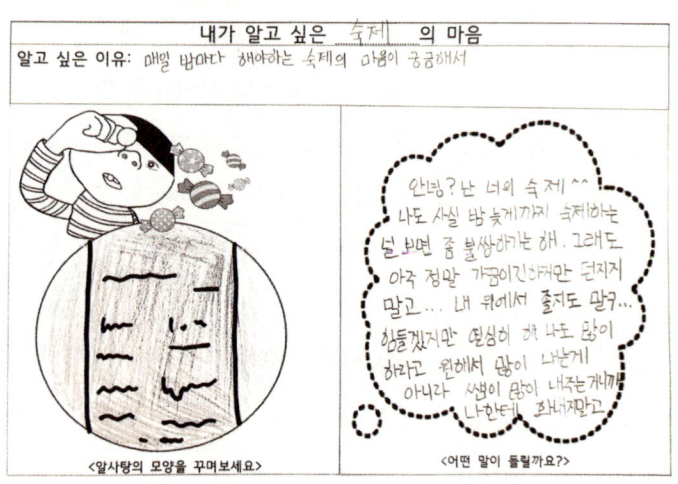

함께 활용하면 좋은 그림책

◆ 내 마음 ㅅㅅㅎ(김지영 글·그림 | 사계절)

◆ 내 마음은(코리나 루켄 글·그림 | 나는별)

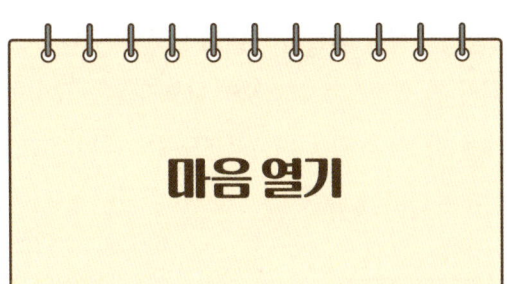

마음 열기

두려움과 부끄러움에 두근두근 가슴이 뛰었던 경험은 누구에게나 있다. 두려움이 설렘으로 바뀌기 위해서 가장 중요한 것은 만남과 소통이다. 만남과 소통이야말로 사람의 마음을 열고 상처받은 마음을 보듬어 주는 최고의 치료제가 된다. 마음을 열고 다가서기 위해 필요한 것이 무엇인지 알아볼 수 있는 활동이다.

그림책 소개

두근두근 (이석구 글·그림 | 고래이야기)

누군가를 만나는 일에 두려움을 느낄 만큼 소심한 브레드 씨는 찾아오는 사람 하나 없는 외톨이지만 빵을 무척 맛깔나게 만들어 낸다. 맛있는 빵을 만드는 솜씨 때문에 브레드 씨는 여러 동물들을 만나게 되고, 의도하지 않은 만남을 겪으면서 마음의 문을 열고 세상 밖으로 나오게 된다.

활동 1 그림책 내용을 추측하며 읽기

그림책을 읽기 전 활동으로 그림책에 나오지 않는 6가지를 추측으로 지워 보는 활동이다. 다음 활동지를 학생들에게 나눠 주고, 그림책에 나오지 않을 것 같은 단어 6개를 지우도록 한다.

소보루빵	우유	똥	추억
식탁	소라빵	사자	포도잼
아이스크림	부끄럼쟁이	크림빵	펭귄
북극곰	목도리	노을	케이크

그림책을 읽고 난 후 그림책 속에 등장한 동물들에게 브레드 씨가 어떤 특급 처방을 해 줬는지 연결해 보는 활동을 한다.

1. 그림책에 등장하는 동물들과 브레드 씨의 특급 처방 빵을 이어 보세요!

코알라 ★	★ 야채빵	★ 잠이 잘 안 와서
곰 ★	★ 호빵	★ 입맛이 없어서
고양이 ★	★ 식빵	★ 추워서
생쥐 ★	★ 카스텔라	★ 며칠째 똥을 못 눠서
양 ★	★ 붕어빵	★ 생선을 좋아해서
사자 ★	★ 두근두근빵	★ 가슴이 두근거리는 설레는 마음 때문에

활동 2 나만의 창의적인 빵 레시피

혼자만의 세상에 갇혀 살던 브레드 씨에게 맛있는 빵 소문을 듣고 동물들이 브레드 씨를 찾아온다. 부끄러움이 많은 브레드 씨는 허둥지둥

어찌할 바를 모르지만, 동물들에게 필요한 빵을 딱 맞게 만들어 주어 동물들을 만족스럽게 한다. 그런 동물들의 모습을 통해 브레드 씨도 행복해지고 점차 마음을 열고 세상 밖으로 나오게 된다. 소통과 나눔을 통해 내적 성장을 이루며 성숙한 어른이 된 것이다.

만남과 소통이야말로 사람의 마음을 열고 상처받은 마음을 보듬는 최고의 치료제가 될 수 있다. 교실에도 브레드 씨와 같은 아이들이 있다. 긴장감이 높은 아이, 불안이 높은 아이, 용기가 없는 아이, 꿈이 없는 아이 등. 이런 학생들을 위한 맞춤형 빵 레시피를 만들어 본다. 친구들에게 선물하고 싶은 또는 나에게 필요한 특별한 빵의 레시피를 적어 본다.

만드는 방법

준비물 : 크라프트 빵 봉투(소), 색연필

1. 빵 봉투 앞면에 빵 이름과 빵에 대한 설명을 적고 빵 그림, 빵과 관련된 이미지를 그린다.
2. 빵 봉투 뒷면에 재료를 적는다.
   (예) 자신감, 미소, 나를 믿는 마음 등
3. 재료 아래에 빵 만드는 방법을 쓴다.
   (예) 자신감 가루 3컵과 나를 믿는 마음의 우유 2리터를 넣고, 항상 웃는 미소를 한 스푼 넣어 섞는다.
4. 빵의 효능을 추가해 적고, 빵이 필요한 사람에게 추천해 본다.

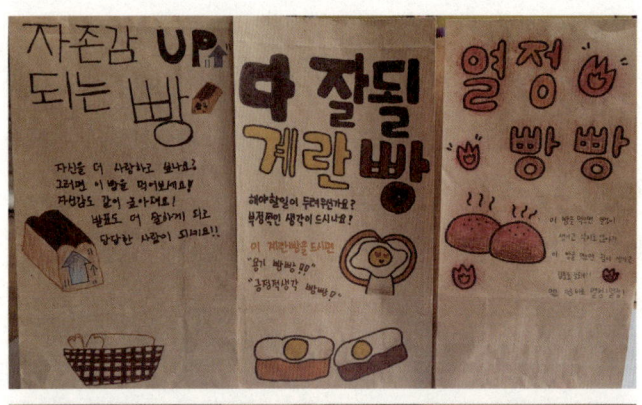

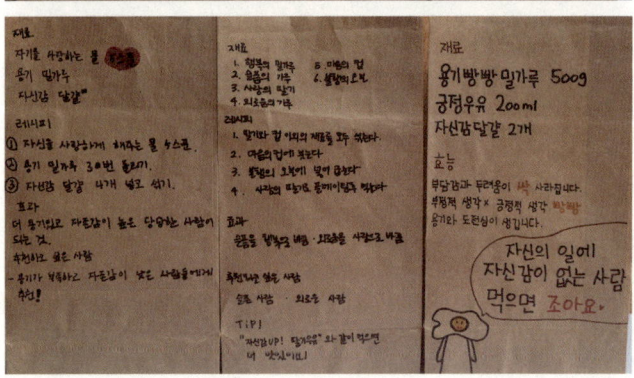

함께 활용하면 좋은 그림책

- 핑(아니 카스티요 글·그림 | 달리)
- 마음먹기(자현 글, 차영경 그림 | 달그림)
- 마음요리(엄지짱꽁냥소 글·그림 | 노란돼지)
- 마음아 안녕(최숙희 글·그림 | 책읽는곰)

관계

요즘 아이들은 스마트폰에서 손을 놓지 않는다. SNS를 통한 소통이 늘면서 친구의 숫자가 많아졌고 팔로우 수로 자신의 인기와 존재감을 인정받고 싶어 한다. 반면 많은 숫자 속에서 자신의 마음을 알아주는 진정한 친구의 존재는 오히려 찾기 어려워졌다. 친구 관계에서 가장 중요한 것은 무엇일까? 나를 알아주는 진정한 친구는 누구일까? 질문을 통해 진정한 친구의 의미를 생각하고, 소중한 친구를 소개해 보는 활동이다.

그림책 소개

4998 친구 (다비드 칼리 글, 고치미 그림 | 책빛)

스마트폰의 대중화로 공간적, 시간적 거리가 없는 SNS를 통한 소통이 늘어나면서 친구의 숫자가 수천, 수백 명인 경우가 많아졌다. 하지만 그중 서로 도움이 필요할 때 달려가 마음을 나눌 수 있는 친구는 몇 명일까? SNS 시대에 진정한 친구의 의미를 돌아보게 하는 그림책이다.

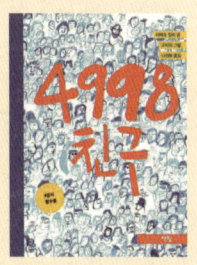

> **그림책 소개**
>
> **알도** (존 버닝햄 글·그림 | 시공주니어)
> 다소 소심해 보이는 아이는 혼자 보내는 시간이 많아 외롭고 쓸쓸하다. 그럴 때마다 토끼 인형 알도가 나타나 멋진 친구가 되어 준다. 자기 마음을 알아주는 유일한 친구, 진정한 친구의 의미를 생각하게 하는 그림책이다.

활동 1 중심 단어 찾고 질문 만들기

두 권의 그림책을 읽고 떠오르는 중심 단어를 적는다. 중심 단어를 활용해 질문 만들기를 하고 질문에 대해 생각을 나눠 보도록 한다.

중심 단어 예

친구, 위로, 애착 인형, 소외, 외로움, 온라인 친구, 가짜 친구, 우정, 소통, 좋은 만남 등

질문 예

1. 진짜 친구란 무엇일까요?
2. 친구에게 가장 위로를 받았던 순간은 언제였나요?
3. SNS는 나의 삶에 긍정적으로 작용하나요?
4. 진짜 친구가 있나요?
5. 진짜 친구가 되기 위해 내가 할 수 있는 노력은 무엇일까요?
6. 온라인 친구는 진정한 친구가 될 수 있을까요?
7. 친구가 가장 필요한 순간은 언제인가요?

〈4998 친구〉의 친구들은 모두 SNS로 연결되어 있다. 언제든 소통할

수 있는 온라인이라는 공간은 폭넓은 친구를 사귀기에 더없이 좋은 곳이다. 하지만 많은 친구를 쉽게 만드는 만큼 관계를 맺고 끊는 일 또한 쉽다. 그림책에서 정작 도움이 필요할 때 달려와 마음을 나누는 친구는 딱 한 명이었다. 단 한 명의 친구가 찾아왔음에도 실망하지 않고 반갑게 맞으며 진짜 친구라고 말해 주는 모습이 인상적이다.

그림책 〈알도〉에서 소녀는 외롭다. 혼자 보내는 시간이 많은 소녀에게는 알도라는 비밀 친구가 있는데, 소녀의 외로운 마음을 다 이해하고 소녀가 위험에 처했을 때 언제든 나타나서 도와주는 상상 속 친구다. 그런 알도가 있으면 소녀는 행복하다. 상상 속의 친구이지만 자신의 마음을 잘 알아주는 유일한 친구이기 때문이다.

두 그림책을 통해 친구란 숫자보다 마음이 중요하다는 것을 다시 생각하게 된다.

활동 2 내 친구를 소개합니다

진정한 친구란 마음을 나누고 자신의 삶에 긍정적인 작용을 하는 존재라고 할 수 있다. '친구는 내 슬픔을 등에 지고 가는 자'라는 인디언 속담이 있다. 나의 인격적인 성장을 돕고 힘들 때는 위로를, 행복한 일에는 축복을 나눌 수 있는 나의 친구를 소개하는 활동을 해본다.

학생들이 많이 사용하는 인스타그램의 형태를 활용한 활동지로 '내 친구를 소개합니다' 내용을 작성한다. 친구의 꿈, 취미, 외모적 특징, 버릇, 가장 좋아하는 것, 싫어하는 것, 친구의 장점, 친구랑 가장 기억에 남는 추억 등 친구에 대해 소개하고 싶은 내용을 적는다.

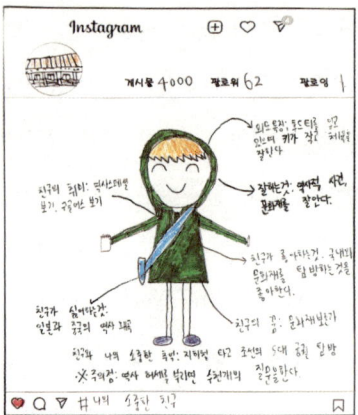

함께 활용하면 좋은 그림책

- ◆ 친구에게(김윤정 글·그림 | 국민서관)
- ◆ 아모스와 보리스(윌리엄 스타이그 글·그림 | 비룡소)
- ◆ 우정 책(박은정 글, 남주현 그림 | 웅진주니어)
- ◆ 너는 내 친구야, 왜냐하면……(귄터 야콥스 글·그림 | 나무말미)

인권과 평화

　인권과 평화를 주제로 일본군 '위안부'의 문제를 중학교 1학년과 함께 나누는 일은 쉽지 않다. 꼭 알아야 할 문제지만 어떻게 전달해야 할지 방법을 찾기가 조심스러웠다. 군국주의 국가가 저지른 제도적 성폭력의 피해자인 할머니들에 대해 행여나 누가 되지 않도록 전달하고 싶은 마음이었다. 피해의 실상에 대해 너무 노골적이지 않으면서도 꽃 할머니들이 겪은 인권 침해 문제를 깊이 이해할 수 있도록 접근하는 것이 중요했는데, 권윤덕 작가의 그림책 〈꽃 할머니〉가 고민을 해결해 주었다.

　꽃 할머니를 성폭행하는 군인들의 얼굴이 그려지지 않은 채 제복으로 표현된 장면에서 학생들은 '위안부' 문제를 특정 개인의 잘못이 아니라 전쟁이 부른 비인간적인 폭력으로 이해했다. 일본군 '위안부' 피해자들은 대부분 그때 당한 장기적이고 반복적인 성폭력의 후유증으로 평범한 삶을 살지 못하고, 평생 육체적 정신적 고통에 시달리며 살아왔다. 그 엄청난 고통을 준 나라의 정부로부터 정식 사죄와 보상을 받지 못한 채 세월이 흘러 피해자들 중 상당수가 세상을 떠났고 이제 얼마 남지 않은 생존자들도 하나둘씩 세상을 떠나고 있다.

다시는 그런 일이 없도록 그런 일을 저지른 자들과 그 일을 승인하거나 묵인, 방조한 국가들로 하여금 사죄를 촉구해야 한다. 또 그런 일들이 있었음을 있는 그대로 기록하고 알려 많은 사람들이 기억하게 해야 한다.

그림책 소개

꽃 할머니 (권윤덕 글·그림 | 사계절)
일본군 '위안부' 피해자 꽃 할머니 이야기를 그린 그림책이다. 우리가 잊지 말아야 할 것은 무엇이고, 전쟁과 폭력에 반대하고 평화를 사랑하는 마음을 가지는 것이 왜 중요한지 생각해 보게 한다.

활동 1 평화의 소녀상의 의미를 알고 꽃 할머니에게 편지 쓰기

먼저, 전시 성폭력 문제의 상징이자 평화와 인권, 소수자, 약자 간 연대의 상징이 되어 온 평화의 소녀상[1]의 의미에 대해 알아본다.

상징물	의미
빈 의자	세상을 떠난 할머니들의 빈자리이자 지금 우리가 소녀와 함께 앉아 공감할 수 있는 의자
어깨에 앉은 새	자유와 평화의 상징이자 세상을 떠난 할머니들과 현재의 우리를 이어 주는 연결 고리

---

[1] 평화의 소녀상은 일본군 '위안부' 문제 해결을 위한 수요집회 1000회를 맞은 2011년 12월 14일 한국정신대문제대책협의회(정대협)가 중심이 된 시민 모금으로 서울 종로구 일본대사관 앞에 처음 세워졌다. 일본군 '위안부' 문제 해결을 촉구하는 의미에서 세운 동상으로 김운성, 김서경 부부 작가의 작품이다.

거칠게 잘린 머리카락	부모와 고향으로부터 강제로 단절된 상황
그림자 안의 하얀 나비	돌아가신 할머니들이 다시 태어나 한을 풀기를 바라는 염원
꽉 쥔 주먹	일본 정부의 진심 어린 사과를 받아 내겠다는 의지의 표현
맨발과 발꿈치가 들려 있는 발	도망가지 못하도록 신발을 빼앗김, 고향에 돌아와도 편히 정착하지 못한 할머니들의 설움

평화의 소녀상의 의미와 각 상징물에 대해 알아본 뒤, 평화의 소녀상 만들기 키트[2]를 활용해서 소녀상을 만들어 본다. 평화의 소녀상을 완성하면 검정 엽서에 고정하고, 엽서에 꽃 할머니에게 편지 쓰기 활동을 해본다. 아이들은 꽃 할머니에 대한 진심 어린 마음을 담아 편지를 정성껏 작성한다. 평화의 소녀상을 만들고 꽃 할머니에게 편지를 쓰며 우리 학생들이 전쟁과 폭력이 가져오는 비극에 대해 알았으면 좋겠다. 어떤 이유든 전쟁과 폭력에 반대하고 평화를 사랑하는 마음을 가질 수 있었으면 좋겠다.

---
2 티처몰 제이커스 종이 평화의 소녀상 만들기 키트 활용

> **그림책 소개**
>
> **평화 책** (토드 파 글·그림 | 평화를품은책)
>
> 평화란 무엇일까? 이 책에는 평화에 대한 다양한 개념이 담겨 있다. 전쟁이 없는 상태뿐 아니라 누군가를 사랑하는 것, 친구를 안아 주는 것, 자연을 아끼고 소중히 여기는 것 또한 평화다. 우리 일상에서 찾을 수 있는 평화에 대해 생각하게 만드는 그림책이다.

활동 2 평화 가치 사전으로 릴레이 북 만들기

우리는 세계 유일의 분단국가다. 같은 민족이 총부리를 겨누고 피를 흘리는 전쟁을 겪었고 여전히 대치 중이다. 세계 곳곳에서는 다양한 이유로 전쟁이 끊임없이 발생하고 있다. 평화는 이런 전쟁이 없는 상태를 말한다. 하지만 평화는 단지 전쟁이 없는 상태에 국한되지 않는다.

그림책은 다양한 평화의 개념을 소개한다. '사랑하는 누군가를 생각하는 것'도 평화고, '낮잠을 자는 것', '친구를 안아 주는 것', '이웃을 돕는 것'도 평화라고 말이다. '다른 문화권의 옷을 입어 보는 것', '다른 종류의 음악을 듣는 것', '다른 말을 배워 보는 것' 또한 평화다. '밥을 나누어 먹는 것'도 평화이며, 더 나아가 '바닷속 물고기들을 위해 물을 푸르게 하는 것', '나무를 한 그루 심는 것' 또한 평화라고 말한다.

그림책을 읽고 학생들에게 평화를 주제로 마인드맵을 작성하게 한다. 학생들이 생각하는 평화는 어떤 것일까? 싸우지 않는 것, 양보하는 것, 잘못을 사과하는 것, 서로에게 상처를 주지 않는 것, 서로의 눈물을 닦아 주는 것, 서로 달라도 인정하는 것, 함께 자유롭게 감정을 나누는 것, 다른 생명과 공존하는 것, 모두가 평등한 존재로 존중받는 것, 나를 소중히 여기는 것 등 다양한 평화의 개념들이 등장한다.

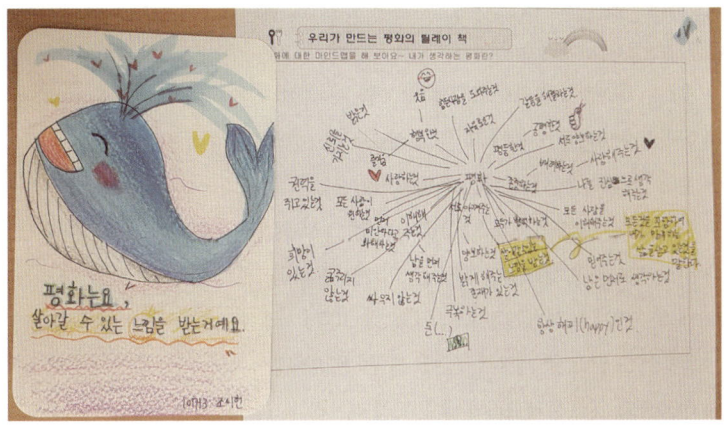

학생들이 공감하는 평화의 순간은 언제일까? 평화의 가치 사전을 만들어 릴레이 그림책을 만들어 본다. 캘리그래피 용지에 자기가 생각하는 평화의 의미를 적고 이미지로 표현하도록 한다. 누군가를 울리지 않는 것, 누군가의 눈물을 닦아 주는 것, 싸우지 않는 것, 미안하다고 사과하는 것, 상대를 존중하는 것, 누구나 행복한 것, 깨끗한 환경을 만드는 것, 쓰레기를 함부로 버리지 않는 것, 아무도 차별받지 않고 평등한 것 등 학생들이 정의하는 평화는 너무도 다양하다. 수업을 통해 전쟁과 폭력이 없는 상태뿐 아니라, 작은 일상의 행복과 소소한 나눔, 인간다운 삶을 살아가는 모습도 평화의 의미라는 것을 알게 해 주었다. 각자 만든 평화 가치 사전을 이어 연결하면 우리가 만든 평화 책이 완성된다.

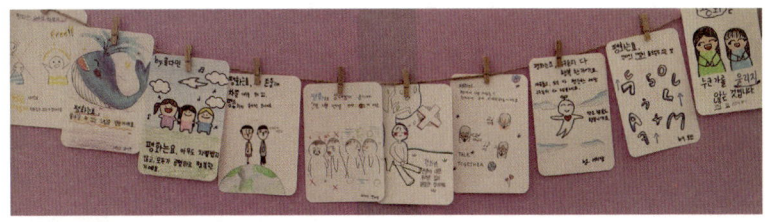

함께 활용하면 좋은 그림책

- 춘희는 아기란다(변기자 글, 정승각 그림 | 사계절)
- 에리카 이야기(루스 반더 제 글, 로베르토 이노센티 그림 | 마루벌)
- 못다 핀 꽃(이경신 글·그림 | 휴머니스트)
- 평화란 어떤 걸까?(하마다 게이코 글·그림 | 사계절)
- 우리, 평화를 말해요(앨리 윈터 글, 미카엘 엘 파티 그림 | 찰리북)
- 내 목소리가 들리나요(다시마 세이조 글·그림 | 사계절)
- 적(다비드 칼리 글, 세르주 블로크 그림 | 문학동네)
- 전쟁(조제 조르즈 레트리아 글, 안드레 레트리아 그림 | 그림책공작소)

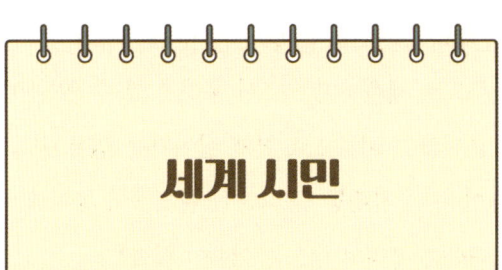

세계 시민

〈네 개의 그릇〉은 네 개의 종이 그릇을 통해 어떻게 책의 이야기를 만들어 가는지를 보여 준다. 첫 장을 넘기면 누런 포장지를 동그랗게 오리고 다시 반으로 자른 반원 모양의 그릇 네 개가 나온다. 네 개의 그릇은 따로 또는 합쳐져서 비를 피하는 우산으로, 해를 가려 주는 선글라스로, 다시 무거운 역기로, 팔랑팔랑 바람개비로 변하며 흥미로운 이야기를 끌어 간다. 그림책의 내용처럼 세계 시민으로서 우리 학생들이 네 개의 그릇으로 할 수 있는 일에는 무엇이 있을지 이야기를 만들어 보는 활동을 해본다.

그림책 소개

네 개의 그릇 (이보나 흐미엘레프스카 글·그림 | 논장)
네 개의 종이 그릇을 통해 어떻게 책의 이야기를 만들어 가는지 보여 주는 그림책이다. 누런 포장지를 동그랗게 오리고, 다시 반으로 자른 반원 모양의 그릇 네 개가 여러 가지 모양으로 변신하며 다양한 이야기를 만들어 낸다.

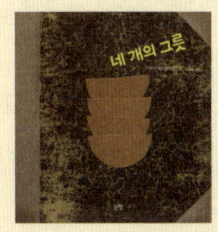

> **활동 1** 네 개의 그릇으로 할 수 있는 것 표현하기

네 개의 그릇으로 세계 시민으로서 우리가 할 수 있는 일에는 무엇이 있을까? 지구촌이라는 이름으로 함께 살아가는 인류 공동체에는 환경, 전쟁, 기아, 질병, 부의 불평등 등 다양한 문제들이 놓여 있다. 이런 다양한 문제들을 대하는 우리의 태도는 어때야 할까?

네 개의 그릇을 통해 우리가 할 수 있는 일을 생각해 본다. 질병 문제를 해결하기 위해 네 개의 그릇은 알약으로 변신하고, 빈곤과 기아로 어려움을 겪는 아이들을 위한 모금함으로 바뀐다. 전쟁으로 고통받는 아이들의 마음을 위로하기 위해 음악을 들을 수 있는 헤드폰과 음악으로도 변한다.

함께 활용하면 좋은 그림책

- 반이나 차 있을까, 반밖에 없을까?(이보나 흐미엘레프스카 글·그림 | 논장)
- 다섯 손가락(셀마 운글라우베 글, 브루나 바로스 그림 | 미디어창비)
- 거짓말 같은 이야기(강경수 글·그림 | 시공주니어)

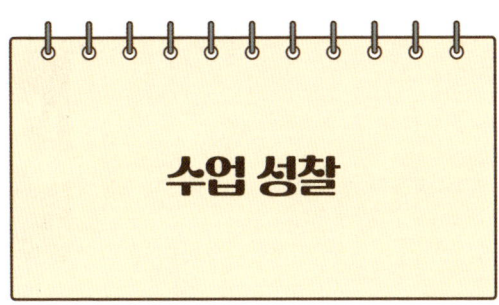

　인간은 생각하는 존재이기에 늘 꼬리에 꼬리를 물고 여러 가지 생각을 한다. 거리에서 마주치는 사람들은 무슨 생각을 할까? 그림책 〈무슨 생각하니?〉는 다소 철학적인 플랩 북으로, 사람들이 일상적으로 하고 있는 '생각'에 대해 고찰한다. 거리에서 마주치는 사람들은 무슨 생각을 할까? 플랩 형식의 그림책을 들춰 보며 다른 사람들의 생각을 들여다보는 흥미로운 경험을 할 수 있다. 책장을 한 장 한 장 넘길 때마다 사람들의 감정과 꿈, 욕망, 감동과 추억 등을 엿볼 수 있다. 마지막 장면에 앞에 등장했던 마을 사람들이 모두 한자리에 모여 있어, 앞에 등장했던 인물을 찾아보는 재미가 있다.

> **그림책 소개**
>
> **무슨 생각하니?** (로랑 모로 글·그림 | 로그프레스)
> 이 책은 장면마다 한 인물의 그림과 함께 플랩이 함께 나와, 플랩을 들추며 각 인물의 생각을 들여다볼 수 있다. 감정과 꿈, 욕망, 감동과 추억을 들춰 볼 수 있는 재미있는 책이다.

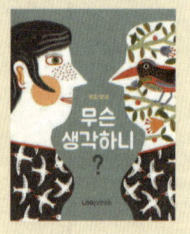

활동 1 생각 주머니 표현하기

그림책 주제 수업을 마무리하며 학생들은 어떤 생각을 하고 있는지 궁금해서 플랩 북으로 생각 주머니를 표현해 보도록 하였다. A4 용지와 그보다 조금 작은 종이 두 장이면 재미있는 생각 주머니 플랩 북을 만들 수 있다.

플랩 북은 들춰 보는 형태를 말한다. 생각 주머니 플랩 북을 만들기 위해서는 A4 용지에 자기 얼굴의 윤곽을 그리고, 그 윤곽 안에 자신의 생각을 담은 그림을 그리고 내용을 적는다. 그다음 A4 용지보다 조금 작은 종이의 왼쪽 끝 2cm 정도에 풀칠을 해서 A4 용지 위에 붙인다. 작

은 종이에 얼굴 윤곽을 똑같이 그린 후 얼굴에 눈, 코, 입 등 자신의 얼굴 모습을 그려 넣는다.

학생들의 생각을 들여다보니 역시 공부에 대한 부담과 기대, 또 새 학년이 되어 새롭게 만나는 친구들과의 관계에 대한 고민이 보인다. 학생들의 생각을 하나씩 만나는 재미를 느낄 수 있는 수업이었다.

함께 활용하면 좋은 그림책

- 진짜 내 소원(이선미 글·그림 | 글로연)
- 길 떠나는 너에게(최숙희 글·그림 | 책읽는곰)
- 허튼 생각(브리타 테켄트럽 글·그림 | 길벗어린이)
- 아무것도 없는 책(레미 쿠르종 글·그림 | 주니어RHK)

한 학기 동안 학생들과 그림책을 통해 다양한 삶의 주제에 대해 이야기 나누면서 그림책 수업의 가능성을 충분히 느낄 수 있었다. 그림책은 짧은 글과 직관적인 그림을 통해 나, 친구, 가족, 이웃, 삶, 죽음, 인권, 평화, 사회 정의 등 우리 삶의 거의 모든 주제를 다루기 때문에 수업에 다양하게 적용할 수 있었다. 한 권의 그림책도 그림책을 읽는 사람의 경험과 시각에 따라 다르게 해석이 되어서, 토론을 통해 다양한 생각을 나눌 수 있어 좋았다. 한 권의 그림책이 학생들의 사고 프리즘을 통과해 무지개색 다양한 이야기를 만들어 낸다.

또 그림책은 자기 내면을 들여다보며 자신을 이해하고 타인에 대해 공감하는 감성을 키워 준다. 학생들은 〈두근두근〉의 브레드 씨 모습에서 낯가림이 심해서 관계 형성에 어려움을 겪었던 자기를 마주하며 동질감을 느꼈다. 일본군 '위안부' 할머니의 증언으로 만들어진 그림책 〈꽃할머니〉를 읽으면서는 할머니들의 고통과 아픔에 대해 깊이 공감하고 가슴 아파했다.

한 학기 동안 그림책을 읽고 질문 만들기 활동을 하면서 학생들은 이제 그림책이 어린아이들만 읽는 책이 아니라는 것을 실감한다. 처음 그림책 수업을 했을 때와 달리 그림책은 깊은 생각과 질문이 담긴 철학 교과서라고 말하는 학생들을 보면서 마음이 뿌듯했다. 오롯이 자신의 내적 감정에 충실하게 해 주는 순수한 그림책이 주는 위안, 책을 덮고 나서도 길게 이어지는 깊은 여운을 학생들과 함께 느낄 수 있었던 시간이었다.

국어

그림책은
국어 수업의 훌륭한
보조 교재이자
주교재가 되어 준다

　국어 교과의 목표는 국어에 대한 기본 지식을 갖추고, 국어를 사용한 의사소통 기능을 익히며, 국어에 대한 바른 인식과 국어 생활 태도를 기르는 것이다. 학생들은 국어 수업을 통해 비판적 창의적 사고, 자료 정보 활용, 의사소통, 공동체 대인 관계, 문화 향유, 자기 성찰 계발 등의 역량을 기를 수 있다. 이를 위해 듣기·말하기, 읽기, 쓰기, 문법, 문학의 다섯 영역별로 성취기준을 제시하고, 교과서에 이를 반영하고 있다.

　교과서는 성취기준을 충실히 반영하고 달성할 수 있는 읽기 제재와 활동을 엄선하여 담은 최적의 교재다. 하지만 한번 만들면 교육과정이 바뀌기 전까지 계속 사용하기 때문에 하루가 다르게 변하는 시대 상황이나 정보에 따라 보완 자료가 필요할 때가 있다. 교과서를 재구성할 때 다양한 자료와 매체를 참고하겠지만, 그림책은 아주 훌륭한 부교재나 보조 교재가 될 수 있다. 당연히 주교재로 활용할 수도 있다.

　'0세부터 100세까지'라는 말이 나올 만큼 그림책을 읽는 문화가 점점 확대되고 있지만, 아직도 중학생들에게 그림책은 어릴 때 읽었던 책 또는 어린이가 읽는 책쯤으로 인식된다. 읽기 능력 향상을 위해 초등학교 저학년 때 읽던 그림책을 고학년이 되면서 점점 글 위주의 책으로 전환하는 것이 필요하다. 하지만 그림책의 다양성과 예술성은 학교와 학년을 뛰어넘어 모든 연령에 적용할 수 있다. 그림책이 가진 힘 때문이다.

그림책도 책이다. 국어 교과에서 책은 읽기 자료이기 때문에 그 자체로 목적이 될 수 있고, 수업 방법을 다양하고 흥미롭게 재구성할 수 있는 교재가 될 수도 있다. 그런 면에서 그림책을 국어 수업 시간에 자주 활용할 수 있을 것 같은데, 의외로 쉽지 않다. 그림책이 중학교 국어 교육과정이나 문학 교재로서 정식으로 자리매김하지 못하고 있기 때문이다. 하지만 그림책은 중학교 국어 수업에서 영역별로 다양하게 활용될 수 있다.

다음에 소개하는 그림책 활용 수업은 현재 사용하고 있는 교과서[3]의 단원과 학습 활동 등을 바탕으로 듣기·말하기, 읽기, 쓰기, 문법, 문학의 다섯 영역별로 대표적인 사례를 뽑은 것이다. 그림책은 듣기·말하기 영역에서 낭독, 독서 토론, 연극 등에 활용할 수 있다. 읽기 영역에서는 비교적 짧은 시간에 그림책을 읽을 수 있기 때문에 읽기 자료로 활용하기 좋다. 읽기에서 그치지 않고 독서의 생활화와 진로 탐색 등 다양한 프로젝트 활동으로 연결할 수 있다. 쓰기 영역에서도 그림책을 활용하면 학생들의 쓰기 능력 향상과 즐거운 수업을 만드는 데 도움이 된다. 문법 영역에서도 그림책 수업이 가능하다. 적절한 그림책은 한글이나 국어에 대한 이해를 돕고 문법을 익히는 데 활용할 수 있다. 문학 영역은 가장 다양하게 그림책을 활용할 수 있다. 그림책은 글과 그림이 결합된 독자적인 예술 작품으로, 시인과 화가가 함께 그림책을 출간하기도 하고 이

---

3 〈중학교 국어〉(박영목 외 10인 | 천재교육)

미 알려진 유명한 시나 소설이 그림책으로 재창작되어 나오기도 한다. 이렇게 그림책은 문학에 대한 학생들의 이해와 감상에 도움을 줄 뿐 아니라, 상상력과 표현력을 자극하여 창작 활동에도 기여한다.

시대가 변하며 교육과정과 교과서는 달라지지만, 학교 수업의 본질은 변하지 않는다. 바로 교육은 사람이 하는 일이라는 것이다. 수업을 통해 교육이 이루어지기 위해서는 무엇보다 교사와 학생의 관계와 소통이 중요하다. 학생들끼리의 소통과 공감도 필수다. 그림책을 활용하면 관계를 쉽고 빨리 맺을 수 있고, 소통과 공감을 더욱 깊고 다정하게 할 수 있다. 교과서와 평가 중심으로 이루어지는 수업에 그림책은 온기와 웃음을 더한다.

단원별 그림책 목록

단원		그림책
담화와 의사소통	듣기·말하기 영역	거짓말
연극과 매체 표현		소년과 두더지와 여우와 말
독서와 발표	읽기 영역	내가 책이라면
진로 탐색을 위한 국어 활동		허튼 생각_살아간다는 건 뭘까 / 알바트로스의 꿈
문학 작품의 관점	쓰기 영역	로지의 산책
문학과 성찰		마음으로 쓰는 그림책 한 문장 (추천 그림책 100권)
한글과 국어 생활	문법 영역	영웅을 찾습니다!
문학 작품의 재구성·비판적 듣기와 읽기	문학 영역	그들은 결국 브레멘에 가지 못했다

담화와 의사소통

듣기·말하기 영역에 대한 배움은 교과서에 제시된 내용만으로는 한계가 있다. 수업 시간에 실제로 대화하며 경험하는 것이 가장 좋은 배움이자 수업 방법이지만, 그동안 코로나 팬데믹으로 학생들이 마스크를 끼고 있는 상황이어서 가장 소극적으로 수업할 수밖에 없었던 영역이다. 그림책을 통해 참여를 유발하고 소통하고 공감할 수 있도록 했는데, 거창한 준비 없이 포스트잇을 활용하는 것만으로도 친구들의 의견을 확인하여 참여할 수 있어서 좋았다.

그림책 소개

거짓말 (미안 글·그림 | 고래뱃속)
내가 알고 있는 진실이 다수에 의해 거짓이 될 때 나는 어떻게 할 것인가? 〈거짓말〉은 부모님과 선생님, 친구들이 모두 믿어 주지 않아 답답하고 힘들 때, 자신의 결백을 끝까지 주장하지 못하는 인물을 통해 세상의 부조리를 생각해 보게 한다.

1차시 그림책 자세히 읽고 상황 공유하기

　그림책의 장점은 비교적 짧은 시간에 읽고 다수가 내용을 공유하며 다양한 활동을 할 수 있다는 점이다. 특별한 준비 없이도 학생들이 그림책을 함께 읽고 의미를 파악하는 활동을 하며 서로 소통하고 공감할 수 있다. 상대방의 의견을 존중하며 그림책의 내용을 파악하고, 어떤 사건이 일어났는지 상황을 이해한다. 또 그림책을 통해 친구들과 대화하며 의사소통할 때 적절한 태도와 부적절한 태도에 대해 생각해 본다.

2차시 공감하며 토론하기

　듣기·말하기 활동은 국어 수업에서 절대 소홀히 다루어서는 안 된다. 이 영역의 지식과 이론은 어렵지 않지만 실제로 듣고 말하는 상황 속에서 학생들의 배움이 일어나도록 하기 위해서는 교사가 깊이 연구하고 계획하여야 한다. 학생들끼리 적절한 태도로 활발하게 의사소통하고, 서로 이해하고 공감하며 대화할 수 있도록 이끌어 주는 활동이 필요하다.

　그림책 이야기 속에서 '거짓말을 한 사람은 누구일까?'를 주제로 거짓말을 하는 인물이 누구인지 이유를 말하고 듣는 토론을 해보았다. 한 학급에서는 개별 토론을 하였고, 다른 학급에서는 의견이 같은 학생들끼리 모둠을 만들어 근거를 마련하여 발표하도록 하였다. 학생들이 한 명씩 의견을 이야기할 때보다 모둠끼리 모여 주장과 근거를 체계화하는 과정에 더 집중하고 재미를 느꼈다. 의견이 다른 모둠끼리 대립을 하기도 하지만 의사소통을 하는 적절한 태도를 지키며 예의를 갖추어 말하고 듣는 모습이 인상적이었다.

'거짓말을 한 사람은 누구일까?'에 대한 학생들의 대답

등장인물	학생 수	거짓말을 한다고 생각하는 이유
'나'	8명	– 이태경이 '나'를 규리의 발을 건 사람으로 지목했을 때 '나'가 걸었으면서 걸지 않았다고 말했다면 거짓말을 한 것이다. 정말 규리의 발을 걸지 않았으면서 범인으로 몰리자 자신이 발을 걸었다고 자백한 것이라고 해도 거짓말을 한 것이다. '나'는 결국 확실히 거짓말을 하였다.
이태경	10명	– 규리가 넘어진 현장에는 '나'와 태경 두 명의 용의자가 있는데, 태경이 먼저 규리의 발을 걸라는 제안을 했고 '나'는 거절했기 때문에 범인은 태경일 가능성이 높다. – '나'가 물건을 훔쳤다고 소문이 났고 그것을 계속 '나'에게 덮어 씌우기 위해 태경은 친구 물건을 훔치고 '나'와 눈이 마주치자 도망갔다.
'나'와 이태경 둘 다	4명	– '나'는 까마귀이고 태경은 토끼로 등장하지만 두 인물은 동일인이다. 그러므로 둘 다 거짓말을 하고 있다. 자신의 이중적인 인격을 '나'와 태경으로 표현하였다. 앞뒤 표지와 그림책 속 창문에 비치는 모습, '나'와 태경이 한숨 쉬는 장면에서 두 사람의 행동과 모습이 근거이다.
규리	1명	– 규리가 나를 따돌리고 싶어서 넘어진 척하고 집에서 붕대를 감고 부모님께 거짓말을 한 뒤 학교에 와 똑같은 거짓말을 하고 나에 관한 악소문을 퍼뜨리고 따돌린 것이다.
선생님과 친구들	2명	– '나'가 도둑질을 했다는 루머가 돌았는데, 이 루머가 돈 이유는 아이들이 거짓말을 했기 때문이다. 애초에 거짓말이 없으면 루머가 생길 수가 없다. 거짓말을 안 했다면 '나'가 규리를 부상당하게 했다는 사건만 사람들에게 알려져야 하고 그 외의 소문은 있어선 안 된다.
등장인물 모두	1명	– '나'는 책에서 진짜로 규리의 발을 걸었는지 알 수 없다. 그러나 마지막에 사실이 아닌 것을 자백한 것은 거짓말이 분명하다. – 태경은 규리의 다리를 건 범인으로 '나'를 지목하고, 부모님과 선생님, 친구들의 비난에 몰린 '나'가 결국 자백하자 안도의 한숨을 쉰다. – 등장인물들은 자신이 직접 본 사실보다는 자신의 입장에 유리한 대로 해석하고 말한다. 그러므로 모두가 거짓말을 하고 있는 것이다.
거짓말한 사람 없음	2명	– 태경이가 '나'에게 규리의 다리를 걸라고 했지만 '나'는 싫다고 하였다. 그 사이에 규리가 넘어진 것이다. – 태경이는 '나'가 규리를 넘어뜨렸다고 하고, 규리는 '나'가 넘어뜨린 줄 알고 있지만 '나'는 내가 그런 게 아니라고 하였다. '나'는 모두에게 거짓말한다며 외면받았기 때문에 그걸 견디지 못하고 어쩔 수 없이 자신이 그랬다고 말하였다. – 결국 '나'는 처음부터 거짓말을 하지 않았고, 태경이는 '나'가 시킨 대로 규리의 다리를 건 줄 알고 말한 것이기 때문에 거짓말을 한 것은 아니다.

　이태경이 거짓말을 한다는 학생들이 가장 많았고, '나'가 거짓말을 한다는 학생도 의외로 많았다. 학생들끼리 의견을 나누며 그림책을 읽으니 '나'와 이태경이 이중적인 성격을 지닌 동일 인물이거나 한 인물의 내적 갈등을 표현한 것이라고 주장하는 학생들도 네 명이나 있었다. 특이한 점은 규리가 거짓말을 한다고 주장하는 학생이 없었는데 모둠 활동을 시작하니 한 명이 생겼다. 그 이유가 학생의 실제 경험과 관련이 있는 것은 아닌가 추측되었지만 아는 척하지 않았다.

체크리스트 '나의 의사소통 점수는?'

구분	내용	점수
적절한 태도	1. 청자의 지식 수준을 고려하여 이해하기 쉽게 말한다.	+1, +2, +3
	2. 자신의 말하기 목적에 맞게 그 의도를 분명히 드러내어 말한다.	+1, +2, +3
	3. 상대방의 눈을 바라보며 집중해서 듣는다.	+1, +2, +3
	4. 상대방의 말에 적절하게 반응한다.	+1, +2, +3
	5. 상대방이 한 말의 의미를 재구성해서 말해 준다.	+1, +2, +3
부적절한 태도	6. 담화의 주제에서 벗어나는 말을 한다.	−3, −2, −1
	7. 상황과 맥락을 고려하지 않고 말한다.	−3, −2, −1
	8. 상대방의 말을 듣지 않고 일방적으로 자신이 하고 싶은 말만 한다.	−3, −2, −1
	9. 상대방의 처지를 헤아리지 않고 이야기한다.	−3, −2, −1
	10. 상대방의 감정 상태를 고려하지 않고 말한다.	−3, −2, −1
합계		점

토론을 마치며 거짓말을 한 사람이 누구인지 교사가 단정적으로 결론을 내리지 않고 그림책의 결말처럼 열어 두었다. 중요한 것은 토론을 하며 듣고 말하는 과정 속에서 학생들이 서로 배려하고 공감하며 의사소통하는 것 그 자체다. 마지막에 의사소통 체크리스트를 만들어 스스로 자신의 점수를 채점해 보도록 하였다. 평가가 목적이 아니므로 스스로 체크해 보는 것만으로 충분히 배움이 일어날 것이라고 믿는다.

함께 활용하면 좋은 그림책

- ◆ 꽃을 선물할게(강경수 글·그림 | 창비)
- ◆ 여우(마거릿 와일드 글, 론 브룩스 그림 | 파랑새)
- ◆ 흔들흔들 다리에서(기무라 유이치 글, 하타 고시로 그림 | 천개의바람)
- ◆ 야쿠바와 사자 1. 용기(티에리 드되 글·그림 | 길벗어린이)

연극과 매체 표현

 이 수업은 학급 전체 활동으로 꼭 해보았으면 하는 수업이다. 그림책이 던지는 수많은 질문과 해답들을 학생들이 중학교 시절에 꼭 고민해 보았으면 하기 때문이다. 그림책을 한 번 읽는 것보다 낭독 영상을 제작하여 내용을 반복하여 읽고 곱씹으면서 내면화하기를 바라며 수업을 진행하는 것이 좋다. 1학년 자유학기 수행 평가로 실시해도 좋다.

그림책 소개

소년과 두더지와 여우와 말 (찰리 맥커시 글·그림 | 상상의힘)
소년과 두더지는 삶에 대한 자세와 살아가는 방식이 다르지만, 서로 이해하고 배려하며 함께 살아간다. 여우와 말을 만나 함께하며 삶에 대한 고민과 갈등을 대화로 풀어 간다. 때로 답을 얻고, 모르는 것은 질문으로 남겨 두기도 하며 함께 살아간다.

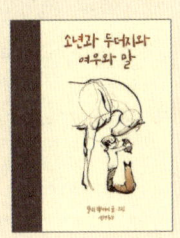

1차시 그림책 읽고 역할 나누기

그림책을 읽고 소년, 두더지, 여우, 말, 등장인물 네 명의 역할을 나눈다. 학생들이 각 등장인물과 해설을 맡아 그림책을 낭독하기 때문에 외모보다는 목소리가 어울리는 역할을 정하는 것이 좋다. 촬영, 편집, 의상 및 소품 담당 등 영상을 제작하기 위해 필요한 역할도 분담하도록 한다. 학급 구성원 모두가 한 가지씩 역할을 나누어 공동 작업을 하며 공동체 정신을 기르고 의사소통 능력을 향상시킬 수 있을 뿐 아니라, 개인의 한계를 뛰어넘는 결과물을 완성할 수 있다.

2~3차시 그림책 낭독 영상 제작하기

맡은 역할에 따라 수업 시간에 그림책을 낭독하고 영상을 찍는다. 낭독하는 모습을 영상으로 찍고, 그림책의 장면을 활용하거나 인물 그림 가면을 쓰고 연극을 하는 모습 등을 촬영하여 영상을 제작한다. 영상 편집은 비교적 시간이 오래 걸리기 때문에 감안하여 담당 학생이 맡아서 하도록 안내한다.

4차시 영상 감상하고 소감 나누기

학급별로 제작한 영상을 감상하며 소감을 나눈다. 영상을 제작하며 가장 인상적인 장면이나 대사를 선정하고 발표하는 활동도 의미 있다. 활동 소감문을 작성하고 마무리한다.

〈소년과 두더지와 여우와 말〉 낭독 영상 제작 계획서

1. 등장인물 분석하고 역할 나누기

등장인물	인물의 성격 및 특징	역할 맡을 친구
소년		
두더지		
여우		
말		
해설		

2. 영상 제작 역할 분담

진행팀	촬영팀	소품팀	편집팀

3. 촬영일: 월   일   교시,   월   일   교시

4. 나의 역할 소개 및 활동 소감

함께 활용하면 좋은 그림책

- ◆ 삶의 모든 색(리사 아이사토 글·그림 | 길벗어린이)
- ◆ 꼬마 종지(아사노 마스미 글, 요시무라 메구 그림 | 곰세마리)
- ◆ 우린 너무 달라!(크리스 갈 글·그림 | 주니어RHK)

독서와 발표

이 단원은 읽기의 가치와 중요성을 깨닫고 읽기를 생활화하는 것을 목표로 한다. 학생들마다 읽기 능력에 차이가 있다. 학년에 따른 읽기 능력을 갖춘 학생들이 대부분이지만 그보다 수준 높은 학생도 있고, 그렇지 않은 학생도 있다. 그림책 〈내가 책이라면〉을 읽고 책의 의미와 가치에 대해 이해한 후, 각자 수준에 맞는 책이나 자신이 가장 좋아하는 책을 골라 소개하기를 수행 평가로 진행하였다.

그림책 소개

내가 책이라면
(쥬제 죠르즈 레트리아 글, 안드레 레트리아 그림 | 국민서관)

책의 여러 의미와 가치를 책의 입장에서 직접 들려주는 그림책이다. 책은 우리에게 지식과 교훈을 전달하기도 하고 오락 수단이 되기도 한다. 때로는 책 자체가 우리의 꿈이 되기도 한다. 우리가 평소 생각하지 못했던 것까지 책에 대한 모든 것을 담고 있다.

1차시 책의 의미와 가치 깨닫기

교과서를 통해 읽기의 가치와 중요성을 학습하였다면, 이번에는 책의 입장을 생각하며 그림책을 읽도록 안내한다. 〈내가 책이라면〉은 책이 다양한 형태로 변하거나 활용되는 그림에 글을 더하여 상상력을 자극하고 읽는 재미도 있다. 이 책을 읽으며 책의 소중함을 깨닫고 책 읽기를 생활화하는 태도를 기르도록 한다. 이 단원은 수행 평가로 진행하였는데, 학생들이 읽기를 생활화하는 태도를 평가하는 것은 지속적인 관찰이 필요하기 때문에 한시적으로 평가하기 힘들다. 학생들의 읽기 능력이 개별적이어서 책 한 권을 정해 모든 학생들이 읽고 평가하는 것도 적절하지 않기 때문에, '가장 좋아하는 책 소개하기' 활동으로 읽기와 쓰기, 듣기와 말하기 영역을 평가하였다.

2차시 책 소개하기 프로젝트 활동 계획서 작성하기

도서관 활용 수업을 통해 소개할 책을 선정하고 대출하여 프로젝트 활동 계획서를 작성하였다. 자신이 소개하려는 책을 고른 이유를 중심으로 주제를 정하고, 주제에 맞게 내용을 조직하여 준언어적 표현과 비언어적 표현을 고려하여 발표하는 수행 평가를 하였다.

책 소개하기 프로젝트 활동

1. 프로젝트 활동 계획서 : 발표 과정에 따라 친구에게 책 소개하기

발표 과정	활동 내용			
① 발표 주제 정하기				
② 내용 마련하기 (책 선정하기)	책 제목	지은이	출판사	출판 연도
③ 내용 조직하기	도입	전개		마무리
④ 발표문과 발표 자료 만들기	발표문 작성 : 3분 내외 분량의 원고 별도 양식에 작성 발표 자료 : PPT, 도표, 그림 등 활용			
⑤ 발표하기	준언어적 표현 : 목소리의 크기, 속도, 어조 등 미리 계획하기 ⇨ 비언어적 표현 : 표정, 손짓, 몸짓 등을 미리 계획하기 ⇨			

3~4차시 발표문과 보조 자료 작성하기

계획서에서 작성한 개요를 바탕으로 소개하는 내용을 발표문으로 작성한다. 보조 자료는 학생들이 자신 있게 다룰 수 있고, 내용을 효과적으로 전달할 수 있는 매체를 정해 작성하도록 하였다. 대부분의 학생들이 파워포인트와 인터넷 사이트를 활용하여 좋아하는 그림책을 소개하였다.

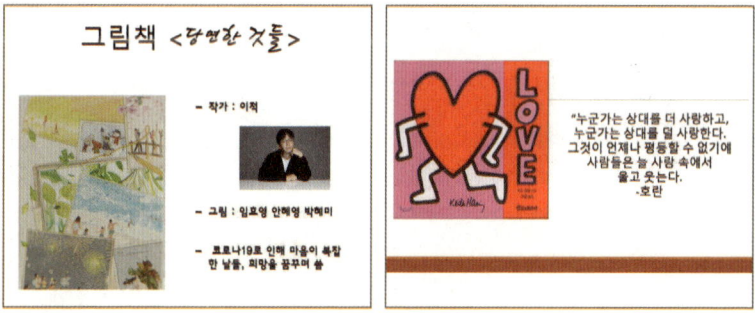

5~8차시 내가 가장 좋아하는 책 소개하기

수행 평가 일정에 따라 발표 준비가 되면 한 시간에 7명 내외로 발표하고, 발표하지 않는 학생은 상호 평가 기록지를 작성하며 듣도록 한다. 상호 평가 기록지를 작성하면 학생들이 평가에 더욱 적극적으로 참여하고 집중력과 듣는 태도도 기를 수 있다. 학생들이 수행 평가 준비 과정에서 주제를 정하는 데 어려움을 표현하거나 발표가 일찍 마무리되어 시간 여유가 있을 때는 교사가 좋아하는 그림책을 소개한다. 프로젝트 활동이 이루어지는 기간뿐 아니라 활동을 마친 후에도 학생들은 교사나 친구들이 소개하는 책을 찾아 도서관을 방문하며 읽기에 관심을 보였다.

함께 활용하면 좋은 그림책

- 산책(Promenade)(이정호 글·그림 | sang)
- 도서관(사라 스튜어트 글, 데이비드 스몰 그림 | 시공주니어)

진로 탐색을 위한 국어 활동

'허튼 생각'은 결코 허튼 생각이 아닌, 살아가는 데 한 번쯤 하게 되는 질문들로 이루어져 있다. 수많은 질문 가운데 자신에게 의미 있거나 인상 깊은 질문을 찾아 삶의 가치를 탐색해 보는 활동을 한다. 그림책을 읽고 질문 세 가지를 골라, 질문을 고른 이유 또는 질문과 관련된 생각이나 느낌을 적어 본다. 질문을 통해 삶의 의미를 담은 가치를 찾을 수 있을 것이다.

그림책 소개

허튼 생각_살아간다는 건 뭘까
(브리타 테켄트럽 글·그림 | 길벗어린이)

'나'와 세상에 대해 끊임없이 질문을 던지는 그림책이다. 무수한 질문은 우리가 세상을 살아가면서 한 번쯤은 생각해 보았을 것이다. 이 책이 답을 알려 주지는 않지만, 그림책을 읽으며 스스로 생각하고 대답해 볼 수 있다.

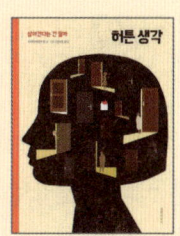

> **그림책 소개**
>
> **알바트로스의 꿈** (신유미 글·그림 | 달그림)
> 날개가 너무 커서 한 번도 날아 보지 못한 새의 꿈에 대한 이야기다. 하늘 높이 날아오르는 꿈을 실현하기 위하여 묵묵히 산을 오르며 도전하는 알바트로스를 통해 희망을 전한다.

1차시 삶의 가치 탐색하기

그림책 〈허튼 생각_살아간다는 건 뭘까〉에 나오는 '너도 가끔 머릿속에 허튼 생각이 가득하다는 걸 느끼니?'라는 질문에서 '생각'이라는 가치를 발견할 수 있다. 학생들이 의미 있게 여기는 삶의 가치를 알아보고 서로 생각을 나누는 활동을 통해 꿈을 꾸고 직업을 탐색하는 시간을 갖는다. 학급 학생들이 삶에서 중요하게 생각하는 삶의 가치를 모아 '가치 사전'을 만들어 보는 것도 좋다.

2~3차시 꿈 탐색하기, 국어와 관련된 직업 탐구하기

그림책 〈알바트로스의 꿈〉을 읽고 새가 꿈꾸는 것을 이루기 위해 어떤 노력을 하는지 알아본다. 그리고 그림책 작가라는 직업, 국어와 관련된 다양한 직업도 알아본다.

4차시 작가 초청 강연

작가들은 그림책 한 권을 제작할 때 각고의 노력을 기울인다. 그림책을 완성하기까지 과정을 소개하는 특강은 그림책에 대한 이해를 높일 뿐 아니라, 그림책과 관련된 직업 탐색을 하는 것에도 도움을 준다.

진로 탐색을 위한 국어 활동 : 삶의 가치 탐색하기

1. 그림책 〈허튼 생각_살아간다는 건 뭘까〉에서 인상 깊은 질문 세 가지를 고르고 이유 적기

순번	인상 깊은 질문	고른 이유 또는 질문과 관련된 생각이나 느낌
1		
2		
3		

2. 질문 세 가지를 통해 파악할 수 있는 삶의 가치 발견하기

순번	삶의 가치	의미
1		
2		
3		

3. 가치 있는 삶을 위한 나의 꿈 설계하기

함께 활용하면 좋은 그림책

- 다섯 작가 이야기 : 꿈(이광익 외 글·그림 | 보림)
- 세상 끝까지 펼쳐지는 치마(명수정 글·그림 | 글로연)

문학 작품의 관점

문학 작품은 말하는 이의 관점에 따라 주제와 내용, 분위기 등이 달라진다. 시의 화자나 서술자를 바꾸어 창작하는 활동은 작품에 대한 이해를 돕는 동시에 그 자체로 창작 활동이 된다. 극명하게 대립되는 관점을 가진 암탉과 여우가 등장하는 그림책의 그림만 보고 각각의 과점에서 이야기를 창작해 보는 활동을 통해 이야기의 주제와 내용이 어떻게 달라지는지 알아보도록 한다. 더 나아가, 학급 구성원이 한 명도 빠짐없이 참여하는 단체 문학 창작 활동을 해본다.

그림책 소개

로지의 산책 (팻 허친스 글·그림 | 봄볕)

암탉 로지가 농장을 산책하는 이야기로, 여우에게 쫓기면서도 여유롭게 행동하는 모습이 긴장과 웃음을 유발한다. 암탉과 여우를 중심으로 전개되는 단순한 이야기지만, 글과 그림이 상호 보완하며 독자에게 다양한 의미를 전한다.

1차시 그림책의 그림 읽기

한 모둠에 15명씩 두 모둠으로 나눈다. 보통 한 학급이 30명 내외이므로 암탉 모둠과 여우 모둠으로 양분하여, 모둠을 이끌 학생을 정하고 활동지를 통해 모둠 활동을 안내한다. 먼저, 그림책의 제목과 글 등 정보가 될 만한 부분은 모두 가리고 그림만 함께 감상한다. 그림책이 15개의 장면으로 구성되어 있어서 자세히 보려면 시간이 제법 걸린다. 그림을 충분히 이해해야 이야기를 창작할 때 자세히 표현하고, 그림과 다른 이야기를 짓지 않게 되므로 꼼꼼하게 보기를 강조한다.

그림을 감상한 후 모둠별로 모여 지어 낼 이야기의 방향을 협의한다. 이야기의 구성 요소와 관련하여 인물, 사건, 배경 등을 확인하거나 설정하여 공유한다. 이야기의 주제를 정하지 않으면 각자 한 장면씩 맡아서 이야기를 지을 때 장면 설명에 그칠 우려가 있다. 모둠원들이 협의하여 등장인물의 성격이나 인물이 처한 상황을 공유하고, 이야기의 결말을 어떻게 마무리할지도 결정한다. 공동 창작 활동이므로 문체도 통일해야 이야기가 매끄럽게 이어질 수 있음을 꼭 안내한다.

문학 작품의 관점 : 〈이야기 짓기〉 모둠 활동 안내

◎ 서술자 : '암탉'과 '여우' 중 선택
◎ 시점 : 1인칭 주인공 시점
◎ 활동 방법
　1. 모둠장을 중심으로 이야기 구성 방향을 협의한다.
　　– 주제, 인물, 사건, 배경, 문체 등
　2. 각각 한 장면을 골라 모둠에서 설정한 서술자의 관점에서 이야기를 짓는다.
　　– 총 15장의 장면 필수 단어 활용 : 암탉, 여우, 마당, 농기구, 연못, 마른 풀 더미, 염소, 풍차 방앗간, 밀가루, 울타리, 손수레, 벌통, 벌떼, 저녁밥 등
　3. 각자 지은 장면을 연결하여 그림책을 만든다.
　　– 장면 번호 순서로 연결하여 그림책 엮기
　　– 서술자의 입장을 고려하여 제목 짓기

4. 모둠별로 발표자를 정하여 창작한 내용을 발표한다.
5. 서술자에 따라 이야기의 관점이 어떻게 달라지는지 비교한다.

서술자	암탉	여우
주요 내용		
분위기		
특징		

2차시 서술자의 관점에 따라 이야기 짓고 비교하기

　모둠원들이 협의한 사항을 바탕으로 각자가 맡은 장면의 이야기를 짓는다. 이때 교사가 그림 장면별로 필수 단어를 제시해 주는 것도 좋다. 그림책에 등장하는 장소나 사물의 이름 등이 통일되면 서술자의 관점에 따른 이야기의 특징이 부각될 수 있다. 모둠원이 15명이 되지 않는 모둠은 한두 명이 두 장면을 지을 수 있도록 한다.

　이야기는 암탉과 여우가 서술자가 되어 1인칭 주인공 시점으로 짓도록 한다. 1인칭 주인공 시점은 서술자의 생각과 마음을 자세히 표현할 수 있다. 수업에서 암탉 모둠은 '어리석은 여우 골탕 먹이기 대작전'이라는 제목으로 암탉의 입장에서 자신을 노리고 있는 여우를 골탕 먹이는 이야기를 창작하였다. 여우 모둠은 '여우의 짝사랑 이야기'라는 제목으로 암탉에게 마음을 전하는 여우의 입장으로 이야기를 창작하였다. 학생들은 모둠 협의를 통해 암탉과 여우의 관점이 잘 드러나도록 이야기를 구성하였다. 교사는 학생들이 서술자와 시점에 유의하여 창작할 수 있도록 순회하며 잘못된 부분이 있으면 개별적으로 질문을 하거나 적절한 방향을 안내한다.

　창작이 끝나면 모둠별로 그림을 장면 순서에 따라 칠판에 붙이고 한 명씩 대표로 낭독한다. 관점에 따라 각 장면이 어떻게 해석되고 표현되었는지 주제와 내용, 분위기 등을 중심으로 요약하고 정리하여 두 관점을 비교해 보도록 하였다. 원작 그림책의 글과 그림을 함께 읽고 감상하는 것으로 수업을 마무리하였는데, 학생들은 자신들이 창작한 이야기와 원작을 비교하며 그림책을 재미있게 읽었다.

 학급의 모든 학생들이 창작 활동에 흥미를 갖고 적극 참여하였는데, 한 명도 소외되지 않는 수업을 할 수 있어 교사로서 무척 만족스러웠다. 또 그림책을 활용하여 공동 창작을 하고, 문학 작품의 관점과 서술자, 시점 등에 대한 심화 활동도 할 수 있어 좋았다. 그림책을 통한 이야기 짓기 활동을 국어 수업에 꾸준히 적용하면 좋을 것 같다.

함께 활용하면 좋은 그림책

- 로지의 병아리(팻 허친스 글·그림 | 봄볕)
- 동백꽃이 툭,(김미희 글, 정인성 외 그림 | 토끼섬)
- 우리 동백꽃(김향이 글, 윤문영 그림 | 파랑새)

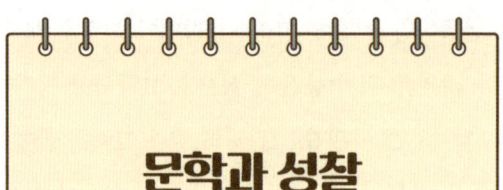

문학과 성찰

문학은 인간의 성장이나 갈등을 반영하여 우리 삶을 성찰하게 한다. 교과서에 나오는 한두 편의 시와 소설로는 학생 수만큼이나 다양한 삶의 모습과 경험을 모두 반영할 수 없다. 그림책은 우리의 다양한 삶을 공감하고 성찰하도록 도와준다. 공감과 성찰은 내면의 생각이나 느낌을 표현할 때 더욱 넓고 깊어진다. 그림책을 읽고 필사한 후 글쓰기를 하는 것이 학생들의 성장에 도움을 준다. 일기를 쓰면서 학생들은 경험한 일을

그림책 소개

마음으로 쓰는 그림책 한 문장 추천 그림책 100권
(권현숙 외 글 | 케렌시아)

〈마음으로 쓰는 그림책 한 문장〉은 현직 교사가 그림책 100권에서 선정한 문장을 필사할 수 있도록 소개하고, 그 문장과 관련된 저자의 생각과 느낌을 쓴 그림책 필사 에세이다. 이 책에서 추천하는 그림책 100권과 그림책의 주제 의식을 담고 있는 문장들이 삶의 의미와 가치를 생각하게 한다.

있는 그대로 솔직하게 표현할 수 있다. 삶을 성찰하는 그림책 필사 수업을 하고 꾸준히 일기를 쓸 수 있도록 하면 사고력과 표현력 향상에 도움이 될 것이다.

1차시 그림책 문장 필사하고 감상 쓰기

1차시에 〈마음으로 쓰는 그림책 한 문장〉과 이 책에서 추천하는 그림책 100문장을 소개하고, 필사하는 방법을 안내한다. 제시된 그림책 한 문장과 저자들이 작성한 에세이를 읽고 생각이나 느낌을 어떻게 표현하는지 참고하며 직접 적어 본다. 〈마음으로 쓰는 한 문장〉 책을 구입하면 아래 사진과 같이 필사를 할 수 있는 공간이 마련되어 있어서 좋다. 책을 구입하지 않아도 교사가 들려주는 그림책 한 문장을 받아 적고, 그 문장과 관련된 자신의 경험을 떠올리며 어떤 생각이나 느낌이 드는지 적도록 한다.

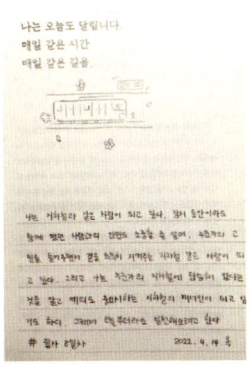 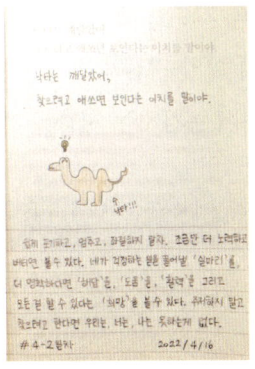 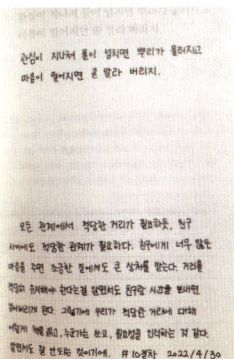

2~10차시 그림책 문장 필사하고 성찰 일기 쓰기

2차시부터 매주 한 번씩 일주일 동안 있었던 사건이나 자신의 생각을 바탕으로 성찰 일기를 쓰도록 한다. 자신의 일주일을 가장 잘 표현할 수 있는 문장이나 성찰하는 자신의 마음을 잘 반영하는 그림책 문장을 골라 글을 쓰도록 한다. 그림책 문장을 제대로 이해할 수 있도록 관련 그림책을 읽고 성찰 일기를 쓰는 것도 좋다. 일기를 쓴 후 친구들과 공유할 수 있으면 발표하도록 한다.

교사는 맞춤법이나 띄어쓰기를 평가하기보다 학생들이 자신의 삶을 돌아보고 생각과 느낌을 솔직하고 자세하게 표현할 수 있도록 안내하고 격려한다. 부담 없이 쓰기 활동에 참여하며 자신의 삶에 대해 생각하고 표현할 기회를 학생들에게 주어야 한다. 매주 한 시간씩 그림책 한 문장을 골라 필사하고, 그 문장과 관련된 생각이나 느낌을 적어 봄으로써 일주일 동안의 삶을 성찰하며 쓰기 능력을 향상할 수 있다.

11차시 그림책 소개하고 소감 나누기

성찰 일기를 쓰면서 읽었던 그림책 중 가장 인상 깊었던 그림책 한 권과 문장을 골라 소개하고, 그동안 성찰 일기 쓴 소감을 나눈다. 그림책의 문장이 명언처럼 우리 삶의 지침이 될 수 있음을 알고 활용할 수 있도록 필사의 효과에 대하여 공감하는 시간을 갖는다.

함께 활용하면 좋은 그림책

◆ 마음이 머무는 그림책 한 문장(그림책사랑교사모임 글 | 케렌시아) 추천 그림책 100권

한글과 국어 생활

　이 단원은 한글 맞춤법과 표준 발음법 관련 조항을 살피면서 단어를 정확하게 발음하고 표기할 수 있도록 하는 것이 목표다. 따라서 흥미 위주의 수업보다는 지식 전달 및 이해, 적용이 이루어지도록 해야 한다.

　문법 영역은 다른 영역에 비해 어려워하는 학생들이 많다. 암기하지 않으면 공부하기 어렵기 때문에 포기하는 학생들도 있고, 교사도 수업할 때 설명식 수업을 하게 되는 경우가 많다. 집중해서 밀도 있게 수업하기 때문에 문법을 시간이 오래 걸리는 탐구식 수업으로 하는 것은 쉽지 않다. 하지만 학습한 것을 직접 적용해 보는 탐구 활동은 간단한 형성 평가보다 기억에 오래 남고 비판적 창의적 사고 역량과 자기 성찰 및 계발 역량을 기를 수 있다. 탐구 활동을 모둠으로 하게 되면 문법을 어려워하는 학생들도 상호 작용을 통해 즐겁게 수업에 참여할 수 있다.

　그림책은 학생들이 어려워하는 문법 영역에 쉽게 접근할 수 있도록 돕는다. 그림책 읽기를 통해 자연스럽게 정확한 발음을 익히고 잘못된 발음을 고칠 수 있도록 단원 마무리 활동을 2차시로 계획하였다. 교과서를 통해 익힌 표준 발음법의 조항을 이해하여 실제로 그림책을 읽을 때 정확한 발음이 어떻게 되는지 모둠 활동을 하며 확인하고, 관련된 조항을 확인하며 잘 이해하고 있는지 점검하도록 하였다. 지식이나 개념에 대한 이해가 바탕이 되어야 학생들이 즐겁고 의미 있게 적용할 수 있다.

그림책 소개

영웅을 찾습니다! (차이자오룬 글·그림 | 키위북스)

〈영웅을 찾습니다!〉는 컵나라에 전해져 내려오는 전설을 통해 우리 시대에 필요한 진짜 영웅의 모습에 대하여 이야기한다. 우리가 생각하는 영웅에 대한 고정관념을 깨뜨리면서, 진정한 영웅의 의미를 생각해 보게 한다. 우리 모두가 영웅이 될 수 있다고 유쾌하게 전하는 그림책이다.

1차시 | 그림책 읽고 감상하기, 활동 안내

이 수업에서는 교사가 그림책을 읽어 주지 않고 학생들이 직접 읽도록 한다. 4인 모둠을 구성하고 그림책을 모둠별로 1권씩 제공한 후, 처음에는 읽고 싶은 학생이 재미있게 읽어 주도록 한다. 그림책을 읽으며 주제를 파악하고 질문하면서 충분히 감상할 수 있도록 한다. 교사는 학생들이 감상한 후에 주제를 정리하고, 질문을 받고 전체 질문으로 되돌리며 함께 이야기 나눈다.

그림책 감상 후 모둠원들이 돌아가며 한 장씩 발음에 유의하며 정확하게 읽도록 한다. 정확한 발음을 모르는 단어는 포스트잇에 적어 붙인다. 그림책을 다 읽은 후 함께 협의하며 정확한 발음을 탐구하도록 하고, 교사가 적절한 도움을 주는 것도 좋다.

2차시 표준 발음법 적용 사례 찾기, 정확한 발음으로 그림책 읽기

그림책을 읽으며 탐구한 단어들의 정확한 발음을 바탕으로 표준 발음법의 어느 조항에 해당하는지 연결하고 적용하는 활동을 한다. 모둠별로 그림책에 붙이며 탐구한 정확한 발음 포스트잇을 모은다. 포스트잇 하나에 하나의 단어만 적어도 되고, 두세 개의 단어를 적어도 된다. 적은 단어들의 발음을 통해 표준 발음법의 어떤 사례에 해당하는지 검토하고 개별 학습지에 적으며 정리한다. 모둠별 활동이기에 모둠마다 찾는 사례가 다를 수 있으므로 교사가 순회하며 잘못된 발음은 없는지, 조항을 제대로 적용하는지 확인한다.

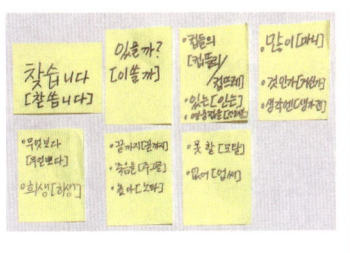 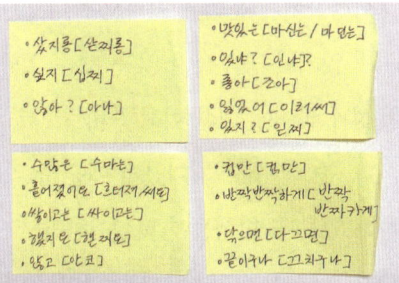

그림책에 나오는 모든 단어들의 정확한 발음을 확인하기는 어려울 수 있다. 그러나 한 시간 동안 모둠원들이 함께 표준 발음법 조항들을 적용하고 단어의 발음을 확인하면서 문법이 어렵고 재미없는 영역이 아니라는 것을 경험하게 되면 배움이 즐겁다고 느끼고 혼자서도 찾아볼 수 있는 동기가 부여될 수 있다.

학습지 정리가 끝나면 마무리 활동으로 그림책 〈영웅을 찾습니다!〉를 정확한 발음으로 읽도록 한다. 이미 그림책 내용을 모두 알고 있고 정확한 발음도 알아보았기 때문에 모두가 함께 읽기보다는 한 명이 대표로 읽도록 한다. 다 읽은 후에는 틀린 발음이 있더라도 지적하거나 고쳐 주지 않는다. 다른 학생들도 지적이나 충고를 하지 않도록 한다. 그림책을 활용한 적용 학습을 모두가 즐겁게 마무리할 수 있어야 다음 문법 학습도 긍정적으로 참여할 수 있기 때문이다. 수업 마무리 활동으로 '우리 모둠 활동의 영웅은 누구?'를 통해 모둠별로 가장 열심히 참여하고 최선을 다한 학생에게 칭찬과 보상을 해 주면 좋다. 영웅은 어디에나 있고 누구나 될 수 있다!

학생들에게 문법은 교과서에 나오는 것 자체로 어렵다. 그렇다고 가르치지 않거나 공부하지 않을 수는 없다. 문법을 정확하게 알아야 언어의 특성과 국어에 대한 이해를 바탕으로 사용 능력을 향상할 수 있기 때문이다. 좀 더 쉽고 재미있게 배울 수 있도록 그림책을 문법 수업에 적용해 보았는데, 학생들이 낯설어하면서도 즐겁게 참여하였다. 설계하고 진행하는 교사도 그럴 때 가장 만족스럽다.

함께 활용하면 좋은 그림책

- ◆ 수박이 먹고 싶으면(김장성 글, 유리 그림 | 이야기꽃)
- ◆ 나는 돌입니다(이경혜 글, 송지영 그림 | 문학과지성사)

문학 작품의 재구성·비판적 듣기와 읽기

문학은 끊임없이 창작되고, 좋은 작품은 시대와 장르를 넘나들며 재구성되기도 한다. 학생들도 작품을 읽으며 문학 작품을 재구성할 수 있다. 문학 작품 재구성은 작품을 읽고 자신의 관점에서 작품의 내용, 표현, 형식, 갈래, 맥락, 매체 등을 바꾸어 쓰는 것을 말한다. 모방 시 쓰기, 소설을 드라마 대본으로 재구성하기, 매체를 활용하여 재구성하기 등을 통해 문학 창작 방법을 익히고, 원작과 재구성 작품을 비교하는 즐거움을 누릴 수 있을 것이다.

그림책 소개

그들은 결국 브레멘에 가지 못했다 (루리 글·그림 | 비룡소)

〈브레멘 음악대〉를 재구성한 그림책으로 갈 곳을 잃은 당나귀, 개, 고양이, 닭이 등장한다. 각자의 사연으로 작가는 우리 사회의 문제와 암울한 현실을 풍자한다. 네 동물이 우연히 지하철에서 만나 함께 정처 없이 걷다 도둑들이 있는 집에 이르고, 이야기는 희망적으로 끝난다.

1차시 재구성된 내용의 그림책 읽기

소설의 재구성과 관련하여 학생들이 대부분 알고 있는 〈브레멘 음악대〉를 재구성한 루리 작가의 〈그들은 결국 브레멘에 가지 못했다〉를 소개하고, 이야기를 어떻게 재구성하였는지 탐구하도록 한다. 원작과 비교하여 달라진 점을 살펴보고, 그림책이라는 매체로 적절하게 재구성되었는지 판단하도록 한다. 〈그들은 결국 브레멘에 가지 못했다〉는 특히 우리나라의 사회 문화적 상황을 반영하고 있는데, 주제를 파악하며 적절성을 판단해 보도록 한다.

2차시 모둠별로 재구성할 문학 작품 탐색하기

모둠 수업으로 문학 작품을 재구성해 본다. 교과서를 바탕으로 시와 소설을 어떻게 재구성할 수 있는지 이해한 후 학생들이 직접 적용해 볼 수 있도록 한다. 그림책도 기존에 창작된 시와 소설을 재구성하거나 패러디한 것이 있다. 교과서에서는 시의 주제나 갈래, 형식, 표현 방법 등을 재구성하는 방법을 소개하는데, 수업에서는 그림책의 장점을 살려 한용운 시인의 시 '사랑하는 까닭'을 그림을 통해 유기견과 할아버지의 사랑을 보여 주는 그림책을 학생들에게 소개하였다.

3~4차시 원작 재구성하기

학생들은 다양한 원작을 바탕으로 새로운 그림책 창작물을 완성하였다. 수업에서는 애니메이션을 그림책으로 재구성한 사례가 눈에 띄었다. 현실 상황을 반영하고 자신들의 희망을 담은 듯 겨울 왕국의 등장인물들이 코로나 바이러스를 퇴치하고 아렌델 왕국을 구하는 이야기를 창작하였다. 글을 지은 후 그림도 함께 그려 그림책 형식으로 재구성하도록 하였다.

문학 작품의 재구성·비판적 듣기와 읽기

1. 우리 모둠 이름 : (   ) 함께하는 친구들 : (   )
2. 문학 재구성 계획
    (1) 우리 모둠이 재구성할 문학 작품

갈래	작품 제목
시, 소설, 수필, 희곡 (한 가지 선택)	

    (2) 재구성 장르 : (   )
    (3) 분량 : 자유
    (4) 활동 시간 : 모둠 활동 6시간, 발표 및 감상 0시간
    (5) 유의 사항
        ① 문학 작품을 장르의 특성에 맞게 재구성하기
        ② 재구성 결과를 시청각 자료 등 매체를 활용하여 발표하기
            - PPT, UCC, 만화, 시화, 그림, 사진 등
3. 프로젝트 활동 결과 : 교과 특기 사항 개별 기록
4. 나의 활동 결과 정리 및 소감

5~6차시 매체를 활용하여 표현하기

 문학 작품 재구성 활동은 학생들이 모둠을 구성하여 직접 원작을 선택하고 재구성하여 매체를 통해 표현하도록 하였다. 창작자의 의도를 더욱 효과적으로 전달할 수 있도록 매체를 활용하여 표현하고 발표해 보며, 학생들은 다양한 표현 능력을 향상시킬 수 있다.

7~8차시 모둠별 결과물 발표하기

　결과물이 완성되면 모둠원들이 모두 발표에 참여함으로써 마지막까지 모두가 학습의 주체가 될 수 있도록 한다. 학생들이 활동과 학습의 주체가 되어, 모둠을 정하고 문학 작품을 감상하고 재구성하는 활동을 통해 국어가 추구하는 비판적 창의적 사고 역량, 자료 정보 활용 역량, 의사소통 역량, 공동체 대인 관계 역량, 문화 향유 역량, 자기 성찰 계발 역량 등이 종합적으로 길러진다. 단순히 글을 쓰는 것에 그치지 않고 그림이나 동영상으로 제작해 보며 매체 활용 능력도 키울 수 있다. 수행 평가와 연계하면 더욱 수준 높은 결과물이 나올 것이다.

　수업을 시작했을 때 대부분의 학생들이 어떤 문학 작품을 선택하여 어떻게 재구성할지 어려워하였다. 그러나 그림책 〈그들은 브레멘에 가지 못했다〉를 함께 읽으며 재구성 방법을 익히고, 친구들과 협의하며 글을 짓고 그림을 그려 새로운 작품을 완성해 낼 수 있었다. 이번 프로젝트 활동을 마치며 학생들은 친구들과 의견을 나누는 활동도 재미있었고, 끝까지 완성할 수 있어서 뿌듯하다는 소감을 밝혔다. 글도 쓰고 그림도 그리는 그림책 제작 활동이 쉽지 않았지만, 충분한 시간에 걸쳐 완성하는 기쁨을 함께 느꼈을 거라고 믿는다. 수업에서는 그림책으로 재구성하지 않고 다른 문학 장르나 매체로 재구성한 학생들도 있었다. 비교적 자유로운 프로젝트 활동으로 진행하였는데, 수행 평가와 연계한다면 표현 매체를 한 가지 종류로 통일하는 것도 좋을 것 같다.

함께 활용하면 좋은 그림책

- 브레멘 음악대 따라하기(요르크 슈타이너 글, 요르크 뮐러 그림 | 비룡소)
- 사랑하는 까닭(한용운 시, 도휘경 그림 | 이루리북스)
- 빨간 모자(그림 형제 원작, 김미혜 글, 요안나 콘세이요 그림 | 비룡소)

수업에서 본격적으로 그림책을 활용하기 시작한 것은 시 창작 수업[4]을 하면서부터다. 그전에도 학년 초 학생들과 관계 맺기, 단원 도입 부분 동기 유발, 학기 말 독서 활동 등에서 그림책을 활용하기는 했다. 그러다 시 창작 수업에서 그림책을 활용해 수업을 했는데, 그 효과가 엄청났다. 학생들과 함께 그림책을 읽고 시를 지으며 진심으로 소통하고 공감할 수 있었다. 교사로서 학생 한 명 한 명과 마음을 나누는 교육을 하고 있다는 기쁨이 컸는데, 다음 학기부터는 학생들의 시를 모아 학급 시집을 제작하거나 시화를 엮어 영상을 제작하는 등 다양한 활동을 하였다.

국어 기초 학력 보충 수업도 그림책으로 진행했다. 기초 학력 진단 평가 결과, 읽기와 독해가 어려운 학생과 함께 그림책 〈소년과 두더지와 여우와 말〉을 읽고 필사하기, 필담 나누기, 대화하기 등을 진행하였다. 교사뿐만 아니라 학생의 만족도가 아주 높았다. 2학기에도 그림책을 또 읽고 싶다고 하여 〈별이 빛나는 밤〉으로 필사하기, 교환 일기 쓰기 등을 진행하였다.

그림책은 선물이다. 선물이 주는 사람과 받는 사람 모두에게 기쁨을 주는 것처럼 교사와 학생 모두에게 즐거움을 준다. 수업에 그림책을 활용하는 것은 교사의 의지에 달려 있다. 교과서가 교육과정을 충실히 반영하고 있기에 굳이 그림책을 활용할 필요가 없다고 생각할 수도 있다. 그러나 최근 3년 동안 꾸준히 그림책을 활용하며 깨달았다. 그림책이 선택일 수는 있지만, 일단 선택하면 결코 후회하지 않는다는 것이다. 그림책으로 더 많은 선생님과 학생들이 보람과 웃음이 넘치는 행복한 시간을 보내기를 바란다.

---

4 〈14가지 빛깔의 그림책 수업〉(그림책사랑교사모임 | 교육과실천) 참고

단원별 그림책 추천(중학교)

1학년 1학기

단원	학습 활동	그림책
1. 문학과 표현	비유와 상징 이야기 '뇌 구조도' 그리기 개성 있는 명함 만들기	꽃이 온다(양소이 글·그림 | 향출판사) 삶은 달걀과 감자와 호박 (안소민 글·그림 | 옥돌프레스) 무슨 생각하니?(로랑 모로 글·그림 | 로그프레스)
2. 요약과 판단	내용 요약하기	별이 빛나는 밤(지미 리아오 글·그림 | 천개의바람)
3. 언어의 세계	언어의 자의성 그림책 속 품사 찾기	노스애르사애(이범재 글·그림 | 계수나무) 마음이 머무는 그림책 한 문장(그림책사랑교사모임 글 | 케렌시아) 추천 그림책 100권
4. 예측하며 읽기와 토의	예측하며 읽기 토의를 통해 합리적으로 문제 해결하기 환경 보호 홍보물 만들기	여우(마거릿 와일드 글, 론 브룩스 그림 | 파랑새) 꽃을 선물할게(강경수 글·그림 | 창비) 아직 봄이 오지 않았을 거야 (정유진 글·그림 | 고래뱃속)

1학년 2학기

단원	학습 활동	그림책
1. 진로 탐색을 위한 국어 활동	삶의 가치 탐색하기 꿈 탐색하기 국어와 관련된 직업 탐구 – 그림책 작가 초청 강연	허튼 생각_살아간다는 건 뭘까 (브리타 테켄트럽 글·그림 | 길벗어린이) 알바트로스의 꿈(신유미 글·그림 | 달그림)
2. 문학과 성찰	삶을 성찰하는 그림책 필사 주간 성찰 일기 쓰기	마음으로 쓰는 그림책 한 문장 (권현숙 외 글 | 케렌시아) 추천 그림책 100권
3. 바람직한 언어생활	언어폭력의 문제점과 해결 방안 배려하는 말하기	구름보다 태양 (마시 캠벨 글, 코리나 루켄 그림 | 위즈덤하우스) 말의 형태(오나리 유코 글·그림 | 봄봄출판사)
4. 연극과 매체 표현	그림책 낭독 영상 제작하기	소년과 두더지와 여우와 말 (찰리 맥커시 글·그림 | 상상의힘)

2학년 1학기

단원	학습 활동	그림책
1. 문학 작품의 관점	작품에서 보는 이나 말하는 이의 관점 파악하기 등장인물의 관점에 따라 이야기 짓고 감상하기	로지의 산책(팻 허친스 글·그림 | 봄볕) 동백꽃이 툭,(김미희 글, 정인성 외 그림 | 토끼섬) 우리 동백꽃(김향이 글, 윤문영 그림 | 파랑새)
2. 독서와 발표	읽기의 가치와 중요성 읽기의 생활화	내가 책이라면 (쥬제 죠르즈 레트리아 글, 안드레 레트리아 그림 | 국민서관) 오늘 상회(한라경 글, 김유진 그림 | 노란상상) 빨간 벽(브리타 테켄트럽 글·그림 | 봄봄)
3. 담화와 의사소통	의미 공유 과정으로서의 듣기와 말하기 – 거짓말을 하고 있는 것은 누구까? 공감하는 대화하기	거짓말(미안 글·그림 | 고래뱃속) 나는 강물처럼 말해요 (조던 스콧 글, 시드니 스미스 그림 | 책읽는곰)
4. 개성적인 발상과 표현	반어, 역설, 풍자, 속담, 관용구, 격언, 명언 등 참신한 표현 찾기	봄의 방정식 (로라 퍼디 살라스 글, 미카 아처 그림 | 나무의말) 허튼 생각_살아간다는 건 뭘까 (브리타 테켄트럽 글·그림 | 길벗어린이)

2학년 2학기

단원	학습 활동	그림책
1. 문학 작품의 재구성	문학 작품 재구성하기 시 재구성하기 이야기 재구성하기	사랑하는 까닭(한용운 글, 도휘경 그림 | 이루리북스) 그들은 결국 브레멘에 가지 못했다 (루리 글·그림 | 비룡소)
2. 한글과 국어 생활	한글의 창제 원리 정확한 발음과 표기	세종대왕을 찾아라(김진 글, 정지윤 그림 | 천개의바람) 한글꽃이 피었습니다(강병인 글·그림 | 미래아이) 영웅을 찾습니다!(차이자오룬 글·그림 | 키위북스)
3. 설명과 이해	설명하는 글 쓰기 손바닥 사전 만들기	신기한 닮은꼴 과학 (곽영미 글, 허지나 그림 | 숨쉬는책공장)
4. 비판적 듣기와 읽기	매체 자료를 활용하여 표현하기 매체를 활용한 그림책 읽기	그들은 결국 브레멘에 가지 못했다 (루리 글·그림 | 비룡소) 산의 노래(신유미 글·그림 | 반달)

3학년 1학기

단원	학습 활동	그림책
1. 문학과 소통	'나에 관한 중요한 사실' 모방시 짓기 '길모퉁이에서 만난 사람' 짧은 글짓기	중요한 사실 (마거릿 와이즈 브라운 글, 최재은 그림 | 보림) 지하 정원(조선경 글·그림 | 보림)
2. 문제 해결 과정으로서의 읽기와 쓰기	질문 만들기 비경쟁식 독서토론하기	아이는 웃는다 (오사다 히로시 글, 이세 히데코 그림 | 천개의바람) 핑!(아니 카스티요 글·그림 | 달리)
3. 소중한 우리말	남북한의 언어 차이 이해하기	평양에서 태양을 보다(윤문영 글·그림 | 내인생의책)
4. 관점과 해석	관점에 따른 이야기의 재해석 '토끼와 거북이' 그 후 이야기	슈퍼 거북(유설화 글·그림 | 책읽는곰) 슈퍼 토끼(유설화 글·그림 | 책읽는곰)
5. 주장과 토론	토론하기	우산을 쓰지 않는 시란 씨 (다니카와 슌타로 외 글, 이세 히데코 그림 | 천개의바람)

3학년 2학기

단원	학습 활동	그림책
1. 문학과 삶	문학이 창작된 사회·문화적 배경을 바탕으로 작품 이해하기 취업과 경쟁을 강요하는 사회에서 어떻게 살아갈 것인가?	검정 토끼(오세나 글·그림 | 달그림) 진짜 내 소원(이선미 글·그림 | 글로연)
2. 논증과 설득 전략	논증의 필요성 인종 차별과 인권의 중요성	사랑한다는 걸 어떻게 알까요? (린 핀덴베르흐 글·그림 | 고래이야기) 일어나요, 로자(니키 지오바니 글, 브라이언 콜리어 그림 | 웅진주니어) 곰이 왔어(조수경 글·그림 | 올리)
3. 문장과 글쓰기	그림책 속 한 문장을 활용한 '문장 퀴즈 땅따먹기' 놀이	마음으로 쓰는 그림책 한 문장(그림책사랑교사모임 글 | 케렌시아) 추천 그림책 100권
4. 점검과 조정	말하기의 어려움 극복	발표하기 무서워요 (미나 뤼스타 글, 오실 이르겐스 그림 | 두레아이들)

영어

영어 그림책으로 영어까지 좋아할 수 있다

　고등학교에서 영어는 수학 다음으로 포기한 학생들이 많다. 원어민 수준의 학생과 알파벳 'b'와 'd'를 혼동하는 학생이 뒤섞인 교실에서 영어 교사들은 하루하루 다짐한다. 우주의 별처럼 아득히 벌어진 그들의 거리를 줄여 보자! 영어는 세상과 소통하게 하는 참 좋은 언어임을 느끼게 해 주자! 한바탕 웃으며 수업하고 그 재미에 영어가 조금은 좋아지게 만들어 보자!

　그런 바람으로 여러 연구회를 기웃거리다 십 년 전, 영어 그림책 수업을 고민하는 선생님들을 만났다. 뜨거운 여름, 우리는 단 하나의 그림책으로 모였는데 그 책은 패트리샤 폴라코(Patricia Polacco)의 〈The butterfly(나비가 전해준 희망)〉였다. 2차 세계 대전 중 나치가 점령한 프랑스의 작은 마을에서 일어나는 이야기인데, 프랑스 소녀 모니크와 유대인 소녀 세브린이 보낸 위태롭고 조마조마한 시간들이 그 끝을 궁금하게 만들었다. 이 책으로 2학기 '더불어 살기' 단원을 시작하겠다고 마음

먹었다.

　당시 내가 생각했던 영어 그림책의 조건은 첫째, 교과서와 모의고사 수준의 어휘가 있는 그림책일 것. 두 번째, 교과서 단원과 연결되는 교훈적인 내용이 있을 것. 세 번째, 페이지마다 읽기 전후 활동 자료를 만들 수 있을 것이었다. 여러 학교 선생님들과 〈The butterfly〉로 모든 페이지마다 독후 활동 자료를 만들며 만반의 준비를 했다. 그러나 설렘 속에 시작한 나의 첫 영어 그림책 수업은 너무 허무하게 끝나 버렸다. 준비한 활동도 접을 만큼 학생들 반응이 싸늘했기 때문이다. 이후 지금까지 그림책 수업을 하며 나는 서서히 그 이유를 깨닫게 되었다.

　십 년 전, 나는 영어 그림책이 고등학교 영어 교육에서 아주 효과적인 수업 자료, 즉 또 하나의 좋은 영어 교재라고 생각했다. 하지만 이제는 그림책을 영어 수업의 보조 수단으로 여기지 않는다. 그림책의 예술성과 이야기의 힘이 학생 개개인을 어떻게 변화시키는지 꾸준히 봐 왔기 때문이다. 더불어 영어를 잘하게 되는 선물은 덤으로 주어지게 된다는 걸 알았기 때문이다.

　십 년 전 그 교실로 다시 돌아갈 수 있다면, 그때는 알지 못했던 패트리샤 폴라코의 러시아 민화 스타일의 독특함, 맑은 수채화 물감이 퍼져 나가는 듯한 색감, 두려움이 가득한 주인공들의 얼굴 표정을 깊이 바라볼 수 있도록 학생들에게 충분한 시간을 줄 것이다. 그리고 패트리샤 폴라코 가족의 이야기를 들려줄 것이다. 러시안계 미국인이라는 이민 가정에서 태어나, 화로와 모닥불 옆에서 사과와 팝콘을 먹으며 들었던 할머니의 이야기가 그녀를 이야기꾼으로 성장시켰다는 얘기를 할 것이다. 14살까지 난독증이란 것도 모른 채 영어를 읽지 못해 학교 어두운 구석에 숨곤 했던 작가의 중학교 시절 이야기도 들려줄 것이다. 그런 패트리샤의 난독증을 알고 도와준 선생님을 생각하며 후에 작가가 만든 그림책이 바로 〈Thank you, Mr. Falker〉라는 것을 꼭 덧붙여 말할 것이다.

그림책이 가진 깊이와 사랑스러움을 미처 알지 못한 채 그저 그림책을 이용해 영어를 가르치려고 했던 나는, 이제 글밥이 많지 않은 그림책을 더 자주 활용한다. 하지만 글이 적어 그림책이 유치하다고 말하는 학생들은 없다. 학생들 역시 그림책과 사랑에 빠지곤 하는데, 그런 수업을 준비하기 위해서는 교사가 먼저 그림책과 사랑에 빠져야 한다. 그 깨달음을 얻은 후부터 나는 도서관에서 직접 책을 찾거나 인터넷 사이트를 활용해 내용을 다 읽어 본 후 책을 선택한다. 영어를 포기하는 학생들도 그림책 수업 때는 부담 없이 즐기며 수업에 참여하는 모습이 너무 좋아, 더 다양한 수준의 그림책을 찾고자 노력한다.

영어를 잘하든 못하든 학생들이 영어 그림책 수업을 즐거워하는 이유는 첫째, 학습으로 느끼지 않아서다. 영어 공부, 영어 학습이라고 생각하면 벌써 싫어지는데 그림책을 읽는다고 생각하니까 부담이 없다. 학생들이 그렇게 느낄 수 있는 원동력은 그림에 있다. 선이 단순하고 귀여운 그림, 파스텔 색감이 사랑스러운 그림, 사실화처럼 정교한 그림 등 작가마다 자신의 시그니처 같은 그림을 펼쳐 보이기 때문에 그림책 수업을 할수록 다양한 그림들 속에서 조금씩 자신의 취향을 찾고 예술적 안목을 키우게 된다. 또 영어 이해력이 부족해도 그림을 먼저 보면서 내용을 상상할 수 있어 그림책 수업을 학습이라 생각하지 않고 영어 실력을 키우게 된다. 아이들 중 영어는 살짝 뒤처지지만 그림을 잘 그리는 친구들은 독후 활동에서 일러스트레이터로서 자신의 능력을 유감없이 발휘하며 친구들의 감탄을 사기 때문에 영어 그림책 독후 활동 시간을 기다렸다.

둘째, 그림책이 가진 신비한 이야기의 힘이다. 누구나 한 번쯤 경험해 보았을 이야기 서사를 통해 자신도 모르게 감정 이입이 된다. '어, 이거 내 고민인데' 하는 마음에 가족 이야기, 친구 이야기, 고민되는 미래 이야기 속으로 어느새 푹 빠져든다.

그림책을 읽으며, 영어의 묵음처럼 학생들의 목소리가 사라졌던 교실에서 오랫동안 교사로서 꿈꾸어 온, 영어 소리가 노래처럼 복도로 퍼져 나가는 교실로 바뀌었다. 영어 그림책 수업이 아니었다면 상상하기 어려운 일이기에 오늘도 열심히 영어 그림책을 읽고 수업을 준비한다.

단원별 그림책 목록

단원	그림책
Sculpt Your Dream 당신의 꿈을 다듬어 가라	Henny Alma and How She Got Her name
A Dollar in My Pocket! 현명하게 소비하기	A Chair for My Mother Town Is by the Sea
Expand Your Horizon 당신의 시야를 넓혀라	Oregon's Journey Leave Me Alone
Technology Changes Our Lives! 과학 기술이 우리의 삶을 바꾼다!	Ada Twist, Scientist Love Z Hello, Lighthouse
You Are What You Eat! 건강한 음식이 건강한 몸을 만든다!	The Very Hungry Caterpillar A Fine Dessert
Small Step to a Big Change 큰 변화를 위한 작은 발걸음	The Suitcase People Need People

Sculpt
Your Dream

대부분의 영어 교과서 첫 단원은 '자신을 알아 가기'와 '꿈, 진로 찾아 가기' 같은 내용으로 시작한다. 하위 주제로는 '학교생활에서 흥미와 적성 찾기' 같은 내용이 나온다. 그만큼 꿈과 진로를 찾는 것은 중요하고 어려운 숙제다. 꿈이 확고해 그 꿈을 목표로 나아가는 학생도 있지만 아직 자신이 뭘 좋아하는지, 뭘 잘하는지 몰라 '꿈'이라는 단어조차 부담스러워하는 학생도 있다. 그런 아이들에게 그림책으로 말을 걸며 자기

그림책 소개

Henny (Elizabeth Rose Stanton | Simon & Schuster/Paula Wiseman Books)

헤니는 날개 대신 두 팔을 갖고 태어난 암탉이다. 다른 닭들과 다르게 태어난 자신이 때론 좋기도, 때론 싫기도 하다. 두 팔로 농부 아저씨를 돕고 또 특별한 능력으로 무한한 상상을 하게 되는 헤니 이야기를 읽으며 새로운 꿈을 꿀 수 있다.

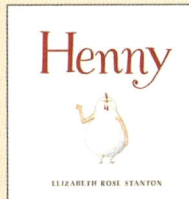

내면을 다시 돌아보고 진정으로 좋아하는 걸 알아 가자고 하고 싶다. 꿈을 찾는 건 겁먹을 일이 아니고, 정답이 있는 것도 아니라고 말해 주고 싶다. 꿈이 꼭 거창할 필요는 없지 않은가.

1차시 Henny Can Do It! I Can Do It!
(헤니가 할 수 있어! 그럼 나도 할 수 있어!)

단어가 많으면 그림책 호감도가 떨어질 수 있기 때문에 쉬우면서 파스텔 색감의 그림체가 귀여운 책 〈Henny〉를 수업과 연계한 첫 그림책으로 선택했다. 작가 엘리자베스 로즈 스탠튼은 단순한 그림 속에 친구, 가족 등 일상의 이야기를 잘 펼쳐 낸다. 건축가, 디자이너 등의 경력을 쌓다가 아이를 키우며 일을 그만두어야 했던 작가는 그 모든 유급, 무급의 경력을 쌓아 그림책 작가로서 제2의 인생을 시작했다. 자신의 그림책 포트폴리오를 들고 직접 SCBWI라는 미국 그림책 작가 협회를 찾아간 용기, 60세가 넘은 나이에 그림책 작가라는 꿈을 찾은 작가의 이야기가 학생들에게 많은 영감을 주었다. 2014년 첫 데뷔작인 〈Henny〉는 'The New York Public Library'로부터 '그해 최고의 책'으로 선정되었고, 그 외에도 많은 상을 받았다.

그림책 〈Henny〉를 함께 읽을 때 학생들이 더 몰입하고 공감하는 이유가 있다. 그건 바로 주인공 헤니가 팔이 있어서 고민하는 이유들이 매우 사소한 것이기 때문이다. 때론 일어나지 않은 일을 걱정하기도 한다. '오른손잡이가 될까? 왼손잡이가 될까?', '긴팔 옷을 입을까? 반팔 옷을 입을까?', '손가락 장갑을 낄까? 벙어리 장갑을 낄까?', '겨드랑이 냄새 제거제를 써야 할까?'

이런 헤니의 고민을 보며 아이들은 자신도 필요 없는 고민을 만들고 그 크기를 키울 때가 많다는 걸 깨닫는다. 그런 고민은 자신감을 떨어뜨리고 긍정의 에너지를 방해한다. 그런 쓸데없는 고민들과 작별한 헤니는 자신이 할 수 있는 일을 작은 일부터 큰 것까지 무한히 상상한다. 손이 있어서 가리킬 수 있고, 팔짱을 낄 수 있으며, 머리도 빗을 수 있다. 헤니의 상상은 서커스에 늘어가 공중 곡예를 하는 것으로 이어지고, 마침내 비행기를 몰며 날 수 있다는 상상을 한다.

그림책을 함께 읽은 후 학생들에게 다음과 같이 질문하여, 나의 고민을 적고 헤니가 할 수 있다고 상상했던 것처럼 나도 할 수 있는 일들에 대해 상상력을 발휘하는 'Henny Can Do It! I Can Do It!' 활동을 해 본다.

질문 예

1. Do you have worries about similar issue with Henny?
   (여러분도 헤니와 같은 고민이 있나요?)
   What are your worries?(여러분의 고민은 어떤 건가요?)
2. Imagine yourself doing many things like Henny!
   (헤니처럼 여러분이 할 수 있는 일을 상상해요!)

2차시 그림책을 읽은 소감문을 쓰고, 책 예고편 만들기

2차시에는 학생들에게 소감문 활동지를 나누어 주고 적어 보게 한다. 그림책 소감문 독후 활동을 할 때는 항상 우리말과 영어로 작성할 수 있도록 양식을 만들어 준다. 활동지 뒷면에는 〈Henny〉의 전체 문장을 넣어 학생들이 다시 읽을 수 있도록 한다.

먼저, 그림책을 읽으며 가장 좋았던 문장 2개를 골라 우리말 소감문을 적는다. 핵심 질문을 만들고 답하며 학생들은 자신의 생각을 정리할 수 있다. 그림책으로 배운 영어의 느낌이 어땠는지도 적도록 한다. 마지막으로 그림책 에세이 수행 평가를 연습할 수 있도록 영어 빈칸 적기 양식을 채우게 한다.

학생 소감문 예

영어 그림책 프로젝트 수업 Book Report 1		
학번	이름	
책 제목	Henny	
저자명	Elizabeth Rose Stanton	
내 마음에 감동을 전한 문장과 그 이유	문장 1	Sometimes Henny liked having arms and sometimes she didn't.
	문장 2	And maybe, just maybe... She could fly!
	이유 (한글)	다른 닭들과 다른 부분인 두 팔을 좋아하기도, 싫어하기도 하던 헤니가 두 팔이 있어서 할 수 있는 일을 하나씩 찾아가고, 마지막으로는 두 팔이 있어 날 수도 있다고 한 것이 감동적이었다.
질문 만들어 답하기	1. 나는 다른 사람과 비교를 많이 하는 편인가, 아닌가? - 많이 하는 편은 아닌 것 같다. 굳이 비교를 하면서 나 자신과 그 사람을 모두 갉아먹고 싶지는 않기 때문이다. 2. 나와 Henny의 닮은 점, 다른 점은? - 가끔은 내 모습을 좋아하고 가끔은 내 모습을 싫어하는 점이 비슷하다. 속해 있는 집단의 타인들과 모습이 조금 다르다는 것도 비슷한 것 같다.	
책을 읽은 소감을 내 삶에 적용하기	내가 가진 것, 내 모습으로 인해 하지 못하는 부분을 생각하며 우울해하지 않고, 내가 가진 특성과 특징들을 사용해 더 잘 해낼 수 있는 부분을 찾아야겠다는 생각이 들었다.	
〈영어로 빈칸 채우기〉 Today I read ___책 제목___ written by ___작가___. I was really impressed by this book. I liked two sentences from the book a lot. One is " _____ (문장 1)", and the other is " _____ (문장 2)". I could think of myself thanks to this book and realize what's valuable to me.		

그림을 좋아하는 학생들은 추가로 책 예고편(Book Trailer) 만들기 활동을 한다. 다양한 색감의 B4 색상지, 컬러 유성 매직, 색칠 도구 등을 주고 책 내용을 모르는 친구들에게 책 내용을 소개하는 예고편을 만들도록 안내한다. 학생들은 헤니를 따라 그리며 인상 깊은 장면과 문장, 또 광고 문구 등을 넣어 눈에 띄는 작품을 만들어 낸다.

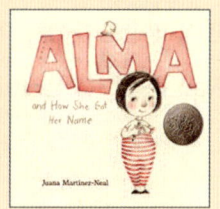

그림책 소개

Alma and How She Got Her Name
(Juana Martinez-Neal | Candlewick)

'알마 소피아 에스페란자 호세 푸라 칸델라'라는 긴 이름을 가진 알마가 이름이 마음에 안 든다고 하자, 아빠는 앨범 속 추억을 꺼내 보이기라도 하듯 가족과 연관된 이름의 의미를 말해 주기 시작한다. 자신의 이름을 생각해 보면서 나는 누구인가 하는 자아 정체성을 일깨우는 그림책이다.

3차시 알마처럼 내 이름의 의미와 나의 정체성 찾아가기

〈나의 이야기, 알마〉라는 제목으로 번역되어 우리말로도 소개된 이 책은 남미 페루의 작가 후아나 마르티네즈-닐(Juana Martinez-Neal)의 작품으로, 2019 칼데콧 영예상 수상작이다. '알마 소피아 에스페란자 호세 푸라 칸델라(Alma Sofia Esperanza José Pura Candela)'가 자신의 이름이 너무 길고 자기와는 안 어울린다며 아버지에게 불만을 털어놓는 장면으로 시작한다. 아버지와의 대화를 통해 알마는 자신의 이름에 스며 있는 'Sofia, Esperanza, José, Pura, Candela'라는 조상들을 만나게 되고, 그들의 이름을 자신에게 넣게 된 의미를 들여다보게 된다.

흑색, 회색 색연필로 그린 듯 사랑스러운 그림 속에서 핑크와 파랑 등 몇 안 되는 단순한 컬러들이 아름답게 펼쳐진다. 작가는 자신의 그림이 가족 앨범 같아 보였으면 좋겠다고 했는데, 정말 알마의 가족 사진을 보는 듯한 기분이 든다. 마지막 장에서 아버지는 'Alma'라는 이름은 오직 알마만을 위해 지어졌다고 말해 준다.

"You will make your own story(너는 너만의 이야기를 만들어 나갈 거야)."

아버지가 딸에게 전하는 이 말이 마치 우리 모두에게 해 주는 응원으로 들린다. 알마처럼 자신의 이름을 되돌아보는 시간을 통해 이름에 대한 새로운 애정이 솟아오를 수 있지 않을까 하는 기대감을 갖고, 이 책과 연관된 활동을 해보았다. 먼저, 그림책의 내용을 파악하기 위해 'Alma Sofia Esperanza José Pura Candela' 이름 정보를 확인하는 빈칸을 채워 완성한다.

빈칸 채우기

- Sofia : the _____ who loved books and _____!

    (정답 : grandmother, flowers)

- Esperanza : the great-grandmother who longed to _____!

    (정답 : travel)

- José : the _____ who was an artist! (정답 : grandfather)

- Pura : the great-aunt who believed the _____ of ancestors! (정답 : spirits)

- Candela : other grandmother who stood up for _____!

    (정답 : what was right)

- Alma : the name which _____ made only for Alma

    (정답 : her father)

그림책 내용을 확인했다면 모둠 안에서 나의 MBTI와 친구들의 MBTI를 함께 얘기해 본다. 또 나에게는 어떤 걸 잘하는 DNA가 있을까 생각해 본다(예 : 운동, 음악, 미술, 춤, 공부 등). 그 밖에, 신문 기사를 찾아 특이한 이름대로 살게 된 사람의 재미있는 사례를 살펴보거나 남미, 스페인, 포르투갈의 재미있는 이름 작명법을 알아본다.

특이한 이름을 가진 사람들 예	외국의 작명법 알아보기 예
QR코드	QR코드

학생들에게 "Have you ever had any problems because of your name(이름 때문에 곤란함을 겪은 적이 있나요)?", "Do you like your name(여러분은 자신의 이름을 좋아하나요)?" 등을 물어 주제를 환기시키고, 다음 질문에 직접 답을 작성해 보도록 한다. 답을 작성할 때 영작을 힘들어하는 학생들은 우리말로 쓰도록 하고, 핸드폰으로 단어나 번역 검색을 할 수 있도록 해도 좋다. 모두 작성하면 모둠 안에서 20분 동안 돌아가면서 이야기를 나눠 보도록 안내한다.

질문 예

1. What does your name mean? Write your first and middle names to find out what they mean(당신 이름의 의미를 알 수 있도록 써 주세요).
2. Do the meanings of your name fit your personality(당신의

이름이 가진 의미와 당신의 성향 또는 성격이 잘 맞나요?)?
3. Who named you(누가 여러분의 이름을 지었나요)? How do you feel about your name(여러분은 자신의 이름을 어떻게 생각하나요)?
4. If you could choose your own name, what name would you pick(만약 내 이름을 스스로 정할 수 있다면, 어떤 이름을 선택할까요)? And why(그 이유는)?

함께 활용하면 좋은 그림책

- **The Gardener(Sarah Stewart, David Small | Square Fish)**
  리디아가 가족에게 보내는 11장의 편지가 담겨 있다. 긍정적으로 자신의 꿈을 키워 간다면 리디아처럼 꿈을 이룰 수 있다는 희망을 주는 책이다.
- **Someone like me(Patricia MacLachlan | Roaring Brook Press)**
  작가 자신이 어릴 적 얼마나 엉뚱하고 상상에 잘 빠졌는지를 아름다운 그림과 함께 보여 준다.
- **Miss Rumphius(Barbara Cooney | Viking Books for Young Readers)**
  루파인 꽃을 심으며 마을 전체를 변화시킨 미스 럼피우스의 꿈을 보여 준다.
- **Me, Jane(Patrick McDonnell | Little, Brown Books for Young Readers)**
  침팬지 박사 제인 구달의 어릴 적 이야기가 사랑스러운 그림과 함께 표현된 그림책이다.

A Dollar in My Pocket!

돈의 소중함을 깨닫고 스스로 경제 개념을 정립하는 단원이다. 단원의 내용이 현실적이고 고등 교육에서 정말 중요한 교육이라는 생각이 들어 수업을 잘 구성하고 싶었다. 고민 끝에 부모님의 노고를 생각하면서 돈의 소중함을 일깨울 수 있는 그림책을 선정하여 수업을 시작하기로 했다. 마지막에 학업 중 청소년 아르바이트에 대한 찬반 토론까지 연결시켜 올바른 경제 개념을 정립하고 자신을 돌아볼 수 있는 시간으

그림책 소개

A Chair for My Mother (Vera. B. Williams | Greenwillow Books)

싱글맘인 엄마, 할머니와 함께 사는 로사의 가족 이야기이다. 일 년 전 화재로 집이 다 타는 불운을 겪은 로사 가족은 이웃의 도움으로 가구와 물건들을 얻어 다시 삶을 살아간다. 엄마가 힘들게 일을 끝내고 돌아와 앉을 의자를 사기 위해 온 가족이 동전을 모으는 이야기다. 〈엄마의 의자〉라는 제목으로 우리나라에도 출간되었다.

로 구성했다. 그림책은 〈A Chair for My Mother〉와 〈Town Is by the Sea〉 2권으로 선정하고, 2권 모두 함께 읽기를 한 후 수업을 진행했다. 소감문은 2권의 책 중 자신의 마음에 더 와 닿았던 책을 선택하여 쓰도록 안내했다.

1차시 그림책을 읽고 질문 만들어 답하기, 문장 쓰기, 토론하기

그림책을 읽은 후 함께 나누고 싶은 질문을 만들어 답하는 활동을 한다. 예시 질문을 보여 주어 학생들이 질문을 좀 더 쉽게 생각할 수 있도록 한다.

질문 예
1. 만약 화재로 모든 게 갑자기 사라진다면 어떻게 할 것인가?
2. 내게 직업의 선택권이 없다면?

교사가 학생들이 만든 대표 질문들을 포스트잇에 써서 칠판에 붙이고, 학생들은 자신이 대답하고 싶은 질문 옆에 포스트잇으로 답장을 붙인다.

학생들이 만든 질문과 답
1. 만약 내가 사용하거나 아끼는 물건이 불에 타서 사라진다면?
   - 난 현실적인 사람이기에 없어진 그 순간에는 슬프겠지만 그후에는 조금씩 잊을 것 같다.
   - 너무 막막하겠지만 정신을 똑바로 차리고 앞으로 어떻게 할 것인지 추후 계획을 세울 것 같다.

- 일단 갈 곳부터 구하고 기본적인 것을 살 것이다.
2. 만약 사고가 난 후 아무도 도움을 주지 않는다면?
  - 부탁을 하지 않으면 도움을 주지 않는 경우가 많다. 솔직하게 말하고 도움을 요청하겠다.
3. 가족에게 해 주었던 뜻깊은 선물이 있다면?
  - 엄마에게는 립스틱을, 아빠에게는 신발을 사 드린 적이 있다.
4. 로사 가족처럼 어려움을 겪는 가족을 본다면 책에 나온 이웃들처럼 도울 수 있겠는가?
  - 선뜻 나서기 힘들 수도 있겠지만, 결국은 돕기 위해 노력할 것이다.
5. 유리병을 다 채우면 여러분은 무엇을 사고 싶은가?
  - 부모님께 필요한 선물을 사는 데 쓰겠다.

검정 스크래치 종이에 좋아하는 문장 쓰기는 학생들이 가장 좋아하는 독후 활동 중 하나다. A4 크기 검정색 스크래치 종이와 어묵 꼬치용 대를 준비하고, 절반으로 자른 스크래치 종이와 대를 함께 나눠 준다. 학생들은 꼬치용 대로 스크래치 종이를 긁어서 자신이 가장 좋아하는 문장을 쓰거나 장면을 그리며 자연스럽게 학습한다.

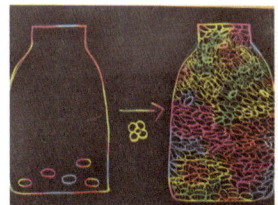 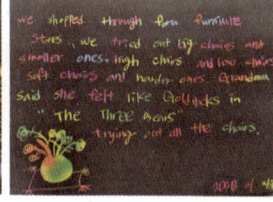 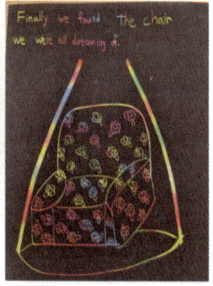

고등학교에도 학업과 아르바이트를 병행하는 학생들이 있다. 8명의 고등학생과 대학생이 아르바이트에 대한 찬반 의견을 나누는 동영상을 함께 본 후 10분 동안 생각할 시간을 준다. 자신의 생각과 가장 비슷한 생각을 갖고 있는 학생은 누구였는지 선택해 보고 자신의 생각을 우리 말 또는 영어로 쓰고 발표한다.

(동영상 주소 https://www.youtube.com/watch?v=FHRxZhou qts&t=27s)

학생 발표 예

What do you think about teenagers working while they are still in school?

♣Write your own OPINION about this issue!
여러분은 십대들이 학업과 아르바이트를 병행하는 것에 대해 어떻게 생각하나요?

I think part-time job is helpful for my life. Because I can not only accumulate a good social experience but also have an opportunity to think about social issue. It can help me to understand the society and our country better. Also I can know economic knowledge through earning money and managing it.

그림책 소개

Town Is by the Sea (Joanne Schwartz, Sydney Smith | Groundwood Books)
〈바닷가 탄광 마을〉이라는 제목으로 번역된 이 책은 2017년 보스턴 글로브 혼북상 수상작이다. 아름답지만 고달픈 탄광 마을의 일상을 담은 그림책으로, 소년은 친구와 놀고 심부름을 가고 할아버지의 묘지를 방문하며 하루를 보내지만 내내 바다 아래 깊은 곳에서 석탄을 캐는 아버지를 생각한다.

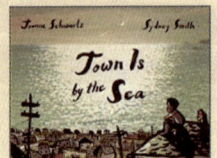

2차시 질문 만들고 답하기

이 책의 그림을 그린 시드니 스미스는 〈I talk like a river〉의 작가로 유명하다. 개인적으로 내가 좋아하는 작가여서 학생들에게도 작가에 대한 설명을 많이 하게 되었다. 시드니 스미스를 인터뷰하는 2분 30초 남짓한 영상도 보여 주었는데, 인터뷰 내용이 어렵지 않고 작가가 그림책 철학을 이야기하는 인터뷰라 학생들도 흥미를 갖고 집중하며 들었다. (동영상 주소 https://www.youtube.com/watch?v=Y7l-_OG5w20)

탄광 마을에서 광부로 일하는 아버지를 아들의 시선으로 보는 이 책은 잔잔하게 이야기가 펼쳐진다. 마지막에 자신도 광부가 될 것이라고 얘기하는 장면이 우리 아이들에게 어떻게 느껴질까 궁금해하면서 그림책 읽기를 하였다. 학생들도 무언가 골똘히 고민하는 모습을 보이며, 소감문 쓰기, 질문하고 답하기 활동을 하는 그림책으로 〈A Chair for My Mother〉와 〈Town Is By the Sea〉 중 이 책을 선택하는 학생이 좀 더 많았다.

학생들이 만든 질문과 답

1. 아버지가 일을 하시다가 위험에 처했던 것을 나중에 알게 된 아들의 심정은?
   - 아버지가 자신에게 말을 안 해 주신 것에 대해 서운해도 무사해서 다행이라고 생각하며 다음에 더 조심하라고 말을 할 것 같다.
2. 광부로 일하는 가족이 있는 사람들은 바다를 바라보면 어떤 감정이 들까?
   - 우울하고 슬프고 불안할 것 같다. 바다 아래 있을 가족을 걱정하는 마음과 그를 기다리는 심정이 그럴 것 같다.

3. 아버지께서 일하고 밤늦게 오셨을 때 안아 드린 적이 있는지?
   - 많이 못 안아 드린 것 같아서 죄송하다.
4. 내게 직업 선택권이 없다면 어떨까?
   - 주체적으로 내가 좋아하고 잘하는 것을 할 수 없어 우울하고, 나의 잠재력을 맘껏 발휘할 수 없을 것이다.
   - 너무 절망적일 것 같지만 한편으로는 스스로 해야 할 것들(공부 등)이 줄어든 것은 나쁘지 않다고 생각할 것 같다.
5. 본인이 힘든 직업을 갖게 되었는데, 후에 자녀들이 그 직업을 물려받아야 한다면 어떨까?
   - 몇 대에 걸쳐 식당을 물려받는 것을 보면 멋져 보일 때가 있다. 힘들겠지만 가족이 일을 같이 하며 공감할 수 있는 것도 장점이라고 생각한다.

함께 활용하면 좋은 그림책

- **The Shopping Basket(John Burningham | Candlewick)**
  엄마의 심부름으로 물건을 사면서 엉뚱한 상상에 빠지게 되는 이야기다.
- **Top Car(Davide Cali)**
  뭔가를 소유하고 싶은 마음은 그것을 소유한 후에도 또 다른 것에 대한 욕망으로 만족을 가져오지 않는다는 것을 생각하게 하는 책이다.

Expand Your Horizon

코로나 팬데믹을 겪어야 했던 학생들은 수학여행뿐 아니라 체험 활동조차 제대로 가지 못해서 늘 속상해했다. 그 마음을 그림책을 읽으며 위로해 주고 싶었다. 지금은 여행을 가기가 쉽지 않지만 고등학교를 졸업하면 좀 더 자유롭게 여행을 갈 수 있고 해외 여행까지 스스로 계획해서 나갈 수 있을 것이다. 그래서 미래에 경험할 해외 여행 계획을 짜 보는 활동으로 수업을 계획했다. 〈Oregon's Journey〉와 〈Leave Me

> **그림책 소개**
>
> ### Oregon's Journey
> (Rascal, Louis Joos | Troll Communications)
> 서커스단에서 만난 서커스 곰 오리건과 어릿광대 듀크는 어느 날 오리건의 부탁으로 숲을 향해 동행한다. 오리건을 숲까지 안내한 후 자신의 빨간 코를 버리고 떠나가는 듀크를 보며 인생에서 정말 중요한 것이 무엇인지 돌아보게 된다. 〈오리건의 여행〉라는 제목으로 우리말로 출간되었다.

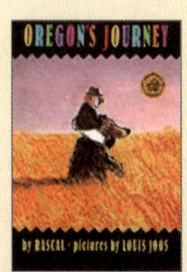

Alone〉 2권의 그림책을 함께 읽으며 〈Leave Me Alone〉의 할머니처럼 혼자만의 여행이 필요할 때도, 〈Oregon's Journey〉의 듀크와 오리건처럼 함께 동행하는 여행이 더 좋을 수도 있다는 것을 이야기해 본다. 무엇보다 여행이 좋은 것은 여행이 끝나면 돌아올 집이 있고 기다리는 가족이 있어서라는 것도 생각해 본다.

1차시 횡단 여행 일정 짜기

〈Oregon's Journey〉는 벨기에 작가 라스칼이 글을 쓰고 루이 조스가 그림을 그린 작품으로, 1993년 볼로냐 북페어에서 최고상을 받았다. 원작은 불어로 출판되었기 때문에 절판된 영어 버전을 구하느라 아마존에서 직구까지 했다. 어느 날 서커스에서 재주를 부리던 곰 오리건이 광대 듀크에게 "Take me to the big forest, Duke(나를 큰 숲에 데려다 줘, 듀크)"라고 말한다. 듀크는 망설이지만 결국 'Perhaps there, I, a dwarf, might meet Snow White(그래, 아마 거기서 난장이인 나도 백설 공주를 볼 수 있을지 모르지)' 말하며 함께 떠난다. 수업에서 많은 학생들이 이 두 문장을 제일 좋아하는 문장으로 뽑았다. 로드 무비처럼 둘은 서커스단이 있던 미국 동부 피츠버그에서 출발해 서부 오리건까지 횡단 여행을 한다. 오리건이 다른 곰들과 함께 살 수 있는 숲을 찾아 오리건 지역까지 이동한다. 'Oregon in Oregon!'이라니, 중의적 의미를 담은 재미있는 'pun(말장난)'이다.

미국 횡단 여행을 좀 더 효과적으로 보여 주기 위해 인터넷에서 'roadtrippers.com'에 접속한다. 첫 화면 아래 'Plan Your Trip' 탭을 누르면 출발지와 목적지를 넣게 되어 있다. 'Where are you starting?' 탭에 출발지 'Pittsburgh(피츠버그)'를 넣고, 'Where are you going?'

탭에 'Oregon(오리건)'을 넣는다. 엔터 키를 누르면 2,473마일 거리로 자동차로 쉬지 않고 달릴 때 총 38시간 31분이 걸린다는 검색 결과가 나온다. 학생들에게 탭이나 핸드폰을 주고 경로 중 숙박 시설, 레스토랑, 관광명소 등을 검색할 수 있는 시간을 충분히 주고, 경유지를 넣어 오리건과 듀크의 여행 일정을 짜도록 안내한다. 'Explore Places'에는 'Oregon'을 검색하여 오리건과 듀크가 들어갔을 것 같은 숲을 찾아본다.

피츠버그
에서
오리건까지?

roadtrippers.com
검색
Oregon 지역 숲
탐험하기

Oregon
과
Duke가
여행한
길

일수	도시	일정	숙박	식사
1				
2				
3				
4				
5				

오리건과 듀크의 미국 횡단 여행 일정을 짜며 이야기를 상상해 보았다면, 이번에는 마지막 장면에서 듀크가 혼자 떠나는 장면의 뒷이야기를 상상하여 글로 써 보게 한다.

마지막 장면에서 듀크가 빨간 코를 버리고 흰 눈길 사이로 걸어 들어가는 장면이 인상 깊었는데 애니메이션 '겨울왕국 1'에서 엘사가 장갑과 망토를 버리고 자신만의 궁전으로 향하는 모습이 떠올랐다. 둘 다 자신을 억압하던 매개체를 버리고 떠나니 홀가분했을 것 같다. 하지만 엘사는 결국 자신의 지인들 곁으로 돌아가 행복하게 산다. 어쩌면 듀크도 자신을 기다려 주는 사람이 있어서 다시 지인들의 곁으로 돌아가 행복하게 살지 않을까?	그동안 오리건과 함께 길을 가면서 정도 들고 했을 텐데 아쉬운 마음으로 오리건을 보내는 듀크의 담담하지만 서운한 마음을 숨기는 것 같은 모습이 평상시 나를 보는 듯했다. "왜 아직 빨간 분칠을 하고 있소? 이젠 서커스에 서지도 않는데?" "살에 붙어 버려서요. 난쟁이로 사는 게 쉽지 않아요." "그러면 세계에서 가장 큰 나라에서 흑인으로 사는 건 쉬운 일 같소?" 사회에서 버림받은 그들의 숨겨진 상처를 치유해 주는 말이라고 느꼈다.

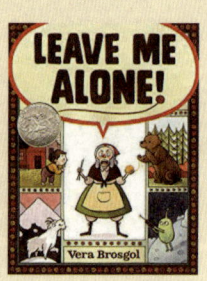

그림책 소개

Leave Me Alone (Vera Brosgol | Roaring Brook Press)
작품 제목이자 주제어인 '날 좀 그냥 내버려 둬!'가 유머스럽게 반복해 나온다. 독창적인 상상력이 돋보이는 책으로, '혼자만의 공간'이라는 현대적인 소재를 러시아 마을 할머니라는 인물로 표현한다. 외계인이 있는 우주로, 침묵만 존재하는 웜홀까지 여행이 확장되며 고정관념을 깨는 책이다. 〈날 좀 그냥 내버려 둬〉라는 제목으로 우리말로도 출간되었다.

2차시 해외 여행 계획서 작성하고 발표하기

그림책 〈Leave Me Alone〉의 작가 베라 브로스골은 러시아 이민 가정 출신으로 만화가로도 활약하고 있다. 자신만의 시간을 찾아 기상천외한 여행을 떠난 할머니의 이야기가 담긴 이 책에는 작가의 이런 이력이 곳곳에 묻어난다. 아이들은 할머니 뒤를 따라가며 작가의 기발한 상상력에 환호한다. 아이들의 즐거운 반응에 신나게 수업을 할 수 있었는데, 역시나 여행은 우리의 몸과 마음을 성장시킨다는 사실을 확인할 수 있었다. 그림책을 함께 읽고, 학생들에게 그림책과 연계하여 가고 싶은 나라 여행 계획서와 일정표를 직접 짜 보도록 했다.

그림책 읽고 함께 생각하기

1. 혼자 있고 싶은 순간은 언제인가?
2. 나 혼자 여행을 간다면 어디로 가겠는가?
3. 이 그림책에서 가장 좋아하는 부분은?
4. 나에겐 할머니의 뜨개질이나 사모바르(찻물을 끓일 때 쓰는 큰 러시아 전통 주전자)에 차 마시기 같은 소중한 루틴으로 무엇이 있을까?
5. 혼자 여행하는 것과 누군가와 함께 가는 여행 중 어느 것을 더 선호하나?

활동지

- 나 혼자 혹은 친구와 함께 가고 싶은 첫 번째 해외 여행 계획을 짜 봅시다.

My Future Plan to Travel Abroad
The City and Country I Want to Travel

Why I Chose There
Safety Tips for Traveling

참고 동영상

안전이가 알려 주는 쓸모 있는 해외 여행 팁	40만 원이면 충분한 해외 여행지 4곳 영상
[QR code]	[QR code]

함께 활용하면 좋은 그림책

- **The Kiosk(Anete Melece | Gecko Press)**
  작은 키오스크 안에서 매일 같은 일상을 보내던 올가가 인생 2막을 여는 여행을 떠난다. 2013년에 아넷트 멜리스가 단편 애니메이션으로 만든 필름을 먼저 보는 것을 추천한다.

- **Bear Came Along(Richard T. Morris, LeUyen Pham | Little, Brown Books for Young Readers)**
  작가 모리스의 인생 첫 캠프의 추억을 그림책으로 옮긴 이야기로, 2020년 칼데콧 영예상을 수상하였다.

- **Goose(Molly Bang | Purple House Press)**
  아주 작은 판형의 책으로, 작가 몰리 뱅이 방글라데시에서 입양한 딸이 대학 생활에 적응하지 못해 몹시 힘들어하자 딸을 응원하는 마음으로 쓴 책이다.

Technology Changes Our Lives!

과학은 우리의 현실을 바꾸는 매직과 같다. 하지만 기술과 과학 영역의 글은 재미없고 어렵게 느껴지는 게 사실이다. 이때 그림책이 과학으로 가는 문을 즐겁게 열도록 도와 줄 수 있다. 매일 숨가쁘게 개발되는 새로운 기술들이 우리 삶을 화려하게 변화시키지만 그 변화가 너무 빨라 사람들에게 스트레스가 되기도 한다. 하지만 본질은 늘 변함없이 우리 가슴 속에게 굳건히 자리잡고 있다는 것을 이 단원에서 생각해 볼 수 있다.

> **그림책 소개**
>
> **Ada Twist, Scientist** (Andrea Beaty, David Roberts | Abrams Books for Young Readers)
> 에이다가 정확히 세 살이 되던 날, 그가 한 첫 번째 말은 바로 "왜요?"라는 질문이다. 그 뒤로 에이다는 "뭐예요?", "어떻게요?", "언제요?" 등 끝없이 질문을 쏟아 내기 시작한다. 실수와 말썽 속에서 과학에 대한 호기심으로 배우고 크는 아이와 꿈을 보여 주는 그림책이다. 〈과학자 에이다의 대단한 말썽〉이라는 제목으로 우리말로 출간되었다.
>
>

1차시 그림책을 읽고 에이다에게 편지 쓰기

　학생들의 소감문에서 알 수 있듯, 과학이나 공학 분야의 꿈을 가진 학생들은 주인공 에이다와 엔지니어의 꿈을 가진 로지, 건축가의 꿈을 가진 이기 펙 같은 친구들을 그림책에서 만나면 자신의 어린 시절을 보는 것 같다며 깊이 공감한다. 안드레아 비티(글)와 데이비드 로버츠(그림)가 함께 만든 'Ada Twist' 시리즈 책들은 유명 애니메이션으로도 제작되어 나왔다. 관련 영상이나 애니메이션의 한 부분을 보여 주고 나서 그림책을 읽어 주면 학생들이 이야기에 몰입하는 모습을 만날 수 있다.

그림책 읽고 함께 생각하기

1. 나에게 과학은 어떤 의미인가?
2. 나의 호기심, 나의 창의력은 주로 어디에서 발휘되는가?
3. 에이다의 엉뚱한 호기심처럼 나의 어린 시절 엉뚱한 에피소드 방출하기!
4. 이 그림책을 보며 생각나는 사람이 있다면?
5. 그림을 보면서 궁금한 점이 있다면?

주인공 에이다에게 편지 쓰기 예

When I was young, I was like you. I was very curious kid so I can understand you when you kept asking questions about everything and I respect your behavior though you sat down the thinking chair, because you didn't give up and also you kept asking a question about your wonders. If I were you, I couldn't do like that, so you are very special and I like the way you didn't stop asking. So now I want to be like you again.

그림책 소개

Love Z
(Jessie Sima | Simon & Schuster Books for Young Readers)

로봇 Z는 우연히 병 속에 든 종이를 발견한다. 'Love', 'Beatrice'라는 두 글자 외에는 보이지 않는 메시지를 보고 로봇 Z는 Love의 의미를 찾아 떠난다. 로봇 Z가 여행길에서 만나는 사람들이 말하는 사랑의 의미를 통해 사랑의 정의를 다시 생각할 수 있다.

2차시 사랑이란 무엇일까 생각해 보기

그림책 〈Love Z〉를 함께 읽으며 사랑스러운 로봇 Z를 만났다면, 현재 전 세계적으로 인간 옆에서 다양한 일을 하고 있는 인공 지능 로봇들을 알아보며 수업을 시작하는 것도 좋다. 식당, 기차역 등에서 사람을 안내하거나 키오스크 역할을 하는 귀여운 외모의 휴머노이드 로봇 'Pepper', 시각 장애인에게 주변의 사물을 설명해 주는 안경 형태의 'Seeing AI Robot', 사고로 14년간 휠체어를 탄 사람을 일어나 걸을 수 있도록 기적을 만든 로봇 'PhoeniX Exoskeleton', 사람의 얼굴 표정을 읽고 꽤 깊이 있는 대화까지 가능한 인공 지능 로봇 'Sophia', 일본에서 독거노인을 돕는 가정 로봇 'Palmi' 등 많은 현실 로봇들을 친숙한 마음으로 만나게 한다.

그리고 나서 활동지를 통해 로봇 Z가 들은 여러 사랑의 의미들을 누가 어떻게 말했는지 정리하도록 한다. 활동지의 질문에 자신의 생각을 기록하면서 모둠원끼리 서로 생각을 나누는 시간을 갖게 한다. 이때 모둠원 모두의 생각을 들을 수 있도록 충분히 시간을 준다. 그림책에 등장하는 로봇들의 알파벳 이름을 다 합치면 'FAMILY' 즉, 가족이라는 단어가 된다. 사랑을 떠오르게 하는 단 하나의 단어를 골라 발표하기로 수업을 마무리하면 과학 기술의 집약체인 로봇 이야기를 하면서도 인류애가 넘치는 훈훈한 수업을 할 수 있다.

로봇 Z처럼 인간을 돕는 다양한 로봇 알아보기

- Pepper
- Seeing AI Robot
- PhoeniX Exoskeleton
- Sophia
- Palmi
- 그 밖에 인터넷 검색을 통해 소개하고 싶은 로봇은?

'Love Z에서 누가 한 말일까?' 찾아서 쓰기

Who said it?

- Love is sharing your food, even when it's delicious.
- Love is when someone is patient and takes the time to teach you new things.
- Love is difficult to explain. It's warm. And cozy. And safe. You will know it when you feel it.

모둠 안에서 함께 발표하기

1. What Does Love Mean to You(당신에게 사랑의 의미는)?
   - Love is _____.

2. When Do You Feel Loved(당신은 언제 사랑을 받는다는 느낌을 받나요)?

3. How Do You Show Love(당신은 사랑을 어떻게 표현하나요)?

그림책 소개

Hello, Lighthouse
(Sohie Blackall | Little, Brown Books for Young Readers)
2019년 칼데콧 대상을 받은 작품으로 등대와 바다, 그리고 등대지기 가족을 둘러싼 이야기가 담겼다. 그림에는 등대와 등대지기에 대한 신기한 정보들이 많이 담겨 있다. 〈안녕, 나의 등대〉라는 제목으로 우리말로도 출간되었다.

3차시 **책 부록에 실린 작가의 말을 읽고 생각해 보기**

이 그림책이 다른 그림책과 차별화되는 매력은 마지막 작가의 말 'About Lighthouses'에 있다. 작가 소피 블랙올이 이 그림책을 만들게 된 동기라고도 할 수 있는데, 등대에 푹 빠지게 된 배경부터 긴 기간에 걸쳐 작가가 등대와 등대지기에 대해 알게 된 신기한 정보들이 빼곡하게 담겨 있다. 이 부분을 활용해 모둠별 정보 찾기 활동을 해도 재미있다. 또 면지 그림과 마지막 장면이 어떻게 연관되는지 그림 찾기 활동을 해본다. 모둠 안에서 면지와 마지막 장면의 연관성을 찾아 이야기하고 발표하며 누가 가장 눈썰미가 있는지 뽑아 본다. 과학 기술의 발달로 더 이상 등대지기가 필요 없어진 현실에서 '우리 삶에서 사라지고 있지만, 그 정신만은 기억하고 싶은 인간의 일들은 무엇이 있을까'라는 주제로 함께 생각해 보는 시간을 갖는 것도 의미가 있다.

'About Lighthouses' 정보 찾기 모둠별 활동

1. 작가는 어떤 이유로 등대에 관심을 갖게 되었을까 이야기 나누기.
2. 작가가 조사한 등대 이야기 중 흥미 있는 정보 5가지 먼저 찾기.

함께 활용하면 좋은 그림책

◆ ADA LOVELACE Poet of Science(Diane Stanley, Jessie Hartland | Simon & Schuster/Paula Wiseman Books)
200년 전 시인 바이런과 수학자 안나벨라 사이에서 태어난 에이다 러브레이스의 이야기다. 최초의 컴퓨터 프로그래머의 길을 걸은 여성의 열정이 잘 그려져 있다.

You Are What You Eat!

이 단원은 우리의 식습관을 다시 돌아보게 하는 계기가 되어서 아이들의 수업 후기가 아주 좋았던 단원이다. 그림책과 함께 하기에 참 즐겁고 유익한 주제였는데, 'Cooking English'라는 제목으로 요리에 사용하는 영어 어휘를 학습한 후 자신이 좋아하는 음식의 영어 레시피를 만들어 발표하는 수업으로 연결하였다. 그림책은 〈The Very Hungry Caterpillar〉와 〈A Fine Dessert〉 2권을 함께 읽었다.

그림책 소개

The Very Hungry Caterpillar (Eric Carle | World of Eric Carle)

〈아주아주 배고픈 애벌레〉라는 제목으로 우리말로도 출간된 이 그림책은 월요일부터 금요일까지 사과, 자두, 배 같은 먹이들을 먹으며 조금씩 성장해 가는 애벌레가 주인공이다. 토요일에 초콜릿 케이크, 아이스크림을 먹고 탈이 나지만, 일요일에 커다란 나뭇잎을 먹고 낫는다. 고치 속에서 나온 애벌레는 마침내 나비가 되어 세상 밖으로 나온다.

1차시 허기진 나를 행복하게 했던 음식을 생각하며 글쓰기

에릭 칼의 그림책 〈The Very Hungry Caterpillar〉는 많은 학생들이 어릴 때 한글로 읽었다며 반가워했다. 생전의 에릭 칼을 인터뷰한 영상이 매우 감동적이기 때문에 학생들과 그림책 출간 40주년과 50주년 축하 인터뷰 영상을 연이어 보았다. 주름진 얼굴 속에서도 형형한 눈빛이 살아 있는 작가 에릭 칼이 전 세계 어린이들에게 응원의 메시지를 전하는 영상이 모두를 숙연하게 했는데, 영상을 보고 그를 추모하는 시간을 가졌다.

그림책 출간 50주년 인터뷰

〈The Very Hungry Caterpillar〉는 매우 쉬운 영어로 되어 있지만, 작가의 인터뷰 동영상에 작가의 깊은 철학과 세계관이 담겨 있어 영상을 보고 그 내용을 음미한다면 고등학교 영어 듣기와 말하기 수업에 적용하기에 충분히 좋은 콘텐츠다. 또 배고픈 애벌레가 먹고 배가 아프게 되는 음식은 우리 몸에도 나쁜 음식이기 때문에 'You Are What You Eat'이라는 주제를 일깨워 준다. 그림책과 함께 같은 제목의 애니메이션 필름을 보면 더 좋다(6분 48초 분량).

참고

출간 40주년 축하 인터뷰 영상	〈The Very Hungry Caterpillar〉 애니메이션 영상

그림책과 함께 작가 인터뷰 영상과 애니매이션을 보고 나서, 허기진 나를 행복하게 했던 음식을 생각하며 글쓰기를 한다.

학생이 쓴 글

> After being born, the caterpillar was happy eating apples, pears, oranges, etc. and eventually became a beautiful butterfly. It was the day I had lunch at school. I went to the academy right after school, so I didn't have time to eat. When I came home after the academy, I had to pass many reataurants through many streets. Inside the reataurants, there were many people, and it smelled delicious. I was so happy when I came home and ate pork, kimchi, garlic and green onion salad cooked by my mom. But more than anything, my mom's home cooked meal is the most delicious and makes me happy.

그림책 소개

A Fine Dessert (Emily Jenkins, Sophie Blackall | Schwartz & Wade)

1710년 영국의 라임, 1810년 미국의 찰스턴, 1910년 미국 보스턴, 2010년 미국 샌디에이고에 살았던 사람들이 'Blackberry fool'을 후식으로 만들어 먹었다. 4세기에 걸친 생활사의 변천, 시대가 변해도 달라지지 않는 정신적 가치를 함께 살펴볼 수 있는 그림책이다. 〈산딸기 크림봉봉〉이라는 제목으로 우리말로 출간되었다.

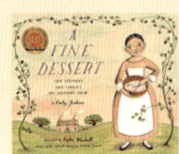

2차시 음식과 사회에 대해 생각해 보기

〈A Fine Dessert〉는 2016년 칼데콧 대상을 받은 책으로, 고등학교 학생들도 읽으며 아주 좋아하는 그림책이다. 시대와 지역에 따라 하나의 디저트가 만들어지는 과정이 사회의 변화를 보여 주며 자세하게 담겨 있다. 도구와 기술이 발달했을 뿐 아니라, 여성과 남성의 역할 또한 변하여 지금은 누군가의 일방적인 희생 없이도 함께 서로를 위해 음식을 만들고 즐겁게 나눌 수 있음을 보여 준다.

300년 전 영국의 라임에서, 200년 전 노예제가 아직 남아 있던 미국 남부 찰스턴으로, 100년 전 미국의 보스턴, 바로 몇 년 전 미국 캘리포니아 샌디에이고에 이르는 시간 동안 디저트를 만드는 방식은 분명 발달하였다. 하지만 정성껏 음식을 장만하고 나누는 즐거움과 맛있는 산딸기 크림봉봉을 싹싹 핥아먹고 싶은 아이들의 마음만은 언제나 변함이 없다.

작가는 우리에게는 조금 낯선 'Blackberry fool'이라는 달콤한 디저트를 만들어 먹는 사람들의 이야기를 통해 300년 동안 사람들의 의식주와 생활상의 변화, 디저트를 만들고 저장하는 도구들, 만드는 방식의 변화 등을 보여 준다. 하나의 디저트로 인간 역사의 변화를 느끼게 하는 그림책에 학생들이 사랑에 빠지지 않을 수 없다. 교실에서 토론할 주제도 풍성하게 나온다. 그림책을 읽은 후, 두 작가가 직접 그림책 속에 나오는 도구들을 사용하여 'Blackberry fool' 만드는 법을 차례로 설명해 주는 영상을 함께 보면 내용을 이해하는 데 도움이 된다.

참고 영상

Emily Jenkins and Sophie Blackall create A FINE DESSERT!

(https://www.youtube.com/watch?v=BaxDpKel3LE)

함께 생각해 보기

1. 내 손으로 만들어 본 음식은?
2. 내가 좋아하는 디저트는?
3. 나도 이 세상을 좋게 변화시키고 싶다면 무슨 일을 해야 할까?
4. 이 그림책을 보며 생각나는 사람은?
5. 이 그림책에서 가장 마음에 드는 부분은?

학생이 쓴 글

> This book depicts the history of the process of making dessert for 300 years. In the first family, women made dessert by themselves and men ate it. But later, the father and the son made it and the whole family ate it together. In the midst of that, the tools have changed. When they mix it, use a spatula to mixing machine. When they keep it cold, going up the hill to fridge. Small changes after the dessert recipe later. I thought it would be fun to find out the history of other things or food.

3차시 요리 영어를 배우고 음식 레시피 만들기

우리 나라 대표 음식 중 하나인 잡채를 만드는 영상을 보며 요리 영어를 배우고, 식재료를 활용하여 새로운 요리 레시피를 만들어 본다. 수업에서는 송편 레시피를 영어로 발표한 학생이 있었는데, 식품의 영양학적인 측면을 깊게 고려하고 송편 장식에 대한 창의성이 돋보이는 레시피를 발표해 친구들에게 큰 박수를 받았다.

잡채 만드는 영상

활동지

* Make Your Own Dishes with Ingredients You've Learned Today!*
– 오늘 배운 재료로 어떤 요리를 만들어 볼까!

Recipe for _____

함께 활용하면 좋은 그림책

♦ A Big Mooncake for Little Star(Grace Lin | Little, Brown Books for Young Readers)

2019년 칼데콧상 수상작으로 중국의 월병을 달의 주기와 연결시킨 환상적인 그림책이다. 전 세계의 대표 음식 이야기와 연결하여 함께 이야기를 나누기 좋다.

Small Step to a Big Change

한 명의 작은 노력이 어떤 변화를 가져올 수 있을까? 'If you don't do anything, you can't change(아무것도 하지 않으면, 아무것도 바꿀 수 없다)!'라는 생각에서 출발해 이 주제를 깊게 고민해 볼 수 있는 그림책이 필요했다. 우리가 발 딛고 있는 지구와 더불어 살아가는 방법으로 봉사와 선한 영향력을 이야기할 수 있는 그림책 〈The Suitcase〉와 〈People Need People〉을 함께 읽어 보기로 했다.

그림책 소개

The Suitcase (Chris Naylor-Ballesteros | Clarion Books)

낯선 동물이 낡은 여행 가방을 들고 갑자기 마을에 나타난다. 마을에 살던 새와 토끼, 여우는 각기 다른 태도로 낯선 동물을 대한다. 작은 여행 가방 속에 어마어마하게 큰 것이 들었다고 말하는 낯선 존재의 말을 어디까지 믿어야 할지 동물들의 의견이 엇갈리고 진실을 알아야겠다며 가방을 열게 된다. 〈특별하고 소중한 낡은 여행 가방〉이라는 제목으로 우리말로 출간되었다.

1차시 그림책의 내용을 생각하며 봉사 단체 지원(설립) 계획 세우기

〈The Suitcase〉는 쉬운 영어, 빨강, 노랑, 초록으로 다채롭게 톡톡 튀는 단순한 그림, 각각의 색깔과 일치시킨 동물들의 대사 등 작가의 의도를 찾아보는 재미가 있는 그림책이다. 무엇보다 이 그림책의 가장 큰 매력은 동물들의 이야기에 깊게 몰입하며 많은 감정을 함께 느끼게 된다는 점이다. 슬픔, 미안함, 기쁨, 행복, 뿌듯함 등 장면마다 다양한 감정을 불러일으킨다. '나는 어떤 사람인가, 나라면 어떤 말을 해 주었을까'를 생각하며 친구들과 많은 이야기를 나누고 싶어진다.

학생들과 그림책을 함께 읽은 후, 질문과 답하기 활동으로 이야기를 나누었다. 우리가 무심코 던진 말과 표정, 불신과 의심이 상대에게 어떤 상처를 주는지, 또 나 자신이 때로 상처를 주는 사람이 되기도 하고 받는 사람이 될 수도 있다는 울림이 학생들에게 크고 깊게 다가갔다. 이어서 다양한 봉사 단체에 대해 알아보는 시간을 갖고, 우리가 할 수 있는 다양한 봉사 단체에 가입하거나 새로운 단체 만들기 등의 활동을 하였다.

학생들이 만든 질문과 답

1. 낯선 동물이 사진만 지니고 왔는데, 어떤 이유로 자신이 좋아하는 집을 떠나오게 된 걸까?
   - 현재 세계 곳곳에서 일어나는 난민 문제와 비슷하리라 생각한다. 전쟁, 또는 기아 등의 이유로 많은 난민들이 자신의 터전을 떠날 수밖에 없다.
2. 내가 이 책의 주인공이라면 여행 가방에 무엇을 담아서 떠나고 싶은가?
   - 가족, 또는 사랑하는 사람과의 추억이 담긴 물건들.

- 새로운 곳에 적응하려면 정보력이 필요하므로 아이패드, 노트북 등을 넣겠다.

3. 우리가 겉모습으로 판단하고 단정했던 수많은 순간들을 되돌아보았을 때 어떤 후회가 있는가?
    - 이 책을 통해 이방인, 난민, 외지인을 대하는 나의 태도를 반성하게 되었다.
    - 낯선 사람의 말은 무조건 믿지 않았던 것 같다. 그런데 나도 새로운 곳에 가면 낯선 사람이라는 것을 이 책을 통해 알게 되었다.

봉사 단체 지원(설립) 계획 세우기

* '관심 있는 자원 봉사 단체 선정 → 봉사 단체 이름 짓기 → 선정 이유 설명 → 구체적인 지원 계획 제출하기' 순으로 작성합니다.

▷ 봉사 단체 이름(또는 이름 짓기)
_____

▷ 이 분야에 관심을 갖게 된 이유는?
_____

▷ 구체적인 지원 계획
① _____
② _____
③ _____

그림책 소개

People Need People
(Benjamin Zephaniah, Nila Aye | Hachette Children's Group)

영향력 있는 시인이자 활동가인 벤저민 제퍼나이어와 아름다운 공동체의 모습을 그림으로 구현한 삽화가 닐라 아예가 공동으로 만든 그림책 중 하나로, 모든 문장이 라임을 맞춘 시 구절이기 때문에 낭송의 기쁨을 느낄 수 있다.

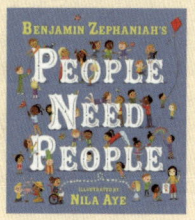

2차시 캘리그래피 엽서로 학급 '매일 히어로 상' 주기

벤저민 제퍼나이어의 시적인 문장을 한국어로 번역하는 작업에 동참하며 이 그림책을 알게 되었다. 영시를 우리말로 옮기며 라임의 섬세한 느낌을 다 살리지 못하는 것이 못내 아쉬웠기 때문에 영시 그대로 이 책을 학생들과 읽고 싶었다. 이 시대의 다양한 공동체와 가족의 모습을 보여 주는 이 책을 통해 제목이 의미하는 그대로 '우리는 혼자 살 수 없어. 우리는 서로가 필요해'라는 생각을 다시 한번 마음에 새길 수 있기를 바랐다. 친절과 공감, 배려의 마음을 배우는 수업이 되기를 바라며 그림책을 함께 읽는다. 먼저 작가가 그림책을 직접 읽어 주는 영상과 애니메이션을 보면 좋다.

참고

작가가 그림책을 직접 읽어 주는 영상	애니메이션
[QR 코드]	[QR 코드]

함께 읽기 후 캘리그래피 엽서를 나눠 주고 앞면에 자신의 마음에 깊게 새겨진 문장을 캘리그래피로 표현하도록 한다. 뒷면의 상장 양식에는 수상자 이름, 추천 이유, 자신의 이름 등을 적어 넣고 'Everyday Hero Award(매일 히어로 상)' 주기 활동을 한다. 활동을 통해 학생들이 어떤 친구에게 고마움을 느끼는지 알게 될 뿐 아니라 'People Need People'이라는 문장을 깊게 새기게 된다.

함께 활용하면 좋은 그림책

◆ **The Gold Leaf(Kirsten Hall, Matthew Forsythe | Enchanted Lion Books)**
혼자 가지려는 욕심은 결국 다 잃게 한다는 걸 깨닫게 하는 책으로 함께 살기와 환경에 대한 이야기를 나눌 수 있는 책이다. 사계절의 아름다움을 묘사한 환상적인 그림이 돋보이는 이 책은 〈황금 이파리〉로 번역 출간되었다.

학년 말 영어 수업에 대한 총평과 소감을 말할 때 학생들 입에서 가장 많이 들은 말은 그림책 수업을 할 때 부담이 없어서 마음이 편안하고 즐거웠다는 거였다. 영어 울렁증이 심한 학생들이 하는 그 말이 정말 고맙고 반가웠다. 그림책 덕분에 학생들이 영어를 만만하게 보게 되었다니, 얼마나 기쁜 일인가!

영어 그림책 수업은 이제 영어를 가르치기 위한 수업 이상의 의미를 지닌다. 그저 내가 수업할 내용과 비슷한 주제의 그림책을 찾는 데 급급했던 처음과 달리, 이제는 작가별로 그림책을 파고들며 깊이 있게 보고 나에게 끌리는 그림책을 찾는다.

그렇게 된 전환점은 온전히 그림책사랑교사모임 덕분이다. 그 안에서 주최하는 여러 전문가 선생님들의 깊이 있는 강연 덕분에 그림책의 역사와 뿌리를 조금씩 배우게 되었고, 그때부터 나에게도 좋아하는 그림책 작가가 생기고 취향이라는 것도 생겼다. 영어 수업을 위한 그림책 찾기에서 지금은 나와 개성 만점인 학생들을 한 명 한 명 떠올리는 그림책 찾기로 진화하고 있다. 이상한 나라의 앨리스처럼 끝도 없는 영어 그림책의 동굴에서 기쁘게 헤매고 있다.

그림책이란 예술을 통해 아이들의 감정이 어떻게 미세하게 바뀔 수 있는지, 그림책의 서사를 통해 어떻게 각자가 숨기고 있던 내면의 상처를 치유하게 되는지, 또 함께 읽기를 통해 어떻게 올바른 길로 동반 성장하게 되는지, 이 모든 것들을 학생들과 그림책 수업을 하며 깨달았다. 그림책의 무한한 가치를 굳게 믿으며, 오늘도 열심히 그림책을 함께 읽고 나눈다.

수학

그림책으로 수학의
발생을 경험하고
수학을 쉽게
이해할 수 있다

　수학을 떠올렸을 때 긍정적인 느낌이 드는 학생은 많지 않다. 수학 공부가 주는 부담과 어려운 수학 문제를 풀며 자존감에 상처받고 속상했던 기억이 먼저 떠오르기 때문이다. 학생들이 힘들어하는 수학을 어떻게 하면 덜 부담스럽게 전할 수 있을까? 아마 모든 수학 교사들의 고민일 것이다.

　처음 발령 난 학교에서 다양한 수업 시도를 하면서 자연스럽게 그림책 토론이라는 한 영역을 만나게 되었고, 그림책을 수학 수업에 적용하게 되었다. 그림책을 수학과 연결한 수업 선례를 찾기 힘들어 혼자 그림책을 찾고 적용하면서 실패와 작은 성공들을 반복했는데, 그 과정에서 꽤나 의미 있는 지점을 발견할 수 있었다.

　처음에는 중학교 1학년 자유학년 프로그램으로, 수학 토론 수업과 관련한 '말하는 수학'이라는 프로그램에서 2차시 정도의 그림책 수학 수업을 시도했다. 학생들이 그림책으로 진행하는 수학 수업에 부담 없이 호기심을 가지고 즐겁게 참여하는 것을 보고 용기를 얻었다. 좀 더 경험이 쌓이면서 '그림책 수학 놀이'라는 주제로 그림책 수학 수업과 좀 더 연결되는 프로그램을 진행하였다. 학생들이 그 시간을 좀 더 편안하게 여기고 즐거워하는 모습을 볼 수 있었다. 따뜻하고 편안한 수학 수업이라니, 그동안 교사로서 고민했던 것들이 조금 해결되는 듯했다.

그림책 수학 수업은 학생들에게 정서적인 편안함과 따뜻함만 주는 것이 아니었다. 교과서나 문제집처럼 텍스트로 설명할 수 없는 부분을 그림책의 그림이 학생들의 이해를 돕는 것을 볼 수 있었다. 추상적인 수학 이론이 그림과 함께 내용을 표현하는 그림책의 도움을 받아 학생들이 좀 더 직관적으로 수학을 이해할 수 있다는 점이 큰 매력으로 다가왔다. 수학의 발생도 처음부터 교과서에 있는 추상적인 결과물이 아닌 것처럼, 이야기와 맥락 속에서 수학의 발생을 경험하고 좀 더 직관적인 그림을 통해 쉽게 이해하는 학생들의 모습 속에서 그림책 수학 수업의 보람을 느낄 수 있었다.

학생들의 반응도 좋았다. 수업 시간에 그림책을 들고 들어갔을 때 학생들이 보이는 호기심이 수업을 시작할 때 큰 역할을 했고, 초등학교와 달리 중학교에서 그림책 수업을 하는 사례들이 아직 많지 않아서인지 학생들의 새로운 수업에 대한 기대감도 컸다. 유년 시절 접해 본 그림책이 수업 시간에 등장하면 학생들이 반가워한다. 심지어 수학 수업인데도 그림책이 주는 특유의 따뜻함 때문인지 좀 더 쉽게 수업에 마음을 열기도 한다. 스스로 수학에 흥미와 재능이 없다고 생각하는 학생들도 그림책 수업에서는 좀 더 배움에 잘 들어오는 모습을 보인다. 그 과정에서 평소 수학 수업에서는 볼 수 없었던 배움을 얻기도 하고, 좋은 결과물을 만들기도 한다.

이런 그림책 수업의 장점이 지속적으로 그림책 수학 수업을 하는 동력이 되었다. 학기별로 진행하는 프로그램에 대해 학생들은 '2학기에도 하고 싶다, 내년에도 그림책으로 수업해 달라, 그림책으로 새롭게 수학 수업을 진행해 주어서 고맙다' 등 긍정적인 반응을 보였는데, 그 덕분에 좀 더 용기 내어 그림책을 갖고 수업에 들어가게 된다.

처음 그림책 수학 수업을 시작할 때는 평가와 상관없이 좀 더 자유롭게 진행할 수 있는 자유학년 프로그램이나 학기 말 프로그램으로 시작하기를 추천한다. 단원 도입부에 동기 유발을 목적으로 편안하게 시작해도 좋다. 다음에 소개할 다양한 사례를 참고해서 가볍게 시작할 수 있는 것부터 그림책 수업을 시도해 보면 어떨까.

주제별 그림책 목록

주제	그림책
확률	길 떠나는 너에게 아기 돼지 세 마리
연산	항아리 속 이야기 내가 커진다면
명제	빨간 모자
방정식과 부등식	수학의 저주
기하	무한대를 찾아서
함수	신기한 열매
수학에 대한 이야기	수학에 빠진 아이 개미가 된 수학자

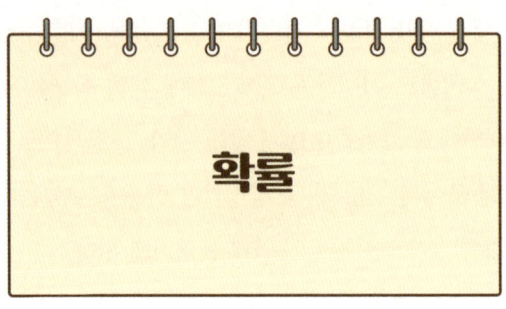

확률

파스칼과 페르마의 서신에 나오는 도박꾼 드 메레의 내기 상금 분배 이야기는 확률의 역사에서 가장 유명한 일화 중 하나다. 여기서 짐작할 수 있듯 확률은 우리가 흔히 접하는 게임이나 내기에서 찾아보기 쉽다. 일상 생활과 접점을 찾기 쉬운 분야인 확률은 그림책을 찾기가 여느 단원보다 조금 수월하다. 확률 개념을 알기 위해서는 먼저 '경우의 수'를 알아야 하는데, 그림책의 내용과 연결하여 경우의 수를 구해 보는 수업을 한다. 경우의 수를 구하기 위한 강력한 도구인 수형도를 자연스럽게 접하고 구현해 볼 수 있는 수업 활동이다.

> **그림책 소개**
>
> **길 떠나는 너에게** (최숙희 글·그림 | 책읽는곰)
> 아이가 세상에 나가 다양한 상황을 마주하게 되었을 때 그 상황을 어떻게 받아들이고 헤쳐 나가면 좋은지 엄마의 격려와 응원이 담긴 그림책이다.

1차시 내가 만나게 될 다양한 사건의 경우의 수 구하기

학생들과 함께 그림책을 읽고 먼저 그림책의 주인공이 만난 다양한 사건들을 떠올려 보게 한다. 기억나는 대로 주인공이 어떤 상황을 만나게 되었는지 상황을 사건으로 생각하여 경우의 수를 구하게 한다. '사건이 일어나는 모든 가짓수'를 '경우의 수'라고 소개하며 경우의 수를 구해 본다.

이때 모둠별로 그림책을 한 권씩 받아서 수업을 진행할 수 있다면 정확히게 경우의 수를 구할 수 있다. 모둠별로 책을 주기가 어려운 상황이라면 가볍게 경우의 수를 구할 수 있도록 기억나는 대로 상황을 적고, 그 상황의 수를 세어 경우의 수를 구하게 해도 좋다. 일반적으로 수학에서 사건은 '동일한 조건에서 반복할 수 있는 실험이나 관찰에 의하여 나타나는 결과'로 정의하지만, 학생들이 그림책의 내용과 상황을 수학과 좀 더 연결할 수 있도록 유연하게 접근한다.

그다음 학생들의 삶의 영역으로 넘어와, 자신이 새롭게 길을 떠나는 상황을 하나 정하여 이때 만나게 될 다양한 사건을 적고 경우의 수를 구하도록 한다. 예를 들어 내년에 새로운 학년이 되었을 때의 상황(상급 학교 진학, 대학 입학, 전학이나 전입 등)처럼 새롭게 길을 떠나는 상황을 떠올리고, 구체적으로 나에게 어떤 일이 생길지 생각해 보는 것이다.

수업을 진행하는 시점에 따라 학생들은 다양한 상황을 생각할 수 있다. 새롭게 떠나는 상황으로 여름 방학, 고등학교 입학, 대학 입학, 20살이 되었을 때, 취업했을 때, 군대에 입대할 때, 결혼할 때 등을 떠올리고 가깝거나 먼 미래의 자신에 대해서 생각해 보게 된다. 자신의 미래에 대해서 장난스럽게 쓰며 가볍게 경우의 수를 구하는 학생들도 있지만, 진지하게 자신의 미래에 대해 생각하고 이를 통해 자신의 삶에 대해서 다

수학 155

양한 것을 깨닫는 학생들도 있다.

　마지막으로 그림책 속의 따뜻한 조언처럼 새로운 길을 떠나는 나에게 보내는 격려의 메시지도 써 보게 한다. 그림책에서는 주인공의 엄마가 주는 따듯한 위로와 조언의 말이 나온다. 그림책처럼 자신에게 쓰는 격려와 응원의 메시지를 쓰도록 하여 수업을 따뜻하게 마무리한다.

> **그림책 소개**
>
> **아기 돼지 세 마리** (모리 쓰요시 글, 안노 미쓰마사 그림 | 비룡소)
> 아기 돼지 세 마리가 집 다섯 채에 들어갈 수 있는 경우의 수를 풀어 가는 과정이 나온다. 순열과 조합의 기초 원리를 설명하는 그림책이다.

2차시　그림책의 내용 파악하며 마인드맵 그리기

　〈아기 돼지 세 마리〉 그림책은 글밥이 많아 전체 책을 읽는데 시간이 걸린다. 그림책 앞부분인 늑대와 돼지의 상황 정도만 교사가 읽어 주고, 이후 경우의 수를 본격적으로 계산하는 장면은 학생들이 모둠별로 좀 더 자세히 읽어 보게 하는 것이 효과적이다. 4인 1모둠으로 모둠을 구성하여 모둠별로 그림책을 한 권씩 배부한다. 학생들이 모둠 안에서 서로 의견을 교환하며 그림책을 읽게 하는데, 이때 책의 내용을 구조화하여 파악할 수 있도록 마인드맵을 그리며 책을 읽도록 한다. 마인드맵 형식은 학생들이 그리기 편하도록 자유롭게 한다.

3차시　그림책 토론하기

　그림책을 다시 보면서 개인별 질문을 만들도록 한다. 창의적이고 독특

한 질문, 재미있는 질문, 자신의 삶과 연결되는 질문, 그림책에 근거한 구체적인 질문, 친구들과 함께 이야기하고 싶은 점, 작가에게 물어보고 싶은 점 등 학생당 4개의 질문을 만들게 한다. 수학적인 질문도 좋고, 그 밖에 다양한 질문을 만들어 논의를 이어 갈 토대를 만든다. 질문을 만든 이유와 근거, 나의 답변도 써 보도록 한다.

개인별 질문을 만든 후 4명의 모둠원이 모여 토론을 통해서 모둠의 베스트 질문을 뽑는다. 모둠 안에서 활동지를 돌리면서 자신이 생각하는 좋은 질문에 별표하기, 스티커로 투표하기 등으로 뽑을 수 있다. 가장 많은 득표수를 얻은 질문을 모둠의 베스트 질문으로 선정한다. 베스트 질문을 뽑은 모둠은 모둠 칠판에 베스트 질문을 적어 칠판에 게시한다.

모둠에서 선정한 베스트 질문을 반 전체 학생들과 공유하고, 함께 토론하고 싶은 주제를 투표한다. 가장 많은 표를 얻은 질문만 토론하는 것이 아니라, 득표 순으로 토론을 진행하면 좋다. 전체 토론 시에는 최대한 다양한 학생들의 발언을 유도하고 교사는 학생들이 토론을 활발하게 할 수 있도록 사회자 역할을 맡는다. 최대한 교사의 개입을 줄이고 학생들이 주도적으로 발언하고 문제를 해결할 수 있도록 하는 것이 중요하다. 교사는 토론을 하다가 막히거나 학생들이 도움을 요청하는 경우에만 개입해서 토론의 흐름을 이어 나갈 수 있도록 한다.

전체 토론 시 학생들의 발언을 간단하게 기록하는 것도 중요하다. 기록을 바탕으로 학생들에게 개별 피드백을 해 주고, 이를 바탕으로 생활기록부의 교과 세부 능력 특기 사항에 적어 줄 수도 있다. 사회자 역할을 하며 동시에 학생들의 발언을 기록하는 것이 어려울 경우 클로바노트-AI 음성 기록 앱이나 마이크로소프트 파워포인트의 녹음 기능 등을 이용하여 자동으로 음성을 텍스트로 저장할 수 있도록 해도 좋다. 이 경우 학생들이 발언에 앞서 학번과 이름을 말하도록 하여, 누가 발언한 것인지까지 자동 기록되도록 한다.

4차시 수형도 그려서 문제 해결하기

그림책 속에 나오는 문제들을 모둠별로 수형도과 식을 세워 풀도록 한다. 아기 돼지 세 마리 그림책 속에는 교과서에서 볼 수 없는 좀 더 직관적인 나무 그림의 수형도가 나온다. 문제 상황과 함께 이를 해결하는 과정이 수형도 그림과 함께 나오기 때문에 학생들이 문제를 이해하고 해결하는 데 큰 도움을 받을 수 있다.

수형도뿐만 아니라 수형도를 토대로 5채의 집에 아기 돼지 세 마리가 어떤 방법으로 들어갈 수 있는지 전체 경우의 수를 집 모양 그림으로 표현하여 학생들이 쉽게 이해할 수 있는데, 이 과정에서 자연스럽게 수형도의 필요성을 깨닫게 된다. 그림책에서 작가는 125가지나 되는 경우의 수를 나뭇가지 125개를 그려서 표현하고 집 5채를 125번 그려서 모든 경우의 수를 그림으로 보여 준다.

전체 경우의 수를 친절하게 그림으로 표현한 덕분에 수학적 사고가 어려운 학생들도 문제 해결에 대한 의지를 보이고 수형도를 그리는 시도를 할 수 있게 된다. 또 교과서의 딱딱한 수학적 결과물만 접하여 수형도를 그리는 학생들과는 다른 모습의 수형도를 그려서 문제를 해결하는 학생들도 만나게 된다. 경우의 수를 구할 때 기계적으로 답을 찾는 것이 아니라, 직접 나무 그림을 그리고 이를 바탕으로 식을 세우는 경험을 통해 좀 더 깊이 수학적 원리를 이해할 수 있게 된다.

중학생 아이들과 진행했기 때문에 수형도를 그려 경우의 수를 구하는 정도의 수업을 진행했지만, 고등학생 교육과정과 연결하여 순열과 조

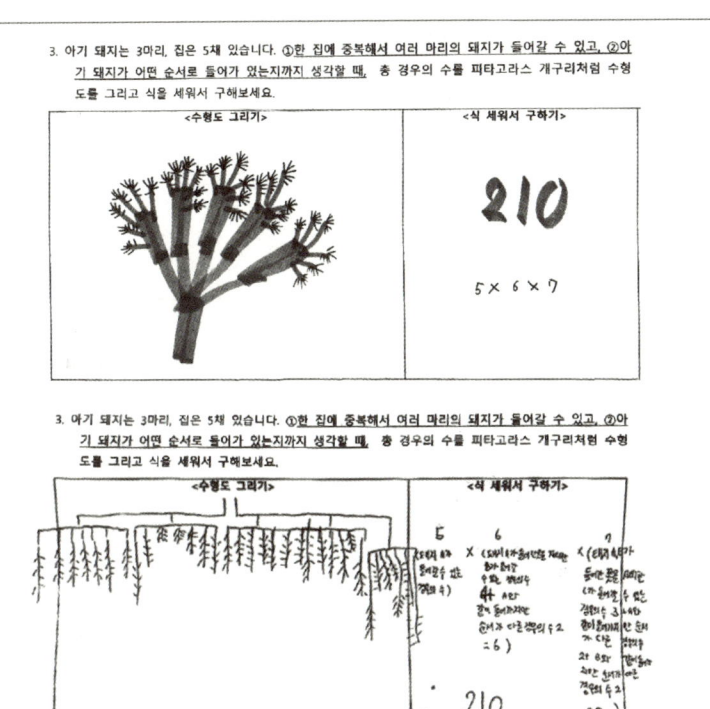

합 수업에서도 활용할 수 있다. 순열과 조합의 기본적인 생각이 모두 담겨 있을 뿐만 아니라 중복 순열, 중복 조합으로 연결하여 수업을 할 수도 있다. 그림책 마지막 부분에 수학 해설이 덧붙여 나오는데, 실제로 순열과 조합에 대한 해설이 나와 있다.

연산

새로운 한 해가 시작하면 제일 먼저 수학 시간에 수와 연산을 다루게 된다. 학년이 올라갈수록 수 체계는 점차 넓어지고 넓어진 체계 속에서 새로운 연산 규칙도 하나둘씩 소개된다. 점점 넓어진 수 체계에서 다루는 연산이 학생들에게는 때로 지겹고 복잡하게만 느껴진다. 좀 더 고차원적인 수학적 사고를 위해 마땅히 사고 속에서 자동화되도록 기계적으로 학습해야 할 부분이기도 하지만, 원리를 파악하고 나면 규칙을 적용해야 풀리는 게임처럼 다가와서 즐겁게 배울 수도 있는 영역이다. 연산

> **그림책 소개**
>
> **항아리 속 이야기** (안노 마사이치로 글, 안노 미쓰마사 그림 | 비룡소)
> 꼬리에 꼬리를 물고 이어지는 이야기 속에서 수의 규칙성과 계산 원칙을 이해할 수 있도록 설명하는 그림책이다.

영역에 그림책을 활용하여 연산 원리를 파악하는 수업, 연산을 게임처럼 진행하는 수업을 통해서 학생들이 좀 더 연산을 즐겁게 배울 수 있도록 하는 수업이다.

1차시 그림책 속 곱셈 구조 파악하기

꼬리에 꼬리는 물고 이어지는 신비한 구조의 이야기 속에서 곱셈 원리를 파악할 수 있도록 다양한 소재와 수들이 나온다. 학생들에게 간단하게 그림책을 소개하고 모둠별로 한 권씩 배부하여 그림책을 모둠원들과 함께 읽게 한다. 모둠원이 다 함께 그림책 속에 나오는 다양한 소재로 표현되는 수들을 찾아서 정확한 수가 무엇인지 계산하여 이야기 구조를 파악할 수 있도록 한다.

그림책 속에 등장하는 수들은 수학에서 계승에 해당한다. 연속된 숫자들의 곱으로, 수들이 거듭하여 곱해지면서 점차 큰 수가 만들어진다. 계승을 이야기 속에 담을 수 있도록 작가는 신비한 구조의 이야기를 만들었다. 항아리 속에 섬이 하나 있고, 섬 안에 2개의 나라가 있고, 나라마다 3개의 산이 있고, 산마다 4개의 성이 있고, 성마다 5개의 마을이 있고, 마을마다 6개의 집이 있고, 집마다 7개의 방이 있고, 방마다 8개의 찬장이 있고, 찬장마다 9개의 상자가 있고, 그 상자 안에 다시 10개의 항아리가 있다는 이야기가 전개되면서 점차 수들이 커진다. 급기야 $10! = 3{,}628{,}800$의 큰 수가 만들어진다. 학생들은 모둠원과 함께 그림책 속의 수를 식으로 표현하며 이야기 속 곱셈 구조를 파악할 수 있다.

실제로 작가는 계승의 위력을 표현하기 위해 그림책의 이야기 끝부분부터 책 속에 나오는 수를 직접 점을 찍어서 표현한다. 찬장의 개수인 40,320개의 점을 찍다가 페이지를 가득 채우기도 하고, 그다음 상자의 개수를 점으로 찍는 것은 18페이지가 필요하다며 그만두겠다고 말하며 그림책이 끝이 나는데, 이 점을 학생들이 특히 재미있어한다.

2차시 이야기 만들기

학생들도 그림책 작가처럼 수의 위력이 드러나는 이야기를 만들도록 한다. 학생들이 만든 이야기는 글과 그림으로 표현하도록 안내한다. 그림책의 형식을 참고하여 계승과 관련된 이야기를 만들게 해도 좋고, 이를 각 학년 교과의 연산에 맞도록 재구성하여 진행해도 좋다. 중학교 1학년 학생들과는 계승과 관련된 이야기를 만드는 수업을 진행하였고, 중학교 2학년 학생들과는 지수와 관련된 이야기를 만드는 수업을 진행하였다. 수업 여건에 따라 학생들에게 활동지에 직접 글과 그림을 그려서 이야기를 만들도록 하거나, 웹툰을 제작하기 좋은 플랫폼인 투닝(https://tooning.io/)을 활용하여 웹툰을 그리는 수업으로 진행할 수도 있다.

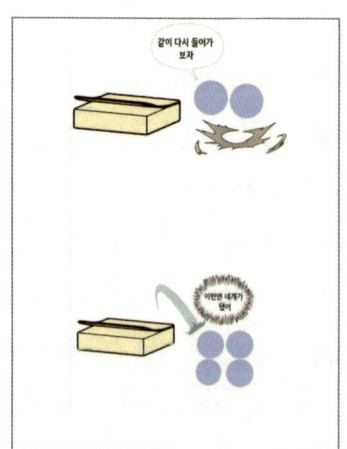 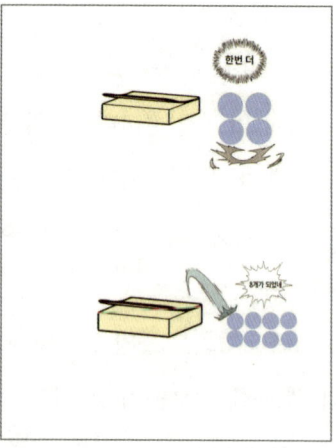

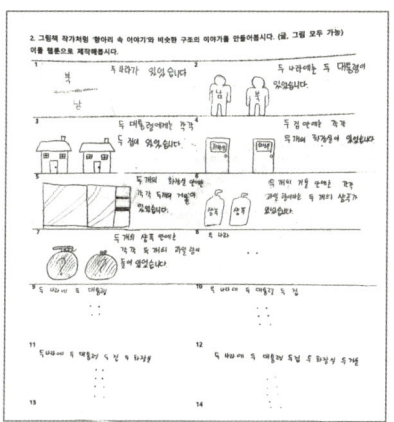

그림책 소개

내가 커진다면 (마리아 덱 글·그림 | 미디어 창비)
숫자와 관련된 주인공의 재미있는 상상 이야기가 담긴 그림책이다. 1부터 25까지 연속된 숫자를 가지고 숫자 놀이처럼 이야기가 펼쳐진다.

3차시 | 사칙 연산 연습하기

가볍게 읽을 수 있는 내용의 그림책을 전체가 함께 읽은 후 모둠별로 그림책을 한 권씩 배부하여 그림책의 아이디어를 잘 살펴볼 수 있도록 한다. 수업을 진행하는 학년에 맞는 수 체계에 속한 수와 사칙 연산을 활용하여 수 만들기 놀이를 진행한다. 그림책에서 1부터 25까지의 수를 가지고 이야기를 만든 것처럼 학생들과 함께 3~4개의 수와 사칙 연산을 활용하여 1부터 연속된 수를 만드는 놀이를 진행한다. 모둠별로 진행하여 주어진 시간 안에 가장 많은 수를 만드는 모둠이 이기는 놀이로 진행하면 된다.

[4차시] 수학 달력 만들기

학생들과 학기 말이나 자유롭게 진행할 수 있는 시간에 그림책의 아이디어를 활용하여 수학 달력 만들기를 진행한다. 그림책의 주인공이 수에 대한 상상 이야기를 풀어 낸 것처럼 학생들도 달력의 숫자들을 수식으로 표현해 보도록 한다. 달력 양식 형태만 그려진 탁상 달력을 구매하여 학생들에게 표지와 1월에서 12월까지 내용을 직접 적고 꾸미도록 안내한다. 배운 교과 내용뿐만 아니라, 핸드폰이나 각 교실에 비치되어 있는 태블릿 PC로 다양한 수에 대해 검색하여 달력의 수들을 표현하도록 해도 좋다.

학생별로 개인 차가 있어서 간단한 수부터 검색의 결과로 알 수 있는 오일러의 수까지 다양한 범주의 수들이 나와서 학생들도 흥미로워했다. 1월에서 12월까지 월에 해당하는 수들만 수식으로 표현한 학생도 있고 월별로 1일에서 30일까지 각 일에 해당하는 수들도 수식으로 표현한 학생도 있었는데, 학생마다 자신이 원하는 대로 자유롭게 진행한다.

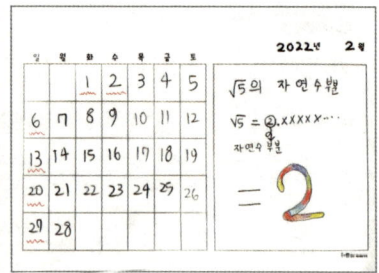

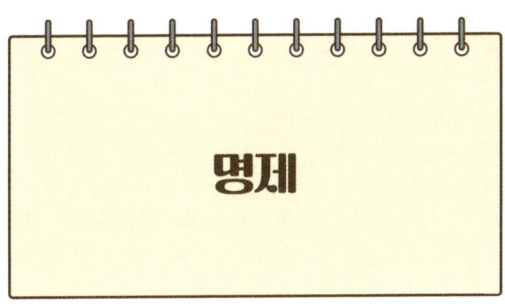

명제

 수학 공부에서 가장 기본이 되는 것은 명제를 이해하고, 이를 건축하듯이 주어진 명제들로부터 새로운 사실을 이끌어 내고, 또 그것을 기반으로 새로운 사실을 발견하는 과정이 중요하다. 하지만 주어진 문제를 풀어서 답을 내는 것에 익숙하고 꽤나 잘하는 학생도 명제와 논리를 온전히 이해하며 풀이 과정을 서술하는 또는 증명하는 문제는 곤혹스러워하는 경우를 보게 된다.
 이처럼 명제를 수학 수업에 다루는 것은 수학 교사에게 일상적인 일이지만, 논리 자체가 주는 어려움도 있는데 심지어 내용이 추상화된 수학 내용이라 학생들이 어려워하는 경우가 많다. 수학이 아닌 일상적인 내용으로 논리를 다룰 때 학생들이 부담을 덜 느끼고 도전하려는 의지를 보이게 된다. 그림책을 통해 명제 '~라면 ~이다'를 좀 더 쉽게 만날 수 있게 한다.

> **그림책 소개**
>
> **빨간 모자** (노자키 아키히로 글, 안노 미쓰마사 그림 | 비룡소)
> '~라면 ~이다'라는 명제를 수수께끼를 푸는 듯한 대화로 구성하였다. 주어진 조건에서 질문에 답을 찾아가는 형식으로 이야기가 이어지는데, 대화 속의 문제를 풀면서 논리력과 추리력을 기를 수 있는 그림책이다.

1차시 그림책 속 수수께끼 맞히기

그림책 〈빨간 모자〉는 글밥이 많고 주어진 조건에서 답을 구하는 수수께끼 형식이라서, 학생들이 충분히 문제를 보고 함께 풀어가며 그림책을 읽는 것이 좋다. 모둠별로 그림책을 한 권씩 배부하여 함께 협력하여 문제를 푸는 것이 그림책을 이해하는 데 좀 더 효과적이다.

그림책은 모자 장수가 그림자(독자), 민수, 민희에게 빨간 모자 또는 하얀 모자를 씌운 후 모자 장수와 민수, 민희가 나눈 대화를 바탕으로 추리하여 누가 어떤 모자를 썼는지 맞히는 내용으로 진행된다. 책을 읽는 학생은 그림자 역할로, 모둠원들과 함께 대화를 나누며 누가 어떤 모자를 썼는지 맞히도록 한다. 이때 그림책 속 인물들의 대화를 통해 누가 어떤 모자를 썼는지 맞힐 수 있다. 등장인물들이 나누는 대화 속에서 문제의 조건들을 확인할 수 있고, 조건들로부터 답을 이끌어 내는 과정이 수학의 명제를 다루는 것과 비슷한 논리 체계를 접할 수 있게 한다. 수학 명제라면 학생들이 어려워했겠지만, 상황 자체가 누가 어떤 모자를 쓴 건지 맞히는 것이기 때문에 부담감을 덜 느끼며 문제에 몰입하게 된다. 그림책을 넘길수록 수수께끼의 문제 상황이 점점 더 복잡해진다. 답을 알려 주지 않고 끝나는 마지막 문제는 모둠별로 해결해 보게 한 후 반 학생들 전체와 함께 이야기를 나눈다.

그림책 맨 마지막 페이지에 다음 학생의 문제 풀이처럼 알고리즘, 순서도와 연결된 해설이 나온다. 중학교 정보 교과에서 순서도와 알고리즘을 배우고, 고등학교 교육과정에서는 인공 지능 수학 교과목에서 알고리즘과 순서도를 다룬다. 정보 교과와 함께 융합 수업으로 진행하거나 인공 지능 수학의 교과 내용과 연결하여 수업을 진행할 수도 있다.

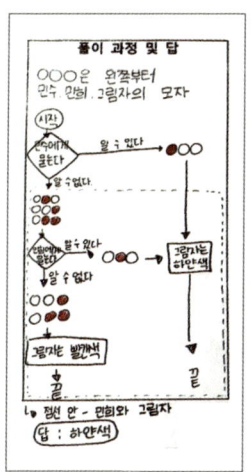 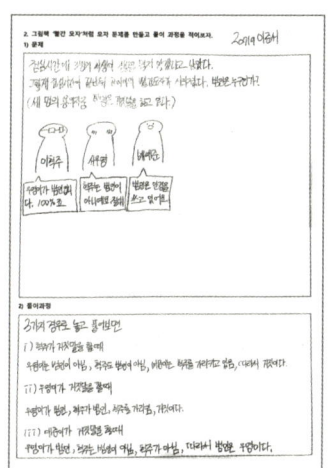

2차시 명제 관련 문제 만들고 해결하기

그림책 속에 나오는 명제 문제처럼 비슷한 아이디어를 활용하여 학생들도 문제를 만들어 보게 한다. 문제 만들기는 개인별로 진행하였는데, 학생에 따라 그림책처럼 모자 문제를 만들기도 하고 추리 소설에 나올 것 같은 소재로 문제를 만드는 학생도 있었다. 다양한 형식을 열어 두고 자신이 원하는 소재와 복잡도로 문제를 만들도록 하고, 모둠끼리 모여서 모둠에서 나온 문제들을 함께 풀고 맞히는 시간을 갖는다. 문제를 내고 함께 맞히는 과정 속에서 자연스럽게 수학의 명제에 익숙해진다.

방정식과 부등식

수학에서 문제 해결 능력을 기르는 것은 중요하다. 수학 수업을 통해서 수학적인 문제뿐 아니라 개인 삶의 영역까지 확장하여 문제를 수리적으로 해석하고 해결하는 능력을 기른다면 참 좋을 것이다. 교과서나 문제집에서 만나는 문제들도 나름 의미가 있지만, 그림책 속에 있는 다양한 상황을 수학적으로 해결하고 푸는 과정을 학생들은 좀 더 즐거워한다. 그림책 속의 주인공이 처한 상황을 함께 수학적으로 해결해 보고, 자신의 삶의 영역에서 수학 문제를 찾아 해결해 보는 수업을 한다.

> **그림책 소개**
>
> **수학의 저주** (존 셰스카 글, 레인 스미스 그림 | 시공주니어)
> 수학의 저주에 빠져 버린 주인공은 자신의 모든 상황이 수학적으로 보이기 시작한다. 수학의 저주에서 빠져나오기 위해 주인공이 만나는 수학 상황을 해결하는 과정이 담긴 그림책이다.

1차시 그림책 속 문제 해결해 보기

그림책 속에는 중학생들도 어렵지 않게 풀 수 있는 문제들이 등장한다. 중간에 근의 공식이 등장하여 중학교 3학년 이전의 학생들이라면 근의 공식에 대해서 궁금해하기도 하지만, 대부분의 문제가 초등학교 고학년부터 중학생 정도면 풀 수 있는 문제들로 이루어져 있어 접근하는 것이 어렵지 않다.

학생들에게 모둠별로 한 권씩 그림책을 제공하여 모둠 안에서 함께 책을 읽도록 한다. 책 속에 다양한 수학 문제들이 있기 때문에 교사 한 명이 읽어 주는 것보다 모둠원들이 함께 읽어 가며 문제를 풀고 책의 내용을 파악하는 것이 좀 더 효과적이다. 문제가 복잡하지 않아서 1차시 내에 그림책 속에 있는 문제들을 모두 푸는 것이 가능하다. 학생들에게 문제들을 함께 풀어 보도록 수업을 진행해도 좋고, 그림책에서 만난 문제들 중 가장 인상 깊었던 문제를 활동지에 적고 풀어 보도록 해도 좋다. 같은 책을 읽었어도 학생들마다 인상 깊은 문제가 다르기 마련이므로, 각자 문제를 적고 푼 후 모둠 안에서 서로 인상 깊었던 문제를 함께 풀며 공유해도 좋다.

2~3차시 삶과 연결되는 문제 만들고 게임하기

그림책 속 주인공에게 주변의 상황들이 온통 수학 문제로 보였던 것처럼 우리 주변을 둘러보면 수학의 소재로 쓸 수 있는 것들이 많다. 학생들에게 일상에서 만났던 소재들을 이용해 수학화하여 문제를 만들게 한다. 학생들의 교육과정에 따라 문제 영역을 정해 줄 수 있다. 보통 학생들에게 문제를 만들라고 하면 방정식이나 부등식의 문제를 쉽게 떠올린다. 중학교 2학년 학생들은 일차 부등식과 연립 일차 방정식을 교육과

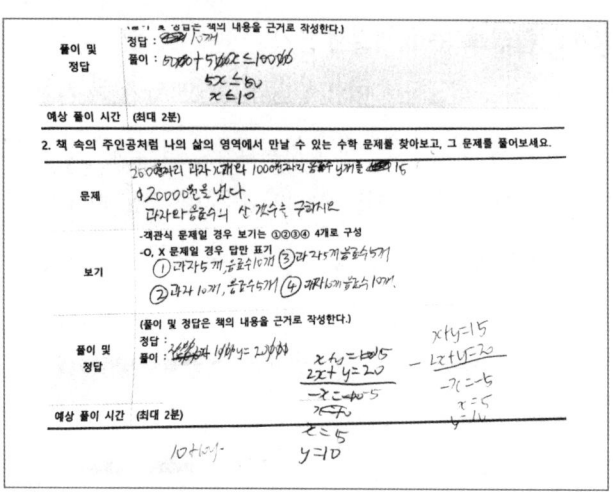

정에서 다루기 때문에 다양한 문제 상황을 방정식과 부등식을 세워 해결하는 것을 볼 수 있었다.

물론 학생들마다 만드는 문제는 굉장히 다양하다. 자신의 수학 실력과 흥미도에 따라 복잡한 문제를 만드는 학생들도 있고, 그림책 속 문제처럼 비교적 단순하고 위트 있는 문제를 만드는 학생들도 있다. 다양한 문제를 풀고 다루는 것도 수업 자체에 활력을 가져다 준다.

문제를 만들고 함께 만든 문제를 게임처럼 재미있게 풀기 위해서 카훗(https://kahoot.com)을 활용하면 좋다. 카훗 무료 버전으로 수업을 진행하기 위해서 학생들에게 문제 유형을 2가지로 안내한다. 사지선다형 객관식 문제나 OX 문제를 만들고, 문제와 보기, 풀이 과정, 정답, 예상 풀이 시간 등을 활동지에 쓰도록 한다. 활동지에 작성한 후 자신이 만든 문제를 패들렛에 직접 입력하도록 하면 교사가 좀 더 수월하게 카훗 문제로 재구성할 수 있다.

학생들이 만든 문제 중 함께 풀기 좋은 문제를 선정하여 다음 수업 시간 1차시 정도를 함께 카훗 게임을 한다. 난이도에 따라 조금 다르지만 20~30문제를 만들고 수업을 진행하면 45분 내에 진행하기 좋다. 카훗을 할 때는 학생들에게 개인 기기가 필요하므로 핸드폰을 사용하거나 교실에 비치된 테블릿 PC를 사용하여 진행한다. 실시간 점수와 순위가 문제가 끝날 때마다 바로 반영되므로 학생들의 몰입도가 높아, 수업에 즐겁게 참여하며 수학 문제를 열심히 푸는 모습을 볼 수 있다.

그림책의 표지를 펼친 후 속지를 넘기면 등호와 나눗셈 기호가 나타난다. 이중 나눗셈 기호에 글 작가인 존 셰스카는 '내 조카와 조카딸의 수를 더하면 15가 되고, 조카와 조카딸의 수를 곱하면 54가 된다. 그리고 조카의 수가 조카딸의 수보다 많다. 각각 몇 명일까? 그 아이들에게 이 책을 선사한다'고 수학 문제로 재미있게 인사를 전한다. 그림책 작가 레인 스미스 역시 '내 아버지가 회계사로 보낸 세월(30)을 내가 수학 공부로 보낸 세월(30)로 나누면 1이 된다. 하나(1)뿐인 아버지에게 이 책을 바친다'고 숫자로 자신의 이야기를 한다.

글 작가와 그림 작가가 자신이 하고 싶은 이야기를 수로 풀어 낸 것처럼 학생들과 함께 학기 초에 수로 자신을 소개하거나, 수학에 대한 자신의 생각을 수로 표현하게 하면 재미있게 수업을 열어 갈 수 있다.

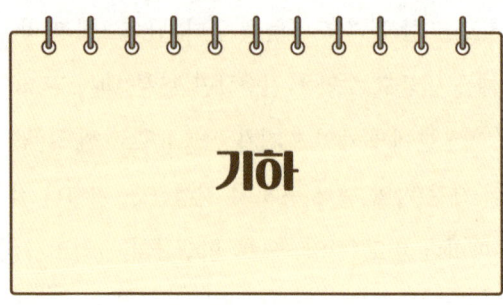

기하

중학교에서 무한 개념이 처음 등장하는 것은 중학교 2학년 유리수와 순환 소수 단원이다. 중학교 1학년에서 잠시 원주율 π를 통해서 처음으로 끝이 없는 무한 소수를 만나기는 하지만, 본격적으로 순환 소수와 순환하지 않는 무한 소수라는 개념으로 무한을 다루는 것은 중학교 2학년 때이다. 물론 중학교에서도 무한을 본격적으로 다루지는 않는다. 인간의 직관으로 이해하기 힘든 분야인 만큼 고등학교에서야 비로소 무한을 본격적으로 다루게 된다.

기하 파트에서 정규 교육과정은 아니지만 중학교 2학년 도형의 닮음과 연결하여 프랙털을 다룰 수도 있다. 보통 수학 교과에서 학기 말이나 자유학년 프로그램으로 활동 수학 관련한 수업을 진행할 경우 프렉털과 관련하여 다양한 작품을 만들기도 한다. 맹거 스펀지나 시어핀스키 삼각형 등을 공동 작업으로 학생들과 만들면 협동심도 기를 수 있고 결과물 역시 만족스러운 경우들이 많다. 반복되는 작업 속에서 학생들이 활동으로 수학 개념을 익힐 수 있고, 수학에 흥미가 없던 학생들도 반복하여 만드는 작업을 크게 어려워하지 않고 잘 따라온다는 점도 좋다.

프랙털 수업을 종이로 된 구체적인 조작물로 구현하는 수업으로 진행할 수도 있지만, 지오지브라(https://www.geogebra.org/)나 알지오매쓰(https://www.algeomath.kr/) 등의 공학적 도구를 활용하여 진행할 수도 있다. 보통 구체물로 진행하는 수업은 작품을 둘 공간의 제약이나 완성된 작품의 보관 문제, 프랙털 관련 키트를 사서 진행할 때 예산이 많이 드는 점 등의 단점이 있다. 컴퓨터 프로그램을 활용하여 프랙털 수업을 하면 예산이 들지 않고, 프로그래밍 과정이나 코딩을 통해서 수학적인 개념과 컴퓨팅 사고를 배울 수 있어 좋다. 활동에 앞서 학생들과 무한에 대해서 생각해 볼 수 있는 그림책 수업을 소개한다.

그림책 소개

무한대를 찾아서
(케이트 호스포드 글, 가비 스비아트코브스카 그림 | 웅진주니어)
수많은 별을 바라보다가 무한에 대해서 궁금해진 소녀가 무한에 대한 자신만의 답을 찾아가는 과정이 담긴 그림책이다.

1~2차시 무한에 대해 알아보기

책 내용이 어렵지 않으므로 교사가 한 권의 책으로 학생들에게 읽어주어도 좋다. 물론 모둠별로 한 권씩 나눠 줄 수 있다면 가장 좋다. 앞표지만 봤을 때는 알 수 없지만 앞뒤 표지를 동시에 펼치면 무한대 기호가 나타난다. 무한대 기호는 고등학교에서 만나게 되지만, 중학교 학생들에게도 기호에 대해 책 표지와 연결하여 이야기할 수 있다.

그림책에는 여덟 살 소녀 우마가 주변 인물인 친구 사만다, 할머니, 음악 선생님에게 무한대에 대해서 물어보고 스스로 생각하는 과정을 통해서 자신만의 무한대의 개념을 찾아 나가는 이야기가 담겨 있다. 우마가 '할머니를 사랑하는 내 마음이 바로 무한대'라는 결론을 내리며 그림책은 끝난다. 우마는 자발적으로 자신이 궁금한 대상에 대해 적극 탐구하며 알아 가는 과정을 거치고 마침내 자신만의 무한대를 정의 내리게 되는데, 이런 우마의 탐구 자세에 대해 학생들과 이야기를 나눠도 좋다.

수업에서 여는 질문으로 학생들과 그림책 속 주인공에게 주변 사람들이 무한대에 대해 해 준 답변 중 가장 기억에 남는 답변과 그 이유에 대해서 이야기를 나눠 본다. 학생들에게 수학에서 무한대의 개념은 무엇일지 직접 검색하여 찾아보게 해도 좋다. 검색 결과와 그림책 내용, 교육과정이 연결되도록 수업에서 발견한 내용을 포스터 형태로 표현해 보도록 한다. 미리캔버스(https://www.miricanvas.com/)나 캔바(https://www.canva.com/)에서 웹 포스터를 무료로 만들 수 있으므로, 교실에 비치된 학생용 테블릿 PC로 만들도록 한다. 웹 포스터를 만드는 것은 1차시 수업으로 진행 가능하다.

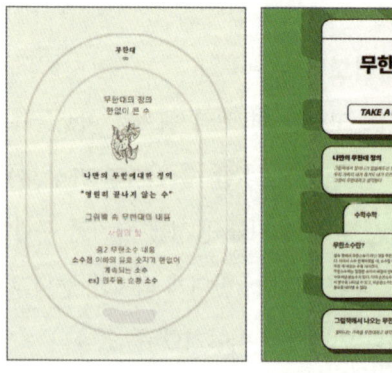
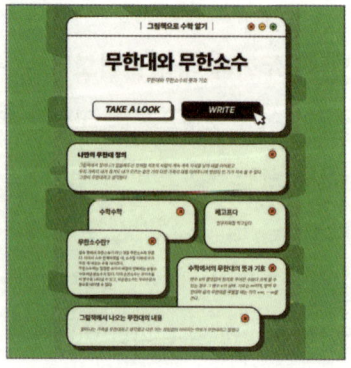

3차시 지오지브라 프로그램으로 시어핀스키 삼각형 그리기

도형의 닮음과 연결하여 프랙탈이 무엇인지 소개한 후, 학생들에게 지오지브라(https://www.geogebra.org/classic) 프로그램을 통해서 시어핀스키 삼각형을 직접 그리도록 한다. 지오지브라는 사전에 회원 가입을 하거나 프로그램을 다운로드하지 않아도 바로 웹으로 접속하여 구현할 수 있어서 편리하다.

공학적 도구 활용 능력이 학생마다 다르므로 4인 1모둠으로 모둠이 함께 진행하며 서로 돕도록 한다. 교심에 비치된 태블릿 PC를 1인 1개씩 배부하여 진행할 수 있다. 태블릿 PC보다는 PC에서 구동하는 것이 작업 속도와 조작 면에서 편리하므로, 컴퓨터실에서 진행하면 더 좋다. 시어핀스키 삼각형을 지오지브라에서 작도하는 방법을 유튜브에 검색해 보면 다양한 영상 자료가 나온다. 이를 참고하여 지오지브라로 직접 그리도록 한다.

지오지브라의 '메뉴 - 도구 - 새 도구 만들기'를 통해서 시어핀스키 삼각형의 단계를 반복할 수 있는 도구를 만든 후, 이전 단계의 삼각형 밑변의 두 점을 반복하여 클릭하면 다음 단계의 좀 더 복잡한 모양의 시어핀스키 삼각형을 손쉽게 만들 수 있다. 새 도구를 활용하여 손쉽게 시어핀스키 삼각형을 만들 수 있다는 점을 신기해하며 학생들은 점점 더 복잡한 모양의 단계로 넘어가는 것을 어려워하지 않는다.

태블릿 PC로 진행할 경우 태블릿 펜이 없으면 세부적인 작업을 할 때 어려움을 겪을 수 있다. 삼각형을 그릴 때 생기게 되는 점들을 모두 없애는 조작을 할 때 힘든 점이 있다. 수학적 원리를 파악하고 경험하는 것이 더 중요하므로 깔끔한 디자인이 되지 않더라도 각자 할 수 있는 만큼 진행하도록 안내한다.

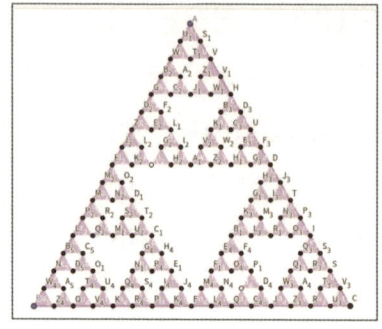 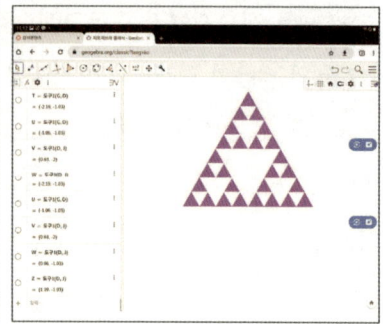

    닮음과 연결하여 프랙털의 한 예시로 시어핀스키 삼각형 그리기를 소개하였다. 이 밖에 다양한 프랙털의 예시를 소개하여 직접 프로그램을 활용하여 그려 볼 수 있다. 또 단순히 그리는 것을 넘어서 프랙털을 활용한 수학적 디자인을 하도록 수업을 확장해도 좋다. 수업을 진행하는 학생들의 교육과정에 따라 프랙털 진행 단계별로 색칠된 부분의 삼각형 둘레나 넓이를 구해 보도록 하여 규칙성을 발견하는 수업을 진행할 수도 있다.

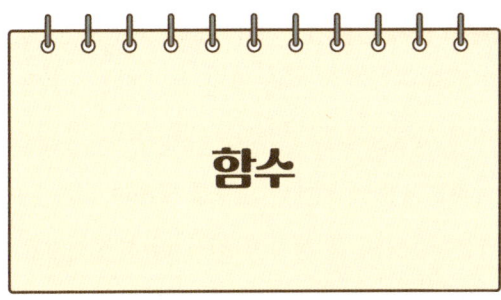

초등학교 때 규칙성 파악을 시작으로 중·고등학교 교육과정에서 함수는 매해 다루는 소재이다. 함수는 두 변수 사이의 관계를 파악하고 이를 통해서 변화를 예측하는 훌륭한 도구로, 문제 상황을 파악하고 이를 해결할 때 함수의 도움을 받을 수 있는 경우들이 많다. 그림책 속 상황을 함수의 관점으로 바라보고 이를 해결해 보는 경험을 통해서 좀 더 함수의 본질에 다가갈 수 있다.

그림책 소개

신기한 열매 (안노 미쓰마사 글·그림 | 비룡소)
주인공 남자가 땅에 심으면 2배로 열리는 열매를 심고 기른다. 이 남자가 겪는 사건과 상황에 따라 변하는 열매의 개수를 세는 과정이 담긴 그림책이다.

1차시 함수로 문제 만들기

글밥도 많고 변하는 상황에 따라 달라지는 열매 개수를 구하는 내용이라 교사가 전체 학생들에게 그림책을 읽어 주기보다는 모둠별로 그림책을 자세히 살펴보고 함께 열매의 개수를 구하며 읽는 것이 좋다.

그림책은 책장을 넘길수록 상황이 점점 더 복잡해지고 열매의 개수도 늘어난다. 주인공 남자는 우리의 인생처럼 예측 불가능한 다양한 상황을 만난다. 열매 농사가 잘 되어서 창고에 열매가 많이 쌓이기도 하고, 열매의 수가 늘어남에 따라 함께 열매를 관리할 사람을 두기도 하며, 결혼을 하고 아이를 낳기도 한다. 그러다 폭풍우를 만나 가진 것을 모두 잃기도 한다. 이렇게 변화무쌍한 상황이 잘 담겨 있어, 남자의 상황에 따라 달라지는 열매의 개수를 함수로 표현하기에 적합하다.

책장을 넘길 때마다 남자의 상황이 글과 그림으로 설명되고 마지막 부분에 '그럼, 모두 몇 개를 심었을까요?' 하고 끝나서, 독자가 직접 열매의 개수를 계산하도록 한다. 모둠별로 각 장에 해당하는 열매의 개수를 계산해 보도록 한다. 다음은 주인공 남자가 매해 심은 열매의 수를 구하기 위해서 표 그리기 전략을 사용한 모둠의 활동지다.

과정 및 답:	1년째	2년째	3년째	4년째	5년째	6년째	7년째
열매	4	6	10	18	34	66	① 128-2×5=118 ② 118-2=116 ③ 116-16=100
	-1	-1	-1	-1	-1	2	
여섯음	3	5	9	17	33	64	

열매의 개수를 구하는 그림책의 상황에 아이디어를 얻어서 학생들과 함께 함수 상황의 문제를 만들고 해결하도록 진행한다. 각 학년의 함수

교육과정과 연결하여 진행할 수 있다. 중학교 2학년 학생들은 일차 함수로 문제를 만들도록 진행하였다. 중학교 1학년은 정비례와 반비례로, 중학교 3학년 학생들은 이차 함수로 진행할 수 있을 것이다.

함수와 연결하지 않고 그림책 상황을 가지고 자유롭게 문제를 만들고 풀도록 진행해도 좋다. 각자 모둠 안에서 서로 협력하여 문제를 만들고 자유롭게 새로운 모둠의 친구들을 만나서 친구가 만든 문제를 푸는 형식으로 진행하면, 학생들이 자유롭게 친구들을 만나서 다양한 문제를 푸는 경험을 할 수 있다.

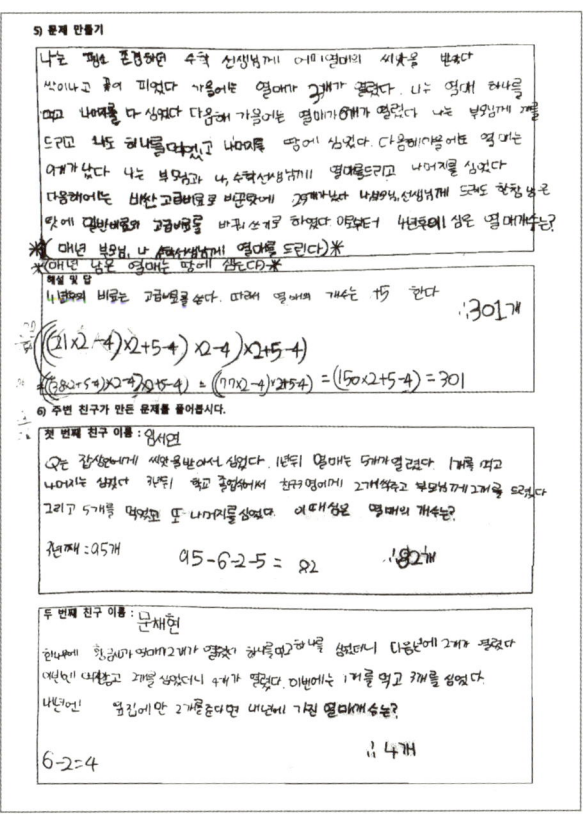

수학에 대한 이야기

많지는 않지만 고맙게도 수학 자체에 대한 이야기를 담은 그림책도 있다. 이런 그림책은 오히려 특정 단원이나 소주제와 연결되는 내용의 책보다 학생들이 좀 더 편안하게 접할 수 있다. 수학을 사랑하는 또는 수학을 깊이 이해하는 주인공을 통해서 수학의 다양한 면을 소개하거나 수학을 즐기고 사랑할 수 있다는 점을 전할 수 있어서 좋다. 그림책 수학 수업에서 특히 중요하게 여기는 점 중 하나가 바로 수학의 정의적인 측면이다. 그림책 수학 수업을 통해서 수학의 인지적인 측면도 도움을 받을 수 있지만, 그보다 수학에 대한 긍정적인 태도를 갖게 되어 수학 공부 자체를 즐길 수 있는 힘을 기를 수 있다면 더 보람될 것이다.

> **그림책 소개**
>
> **수학에 빠진 아이** (미겔 탕코 글·그림 | 나는별)
> 수학을 통해서 세상의 아름다움을 발견하고 수학을 통해서 세상을 이해하는 주인공의 이야기를 담은 그림책이다.

1차시 　내가 요즘에 빠져 있는 것에 대해 나누기

1차시는 학생들과 함께 편안하게 책을 읽고 그림책에서 가장 인상 깊은 장면과 책 속 주인공이 수학에 빠져 있는 것처럼 내가 요즘에 빠져 있는 것이 무엇인지 이야기 나누도록 한다. 활동지에 작성하여 나눠 보아도 좋고, 패들렛 등에 영상이나 사진을 올려서 내가 요즘 빠져 있는 것이 무엇인지 올리도록 한 후 즐겁게 이야기를 이어 갈 수도 있다. 자신이 무언가에 빠져 있는 경험을 나누는 과정을 통해서 그림책 속 주인공에게는 수학이 열정의 대상일 수 있다는 것에 공감해 보고, 이와 연결하여 수업을 이어 나간다.

2~3차시 　나만의 수학 노트 만들기

그림책의 맨 마지막 부분에 주인공이 만든 '나의 수학 노트'가 나온다. 주인공이 만든 수학 노트에는 '끝없이 이어지는 프랙털, 반듯반듯 다각형, 튼튼한 입체 도형, 구불구불 곡선, 동글동글 동심원, 빙그르르 궤적, 모아모아 집합'을 주제로 주인공이 세상 속에서 발견한 수학적 지식이 주인공만의 글과 그림으로 정리되어 있다. 주인공이 만든 수학 노트처럼 학생들에게도 교과 시간에 배운 내용을 정리하여 자신만의 수학 노트를 만들어 보도록 한다. 한 학기 정도 수업을 진행한 후 학기 말에 진행하면 좋은 활동으로, 한 학기 동안 배운 내용 중에서 단원이나 주제를 하나 정해 자신만의 수학 노트를 만들게 한다.

학생들에게 각각 B4 용지, 가위, 풀, 채색 도구 등을 나눠 주고, B4 용지를 접고 잘라서 노트를 만든 후 겉표지, 속표지를 포함하여 8쪽의 노트를 꾸미도록 한다. 교과서나 수업 시간에 진행한 활동지, 또는 핸드폰이나 태블릿 PC 등을 사용하여 다양한 내용을 검색하거나 참고해 풍부한 내용의 수학 노트를 제작하도록 한다.

그림책을 읽은 후에 진행한 활동이라서 그런지 학생들이 주인공이 만든 수학 노트에 아이디어를 얻어 자신만의 독창적인 수학 노트를 만들었다. 시간 여유가 있다면 활동지에 각 장에 어떤 내용을 담을지 간단하게 구상한 후 수학 노트를 제작하도록 한다. 미리 구상하는 시간을 주면 수학 노트의 완성도가 좀 더 높아진다.

수학 노트를 각자 제작한 후에 월드 카페 형식으로 자유롭게 다양한 학생들을 만나서 자신의 수학 노트를 소개하는 시간을 갖도록 한다. 각자 중요하게 여기는 내용을 수학 노트에 적고 풍부한 내용을 친구들과 함께 공유하면서 한 학기 동안 배운 내용을 되돌아볼 수 있다.

> **그림책 소개**
>
> **개미가 된 수학자** (모리타 마사오 글, 와키사카 가쓰지 그림 | 출판놀이)
> 어느 날 갑자기 개미가 되어 버린 수학자가 개미 세상에서도 수학이 있는지 개미와의 만남을 통해 알아 가는 이야기다. 수학에 대한 철학적 탐구가 담긴 그림책이다.

4차시 수학은 왜 생겼을까 생각해 보기

글밥이 많은 그림책이라 책을 읽는 데 시간이 꽤 걸리는 편이다. 문제를 함께 풀거나 수학적 내용을 깊게 고민하고 들여다봐야 하는 내용이 담긴 책은 아니라서, 교사나 학생 한 명이 전체 학생을 대상으로 책을 읽어 줘도 좋다. 물론 모둠마다 한 권씩 그림책을 배부하여 진행할 수 있다면 가장 좋다.

그림책은 주인공인 수학자가 개미가 되어 만나게 되는 개미들과의 대화, 수학자의 독백이나 생각이 주로 나온다. 그림책의 글을 통해서 수학의 본질과 핵심에 대해 학생들과 함께 생각해 보고 다룰 수 있다는 점에서 매력적이다. 개미의 세상에서 바라보는 수학이라는 점이 창의적이고 재미있게 다가와 학생들도 흥미를 가지고 그림책에 집중할 수 있다. 학생들과 함께 그림책을 읽고, 활동지를 통해 다음 질문에 대해 생각해 보게 한 후 함께 이야기를 나눈다.

질문 예

1. 개미가 된 수학자가 말하는 '수학의 좋은 점'은 무엇인가요?
2. 인간과 다른 몸을 가진 개미의 수학은 인간의 수학과 어떤 점이 다른가요?

3. 수학자가 개미가 아닌 다른 생물로 변했다고 가정해 봅시다. 변한 생물의 수학은 어떠할지 상상해서 적어 보세요. (수학자가 변한 생물은? 변한 생물 세계의 수학은 어떠할지?)
4. 나 자신이 삶에서 또는 수학 시간에 만나는 수학의 세계는 어떠한지 적어 보세요.

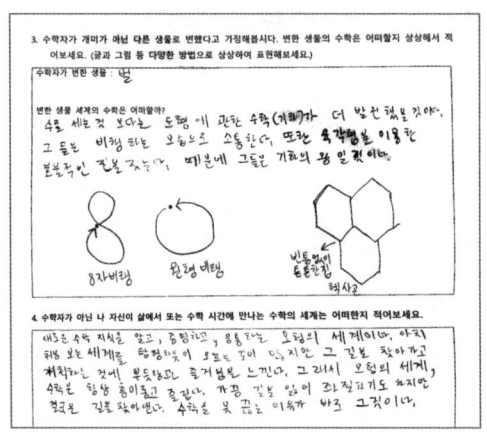

수학자가 개미가 되어서 개미의 수학을 생각해 본 것처럼 학생들에게 다른 생물의 수학은 어떠할지 상상해서 적어 보도록 했을 때 학생들은 새, 벌, 박쥐, 고래 등 다양한 생물의 수학에 대해서 상상하였다. 학생들은 보통 오랜 시간에 걸쳐 극도로 추상화된 수학을 접하게 되지만, 우리가 만나고 있는 수학 역시 인간의 필요에 의해서 발생하였다. 이처럼 다양한 생물의 수학은 그 생물이 맞닿고 있는 현실의 속에서, 그 생물의 필요에 의해 발생한다는 관점으로 학생들은 수학을 생각해 보게 된다. 그림책 수업을 통해 학생들은 우리 삶의 필요에 의해 생긴 수학의 발생과정을 알게 된다.

우리나라는 국제학업성취도 평가(PISA)에서 최상위 성적을 유지해 왔다. 하지만 정의적 요인(흥미, 도구적 동기, 수학 불안)에서는 계속 하위권의 평가 점수를 보이고 있다. 특히 다른 국가들보다 학업에 대한 '흥미'가 낮고, 미래에 대한 '도구적 동기'가 낮으며, 학업에 대한 '불안'이 높은 것으로 나타났다.

수학에 대한 '흥미'는 학업 성취도에 긍정적인 영향을 미치는데, 학생들 대부분이 그림책으로 진행하는 수업에 대해 부담이나 거부감이 적어 편안한 마음으로 수업을 들을 수 있었다는 의견이 많았다.

그림책 수학 수업에 대해 학생들의 소감
- 창의력을 기를 수 있다.
- 수업을 듣다 보니 짧은 글에 담긴 의미를 깊이 생각해 보고 상상력을 발휘하게 되어서 재밌었다.
- 수학을 더 쉽게 이해하는 데 도움이 된다.
- 신선하고 수학을 즐겁게 공부할 수 있어 재미있었다.
- 어릴 때는 그림책을 많이 읽었는데 크면서 그림책이 아닌 글이 많은 책을 읽어서 그림책을 볼 기회가 없었다. 이번 기회에 그림책을 다시 읽을 수 있어서 좋았던 것 같다.
- 수학책이 이렇게 많은지 처음 알게 됐고, 책에 대해 깊게 생각할 수 있어서 정말 좋았다.
- 선생님의 따뜻함이 느껴졌다.
- 직접 책을 읽고 질문 역시 내가 만들며 내가 스스로 수업을 만들며 생각한다는 느낌이 들어서 좋았다.
- 자신의 생각을 자유롭게 쓸 수 있어서 좋았다.

- 수학에 대한 거부감이 사라졌다.
- 수학 시간에 색다르게 특별한 걸 할 수 있어서 좋았다.

그림책 수학 수업은 수학에 대한 불안을 낮추고 수학에 대한 정의적 영역을 신장하는 것을 고려한 수업이었기 때문에 학생들의 반응이 만족스러웠다. 그림책 수학 수업으로 수학에 대한 흥미를 끌어올릴 수 있다면 학생들의 학업 성취도 면에서도 도움이 될 거라고 본다.

과학

한 권의 그림책이 과학에 깊은 호기심을 갖게 한다

그림책사랑교사모임 소모임에서 처음으로 소개하고 이야기를 나눴던 책이 〈펠리세트〉다. '우주로 간 최초의 고양이'라는 부제가 달려 있었는데, 단지 '우주'와 '최초'라는 단어에 끌려 책을 고른 것이었다. 펠리세트가 우주로 가게 된 이야기를 관찰자 시점으로 담담하게 풀어 낸 책은 무척 흥미로웠다. 책을 읽으며 우주 탐사에 대해 여러 궁금증이 생겼는데, 그림책 한 권이 한 분야에 깊은 호기심을 갖게 할 수 있다는 것을 그때 알게 되었다.

이것이 계기가 되어 그림책 수업을 시작했다. 그림책 수업을 하면서 여러 긍정적인 면을 발견하게 되었는데, 가장 좋은 점은 학생들의 호기심을 끌어낼 수 있다는 것이다. 그림책 속에는 글이 이끌어 가는 이야기, 그림이 보여 주는 이야기뿐 아니라 등장인물, 등장하는 사물 하나하나까지 호기심을 끄는 것들이 많다.

〈심장이 두 개인 개미핥기〉를 읽다 보면 나에게 심장이 두 개라면 나는 어떻게 살아가게 될까, 심장에 따라 다른 마음을 가지게 될까, 이야기는 어떻게 끝맺을까 하는 여러 궁금증이 생긴다. 궁금증을 풀어 가는 과정에서 심장이 하는 역할은 무엇일까, 우리 몸에서 어떤 작용을 할까를 알아 가고 과학적 내용도 거부감 없이 접하게 된다고 생각한다.

또 그림책은 과학 교과에 흥미가 떨어지는 학생에게 연결 고리가 되어 준다. 초등학교 때는 과학이 재미있었는데 중학교에 오니 어렵고 재미없다고 말하는 학생들이 많다. 과학 용어들도 생소하고, 그 생소한 용어를 사용해서 우리 주변의 현상을 설명하니 그렇게 느껴질 수도 있다. 원자나 이온같이 눈에 보이지 않는 대상에 대한 설명은 더 지루하고 막막하게 느낀다.

그림책 〈말도 안 돼!〉는 그런 학생들에게 연결 고리의 역할을 톡톡히 해낸다. 제목부터 호기심이 생기는 이 책을 들여다보면 무엇이 말도 안 된다는 건지 이해가 가고, 더 읽다 보면 그것이 원자임을 알게 된다. 그림책에는 장면마다 이미지가 들어 있다. 비유적으로 그려진 이미지, 작가의 상상이 들어 있는 이미지, 과학적인 내용과 직접 연관이 되는 이미지 들이다. 아이들은 글보다 이미지에 관심이 높고, 이미지를 해석하는 능력도 뛰어나다. 글보다 친숙한 이미지로 접한 과학적 내용은 학생들에게 흥미를 잃지 않게 하고, 자기도 모르게 과학의 깊은 세계로 한 발짝 들어가게 한다.

그림책은 관찰력, 과학적 문해력, 의사소통 능력 등 과학적 역량도 키운다. 그림책의 표지 또는 한 장면에 대해 이야기를 나누거나 질문을 만들면서 학생들은 그림을 자세히 관찰하게 된다. 과학은 주변의 현상을 관찰하고 왜 그렇게 되는지 궁금하여 탐구하는 과정으로, 이미지를 관찰하고 그 의미를 생각해 보는 과정은 과학의 탐구 과정과 닮아 있다.

이미지를 관찰하는 힘이 자랄수록 과학적 현상을 포착해 내는 관찰력도 자랄 것이다.

글로만 설명되어 있을 때는 잘 이해가 가지 않던 내용이 그림책을 통해 고스란히 이해가 되기도 한다. 〈상어가 사라진다면〉을 읽으면서 학생들은 생물의 다양성을 유지해야 하는 이유를 좀 더 쉽게 이해할 수 있다. 과학 관련 그림책은 과학 용어들을 직접 또는 비유적으로 알려 주는데, 이야기 전개 과정을 이해하다 보면 과학 용어와 개념에 쉽게 도달할 수 있다.

단원별 그림책 목록

단원	그림책
태양계	달 사람
별과 우주	펠리세트
빛과 파동	빛을 비추면
물질의 구성	말도 안 돼!
동물과 에너지	네 심장에 행복이 살고 있어
생물의 다양성	그림자의 섬 멸종하게 내버려 두면 안 돼 상어가 사라진다면 그린(GREEN) : 숲 이야기
기권과 날씨	아기산호 플라눌라 북극곰 윈스턴, 지구 온난화에 맞서다!
수권과 해수의 순환	맑은 하늘, 이제 그만
발명	스킹의 발명 노트

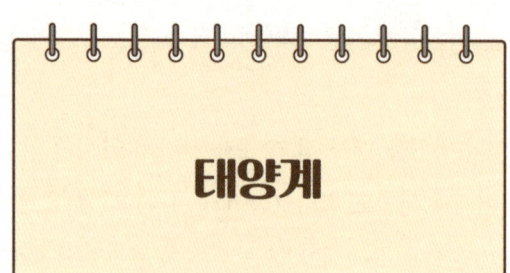

태양계

지구에서 보는 달의 모양은 관측 일시에 따라 달라 보인다. 달이 지구를 중심으로 공전할 때 우리 눈에 태양 빛을 반사하는 달의 부분만 밝게 보이기 때문이다. 〈달 사람〉을 읽고 그림책에 과학적인 지식이 어떻게 드러나는지 살펴본다. 또 그림책에 나타난 달의 위상 변화가 달의 공전으로 인해 태양, 지구, 달의 위치가 달라지기 때문임을 탐구 활동을 통해 이해하도록 한다.

그림책 소개

달 사람 (토미 웅거러 글·그림 | 비룡소)

달 속에 살던 달 사람이 지구 사람들과 함께 놀고 싶어 지구로 오는데, 지구인들은 알 수 없는 방문자를 침입자로 여기고 감옥에 가둔다. 달 사람은 달의 특징을 이용하여 감옥을 빠져 나오지만 결국 경찰에게 쫓기게 되고 잊혀진 과학자의 도움으로 달로 돌아가게 된다.

1~2차시 그림책 속 과학 개념 탐구하기

표지를 보면서 자신의 느낌이나 생각, 질문이 있다면 자유롭게 말해 본다. 그림책을 읽어 주다가 달 사람이 감옥에 갇혀 좌절한 채 고민하고 있는 장면에서 멈추고, "달 사람은 앞으로 어떻게 될까?"를 질문하며 다음 이야기를 상상해 보도록 한다. 다 읽은 후 인상적인 장면에 대해 가볍게 이야기를 나누고, 책을 읽고 나서 드는 생각을 물어 본다. 수업에서는 '모른다고 해서 차별하면 안 된다, 알 수 없는 것은 우리에게 피해를 줄 거라는 선입견이 있다, 달 사람이 달로 돌아가서 다시 지구에 오지 않는 것처럼 자신이 원래 있었던 곳이 편안하다, 자신이 가 보지 못한 곳에는 누구나 호기심이 생긴다, 달 사람이 모양을 바꿔 탈출한 것처럼 어려운 상황에 처하더라도 빠져나갈 방법을 찾을 수 있다' 등 다양한 답을 들을 수 있었다.

"그림책 속에 나타난 달의 모양 변화 순서가 맞을까요?" 질문하고 생각해 보게 한다. 이를 확인하기 위해서 알아야 할 과학 개념이 무엇인지 생각해 보고, 달의 모양 변화를 알 수 있는 탐구 과정을 안내한다.

달의 모양 변화 탐구

1. 달의 위상을 활동지에 그린 후 달의 이름과 그때의 태양, 지구, 달의 위치를 그려 본다.
2. 모둠 구성원끼리 맞게 그렸는지 점검하고 틀린 부분을 수정한다.
3. 활동지에 있는 달의 위상 중 하나를 골라 짝에게 달의 위상과 태양, 지구, 달의 위치를 설명한다.
4. 책 속의 달의 위상 변화가 시간의 순서대로 이루어졌는지 생각해 보고, 그 이유를 모둠에서 토의한다.

[1-2] 그림은 태양, 지구, 달의 위치 관계를 나타낸 것이다. 물음에 답하시오.

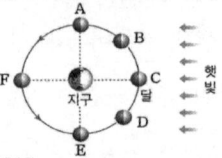

1. 그림 아래 달 이름을 적어보자.
2. A~F 위치를 참고하여 달의 모양을 볼 수 있는 지구, 달, 태양의 위치 찾아서 그려보자.

달 그림	●	◐	○
달의모양	초승달	상현달	보름달
태양,지구,달의 위치	달 ㉡ ㉠	달 ㉡ ㉠	달 ㉡ ○ ㉠
달을 볼 수 있는 날짜(음력)	2~3일	7~8	15
달 그림	◑	◐	○
달의모양	하현달	그믐달	삭
태양,지구,달의 위치	㉡ ㉠	㉡ ㉠ 달	㉡ ○ ㉠
달을 볼 수 있는 날짜(음력)	22~23	25~26	27~28

2. 책 속에 나타난 달의 모양 변화 순서가 맞을까? 틀릴까? 그 이유를 적어보자.
맞다. 달이 지구 주변을 반시계 방향으로 공전하기 때문이다.

함께 활용하면 좋은 그림책

◆ 무무씨의 달그네(고정순 글·그림 | 달그림)
◆ 달케이크(그레이스 린 글·그림 | 보물창고)
◆ 달 도둑(와다 마코토 글·그림 | 바둑이하우스)
◆ 달 가루(이명하 글·그림 | 웅진주니어)
◆ 달터뷰(임윤 글·그림 | 풀빛)

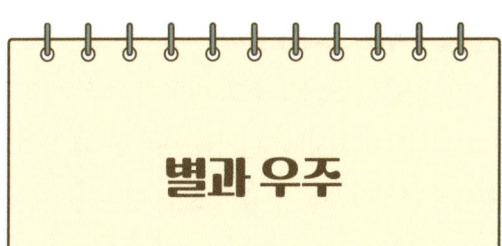

별과 우주

〈펠리세트〉에서 고양이가 우주를 다녀왔다는 사실만으로도 학생들이 호기심을 갖는다. 고양이가 어떻게 우주를 다녀오게 되었을까, 왜 갔을까 등 자신이 가진 질문들을 풀어 가는 과정을 통해 우주 탐사에 관심을 갖게 되고, 우주 탐사가 이루어지기 위해서는 과학적 지식이 필요함을 자연스럽게 깨닫게 된다. 우주 탐사 과정과 우주 탐사의 유용성을 알아보고, 우주 탐사 과정에 참여한 동물들에 대해서도 생각해 본다.

그림책 소개

펠리세트 (엘리사베타 쿠르첼 글, 안나 레스미니 그림 | 여유당)
1960년대 우주 개발 경쟁이 한창일 때, 길고양이 펠리세트는 머리에 정보를 기록할 기계를 심은 후 여러 훈련을 거쳐 우주로 보내졌다가 돌아온다. 이후 인간이 달에 가게 되면서 기억 속에 묻혀 버린 펠리세트 이야기를 관찰자의 시점으로 들려준다.

1차시 동물을 우주로 보내야 할까?

먼저 그림책 〈펠리세트〉를 읽어 주고, 마음에 와 닿는 장면을 골라 이유를 적게 한다. 그림책을 읽고 뒤 면지를 보여 줄 때 특히 학생들이 질문을 많이 했는데, 뒤 면지에는 동물이 타고 있는 우주선에 연도와 동물 이름이 함께 쓰여 있다. 학생들은 '이렇게 많은 동물들이 다 우주에 보내진 것이 진짜인가요? 여기 보내진 동물들이 다 살아 돌아왔나요? 우주에 간 동물들은 무엇을 했나요? 동물들을 우주로 보내기 위해서는 어떤 것들이 필요한가요? 동물들을 꼭 우주로 보내야 하나요?' 등의 질문을 하였다.

관심을 보이는 학생들에게 '동물을 우주로 보내는 것에 찬성하는가, 반대하는가'를 묻는다. 질문에 대해 자신의 의견을 선택하고, 그 이유를 생각해 보면서 자신의 주장에 대한 근거를 찾아보는 연습을 할 수 있다.

학생들과 다음 질문에 대해 좀 더 이야기를 나눈다. 이후 교과서를 바탕으로 우주 탐사의 성과를 조사하고, 조사한 결과를 바탕으로 우주 탐사의 의의와 인류에 미치는 영향을 알아본다.

생각해 보기

1. 사람과 동물의 생명은 똑같은 것일까?
2. 우주 탐사를 꼭 해야만 하는가?
3. 우주 탐사를 해서 우리가 얻는 이익은 무엇일까?
4. 우주 탐사에 돈이 많이 든다고 하는데, 비용만큼의 가치가 있을까?
5. 꼭 동물을 보내야만 과학적인 성과를 얻을 수 있는 걸까?

찬성	찬성	2. 찬성 그래도 사람보단 동물이 가는
동물들을 먼저 우주에 보내는 것을 찬성합니다	사람을 먼저 보냈다가 돌아오지 않으면 그거는 그거대로 엄청 난리가 나기 때문이다	게 좋다고 생각한다 사람또한 생명이니 동물도 생명이라는 말은 하지않았으면 좋겠다
우주에 무엇이 있을 지 확실치 않기에 사람이 가기엔 위험 할 수 있다		
2. 찬성한다. 왜냐하면 동물이 가지 않는다면 사람이 가야하는데 그러면 더 많은 비용이 들 것 같기 때문이다.	2. 나는 반대한다. 그이유는 아무 잘 못없는 동물들을 실험을 하는것이 나쁘다고 생각하기 때문이다.	2동물을 보내는것에 반대한다 왜냐하면 동물도 하나의 중요한 생명이기 때문이다
2.반대한다. 고양이든 개든 인간과 같은 하나의 생명인데 그것을 인간이 멋대로 하면 생명의 존엄성이 침해받는다고 생각하기 때문이다	동불을 먼저 우주에 보내는걸 반대한다	동물을 우주로 보내는 것에 반대한다. 동물은 스스로 선택할 수 없지만 사람은 자신의 의사를 표현하고 선택할 수 있기 때문이다.
	왜냐면 인간의 우주 경쟁 때문에 동물이 사용 되는건 너무 동물들이 불상하다	
반대	반대	2. 반대
인간을 검증되지 않은 곳에 보내는 것은 좋지 않겠지만 동물을 먼저 보내는 것도 똑같다고 생각한다. 인간이나 동물은 모두 생명이므로 보내는 것이 좋지 않다고 생각한다.	앞으로 고양이가 우주에 갈게 아니고 사람이 가게될텐데 사람이 먼저 가봐야한다고 생각하고, 고양이를 실험대상으로 쓴다는것 자체가 생명존중을 어기고 있는 행동이라고 생각하기 때문	왜냐하면 인간들이 우주를 갔다오는 것도 위험하고 불안한데, 동물들을 보내면 인간은 동물이 어떻게되든 죽으면 그만 살아 돌아오면 좋은 것 이라고 생각해(아닐 수도 있음) 동물들이 불쌍하기 때문이다.

함께 활용하면 좋은 그림책

◆ 밤하늘을 수놓은 약속(제레미 드칼프 글·그림 | 재능교육)

◆ 나는 화성 탐사 로봇 오퍼튜니티입니다(이현 글, 최경식 그림 | 만만한책방)

◆ 우주 택배(이수현 글·그림 | 시공주니어)

◆ 궁금한 우주 정거장(캐런 브라운 글, 비 존슨 그림 | 사파리)

◆ 우리는 우주 어디쯤 있을까?(제이슨 친 글·그림 | 봄의정원)

◆ 시간 여행(하이로 부이트라고 글, 라파엘 요크텡 그림 | 보물창고)

◆ 우주로 나가 지구를 돌아본다면(올리버 제퍼스 글·그림 | 주니어김영사)

◆ 외톨이(스콧 스튜어트 글·그림 | 봄나무)

◆ 무엇이 반짝일까?(곽민수 글·그림 | 숨쉬는책공장)

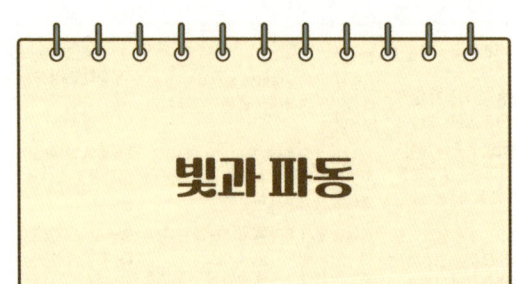

빛과 파동

과학에서 '본다'는 것은 감각 기관인 눈을 통해 들어온 빛을 뇌의 시각 중추가 반응하여 인식하는 것을 말한다. 우리가 무언가를 보기 위해서는 빛이 필요하다. 보이지 않던 글자에 빛을 비추면 볼 수 있게 되는데, 그 이유를 빛의 경로와 관련하여 설명해 본다. 그림책 〈빛을 비추면〉을 통해 과학적 원리가 예술 작품에 어떻게 녹아 있는지 이해하고 자신을 위한 작품을 만들어 본다.

> **그림책 소개**
>
> **빛을 비추면** (김윤정 글, 최덕규 그림 | 윤에디션)
> 한 장 한 장 그림의 뒷면에 불빛을 비추면 보이지 않던 그림이 존재를 드러낸다. 외로워 보이는 집에 따뜻한 저녁 풍경이, 홀로 있는 사람에게 함께하는 사람들이 나타난다.

1차시 과학 개념 탐구하기

그림책을 읽기에 앞서, '빛'과 '보이는 것'은 어떤 관련이 있는지 학생들과 대화를 나눈다.

교사 여러분이 앉은 자리에서 선생님을 보지 않으려면 어떻게 해야 할까요?

학생들 눈을 감아요, 뒤돌아 앉아요, 엎드려요.

교사 여러분이 제시한 다양한 방법들의 공통점은 무엇일까요?

학생 눈에 선생님의 모습이 비치지 않아요.

교사 눈에 선생님의 모습이 비치도록 눈은 어떤 기능을 하는 걸까요?

학생 빛을 받아들여요.

교사 선생님은 빛을 내지 않는데, 어떻게 빛을 받아들일까요?

학생 주변에 빛이 있어야 해요.

교사 맞아요. 주변에 스스로 빛을 내는 광원이 있으면 물체가 그 빛을 반사해요. 그렇다면 보기 위해서는 어떤 조건들이 필요할까요?

학생들 광원이 있어야 해요, 빛이 눈에 들어와야 해요.

교사 네, 광원에서 나온 빛이 물체에 반사해서 우리 눈에 들어올 때 보이는 거예요. 활동지에 단어를 적어 보세요. 글자가 보이는 이유는 무엇일까요?

학생 글자의 빛이 우리 눈에 들어오기 때문이에요.

교사 종이를 접어 쓴 글씨를 덮으면 우리 눈에 보이나요? 잘 보이지 않지요. 어떻게 하면 덮은 종이를 펼치지 않고 볼 수 있을까요?

과학 199

학생들이 방법을 찾아보게 하고, 대답하는 학생이 있으면 직접 그렇게 해보도록 한다. 학생들이 방법을 못 찾으면 교실의 형광등을 향해 종이를 들어 보게 한다. 그러면 보이지 않던 글자가 보이게 된다. 왜 그럴까 이야기를 나누어, 형광등에 비추지 않을 때는 글자가 반사한 빛이 우리 눈에 들어오지 않다가 형광등에 비출 때는 글자가 반사한 빛이 우리 눈에 들어온다는 것을 발견하도록 한다. 우리가 볼 수 있게 하는 빛의 경로(광원의 빛 - 물체 - 물체가 반사한 빛 - 우리 눈)를 활동지에 표시하도록 한다.

2차시 책 읽고 작품 만들기

그림책 〈빛을 비추면〉을 읽어 준다. 앞의 활동을 통하여 알게 된 과학적 원리를 활용하여 그림책의 저자처럼 예술 작품을 만들 수 있음을 알려 주고 방법을 안내한다.

먼저, 작품의 주제를 정하기 위해 현재 내가 필요로 하는 것, 나의 바람을 생각해 보고 활동지에 적는다. 적은 내용을 바탕으로 나의 현재 모습을 활동지 앞면 칸에, 내가 바라는 모습을 뒷면 칸에 스케치한다.

학생들에게 가로로 길게 반으로 자른 A4 용지를 나누어 준다. 이때 일반적인 A4 용지를 사용해도 되지만, 뒷면의 그림을 진하게 그릴 경우 불빛 없이도 뒷면의 그림이 비칠 수 있으므로 조금 두꺼운 용지를 사용하면 좋다. 종이를 반으로 접어 가로가 긴 카드 형태가 되도록 한 후 카드의 표지에 해당하는 면에 앞면의 스케치 그림을 그리고, 접은 안쪽 면에 뒷면의 스케치 그림을 그리도록 한다. 학생들이 앞면의 그림과 뒷면의 그림의 위치를 맞춰 그리는 것을 어려워할 수 있으므로, 연필로 밑그림을 그린 후 교실 형광등에 비추어 보면서 위치를 조정하도록 한다. 밑

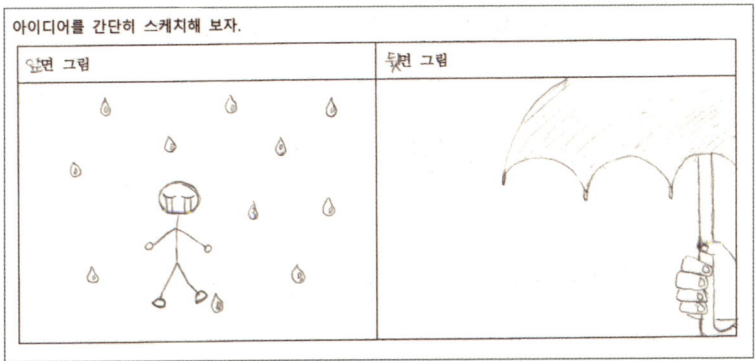

완성 작품 표지

빛을 비출 때

 그림이 완성되면 사인펜이나 플러스펜으로 테두리를 그리고 필요한 부분에 색칠하도록 한다. 앞면은 색이 보이지만, 뒷면은 색이 보이지 않고 명암으로만 나타난다는 것을 미리 알려 준다.
 작품을 완성하고 뒤에서 빛을 비추었을 때 어떻게 보이는지를 확인한다. 모둠 안에서 각자 작품을 만든 이유를 설명하고 마무리한다.

함께 활용하면 좋은 그림책

◆ 창문을 열고 빛을 비추면(아이네 베스타드 글·그림 | 키다리)

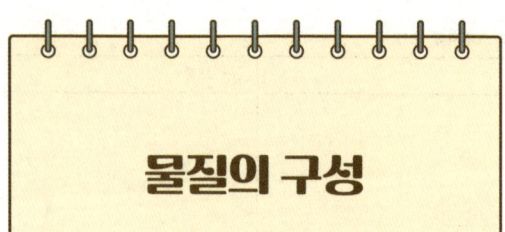

물질의 구성

　그림책을 통해 우리 주변의 모든 물질이 작은 원자로 이루어져 있음을 이해하고 원자의 구조를 알아본다. 원소를 조사하고 발표하는 활동을 하면서 다양한 원소가 존재함을 알고, 실제 생활 속에서 사용하는 물품 속에 다양한 원소가 들어 있음을 프로젝트 활동을 통해 탐구한다. 모둠 구성원들과 함께 관심 있는 물품을 분해하여 각 물질과 성분을 조사하고 원자 수준까지 찾아보는 활동을 통해 의사소통 역량, 협업 역량을 키우고, 과학적 지식이 자신의 생활과 밀접한 관계가 있음을 알게 한다.

> **그림책 소개**
>
> **말도 안 돼!** (조은수 글, 유현진 그림 | 두마리토끼책)
> 여기에도 있고, 저기에도 있고, 존재감이 느껴지지 않지만 세상 모든 것을 이루고 있는 원자와 원자 속 전자에 대해 재미있게 알려 주는 책이다.

1~2차시 과학 개념 탐구하기

먼저, 원소에 대해 조사한다. 각자 자기가 찾고 싶은 원소를 정한 후 원소 기호, 원자 번호, 원소의 쓰임새, 원소의 특징, 사진을 조사하도록 안내한다. 각자 조사한 다음 발표하도록 한다.

다음으로, 원자의 구조를 모형으로 나타내 본다. 원자는 원자핵과 전자로 구성되어 있고, 원자 질량의 대부분을 원자핵이 차지하고 있어 전자가 매우 자유롭게 움직이고 있음을 이해하도록 한다. 또한 원자핵의 전하량과 전자의 전하량이 같음을 이해하고 모형으로 나타내도록 한다.

그림책을 읽으면서 그림책 장면에 들어 있는 과학 개념에 대해 학생들이 생각해 볼 수 있도록 다음과 같이 교사가 질문한다.

생각해 보기

1. 이 세상에 어떤 원소들이 존재할까?
2. 여기에도 있고 저기에도 있고 어디에나 있는 것은 무엇일까?
   어디에나 있지만 눈에 안 보이는 이유는 무엇일까?
3. 원소와 원자는 무엇이 다른가?

4. 원자는 무엇으로 구성되어 있나?
5. 원자, 원자핵, 전자는 전기적으로 어떤 성질을 지니나?
   원자는 앞으로도 정말 죽지 않을까?
6. 가만히 있어도 쏜살같이 움직이는 것은 무엇일까?(책에서는 원자, 전자 등의 개념이 섞여 있어서 구분하는 질문을 하였다.)
7. 한 번 폭발하면 지구도 날려 버리는 것이 가능할까? 그 이유는?
8. '촘촘해 보여도 띄엄띄엄하다는 것, 꽉 차 보여도 텅 비어 있다'는 건 무엇을 말하는 걸까?
9. 먼지의 그림은 무엇을 나타낸 것일까?
10. 나에게 말도 안 된다고 생각하는 부분, 신비하거나 놀라운 것이 있다면?

3~6차시 생활 속 원소 찾기 프로젝트 수행 평가

반의 특성을 고려하여 자유롭게 또는 관심 분야에 따라 3~4명으로 모둠을 구성한다. 모둠별로 관심 있는 물품들을 이야기하며 음식, 학용품, 전자 기기, 인체 등 조사 주제를 선정한다. 모둠 주제 안에서 자신이 관심 있는 물품을 정하고, 자료를 조사한 후 개별 보고서를 작성한다. 수업에서는 오일 파스타, 치즈 피자, 초콜릿, 아이스크림, 연필, 포스트잇, 핸드폰, 가죽 자켓, 인체의 눈 등 여러 관심 분야의 물건 등을 조사하였다. 연필과 포스트잇은 구성 재료가 간단하여 성분과 성분 속 원소를 찾기가 쉽고, 음식은 성분은 복잡하지만 검색했을 때 정보를 구하기가 쉽다. 컴퓨터나 인체는 구성 성분들이 어려운 용어가 많으므로 교사가 도움을 주었다.

개별 보고서를 완료하면 모둠 계획서를 작성한다. 모둠 계획서를 작성하면서 조사 물품을 정하고 내용을 보완하면서 프레젠테이션 각 페이지를 구성할 담당 학생을 정한다. 이때 교사가 점검하여 부족한 부분을 보완하도록 해야 프레젠테이션 제작을 수월하게 할 수 있다. 구글 슬라이드를 이용한 프레젠테이션 형식을 간단히 제공하고, 이를 변형하거나 새롭게 창작하여 프레젠테이션을 제작하도록 한다. 구글 슬라이드에 동시에 접속하여 의사소통을 하면서 협동하여 작품을 완성한다.

모둠별로 발표 후 구글 설문지를 이용하여 자기 평가와 동료 평가를 하도록 한다. 자기 평가는 자신이 한 일을 쓰고 참여도를 점수로 표현한다. 동료 평가는 모둠 구성원들에 대해 상, 중, 하로 평가하고 이유를 적는다. 모둠 간에는 가장 높은 점수를 주고 싶은 모둠과 그 이유를 적게 한다.

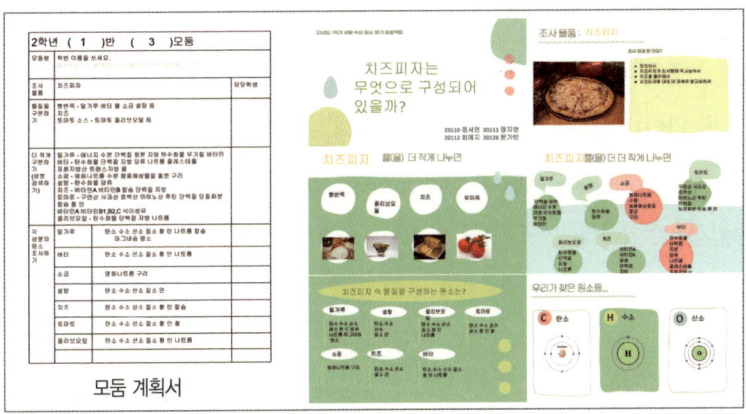

함께 활용하면 좋은 그림책

◆ 신통방통 원자, 세상에서 가장 작은 내 친구(존 디볼 글·그림 | 상수리)

동물과 에너지

순환계의 중심이 되는 심장은 생명과 직접 연결되는 장기로, 긴장이 될 때 더 빨리 뛰는 등 사람의 마음과도 밀접하게 연결되어 있다. 심장의 구조와 기능을 알아보고, 심장이 보내고 받아들이는 혈액의 순환 경로를 나타내 보면서 순환계 전체에 대해 이해한다. 또 심장이 우리의 생활, 우리의 마음과 어떤 관련이 있는지 그림책을 통해 인문학적 접근을 해보는 수업이다.

그림책 소개

네 심장에 행복이 살고 있어
(라인하르트 프리들 글, 마리아 오버 그림 | 여유당)

심장외과 전문의인 작가가 쓴 책으로 심장에 귀 기울이는 법을 일찍부터 배우는 것이 아주 중요하다고 생각해 쓴 책이다. 장면마다 일상의 일들을 심장의 목소리로 이야기해 준다.

1차시 심장의 역할 생각해 보기

심장의 구조와 작용에 대해 배운 후 모둠별로 그림책을 나누어 주고 읽는다. 그림책에서 인상 깊은 문장을 고르고 이유를 말해 본다. 다시 책을 자세히 읽으며, 각자 2개씩 질문을 만든다.

질문 예

심장은 왜 쿵쾅쿵쾅 떨까? / 사랑이란 무엇일까? / 여자아이에게 심장은 어떤 존재일까? / 심장에게 물어보면 정말 답을 얻을 수 있을까? / 심장을 새로 표현한 이유는? / 심장이 가장 잘 느끼는 건 왜 사랑일까? / 심장에서 사랑이 어떻게 우러나올까? / 많은 장기 중에서 왜 심장인가? / 여자아이는 왜 계속 새를 가지고 다닐까? / 주인공이 생각하는 심장의 의미는 무엇일까? / 심장은 근육인데 어떻게 감사와 사랑이 나올 수 있을까? / 심장의 목소리를 어떻게 들을 수 있을까? / 작가는 왜 사랑을 강조할까?

개인 질문 중 1개를 골라 모둠 활동지에 적고, 4개의 개인 질문 중 모둠 내에서 투표를 진행하여 모둠의 질문을 정한다. 선정된 모둠 질문은 칠판에 적는다. 전체 학생들이 각각 맘에 드는 모둠 질문에 별 모양 투표를 하고, 가장 많은 별을 받은 질문을 학급 질문으로 정한다.

모둠 질문 예

1모둠 심장을 잊으면 왜 겁에 질려 못되고 싸늘해질까요?
2모둠 여자아이에게 심장이란 무엇일까요?
3모둠 왜 심장을 새로 표현했을까요?

4모둠 심장에서 사랑이 어떻게 우러나나요?
5모둠 심장이 가장 잘 느끼는 건 왜 사랑일까요?
6모둠 아이가 친구랑 찍은 사진을 찢었는데 그때 아이의 마음은?

수업에서는 '심장에서 가장 잘 느끼는 건 왜 사랑일까요?'가 학급 질문으로 선정되어, 학급 질문에 대해 어떻게 생각하는지 돌아가면서 발표를 하였다.

학급 질문에 대한 답변 예
심장의 생김새가 사랑을 나타내는 하트 모양과 비슷해서 / 사랑이 가장 흔한 감정이라서 / 사랑을 느낄 때 심장이 평소보다 더 빨리 뛰어서 / 심장은 우리 몸에서 가장 중요하니까 / 좋아하는 사람을 보면 아드레날린이 분비되어서 / 다른 어떤 감정보다 사랑이 가장 강력하기 때문에 / 누군가를 좋아할 때 심장이 빨리 뛰어서 / 사랑이 가장 끌리는 감정이기 때문에 / 심장이 영어로 'heart'라서

2차시 **순환계를 비주얼 씽킹으로 나타내기**
심장에 대한 학생들의 관심을 충분히 일으킨 다음, 심장을 포함한 순환계를 비주얼 씽킹으로 나타내는 활동을 한다. 먼저, 교과서를 보면서 심장의 구조와 혈액 순환의 경로를 활동지에 정리하도록 한다. 활동지에 정리한 내용을 바탕으로 혈액 순환의 경로를 이해하기 쉽게 글과 그림으로 나타내도록 한다. 이때 혈액 순환 흐름의 방향과 혈관의 이름, 심장의 구조와 두 가지 순환의 이름과 기능, 물질의 교환이 잘 나타나도록 할 것을 안내한다.

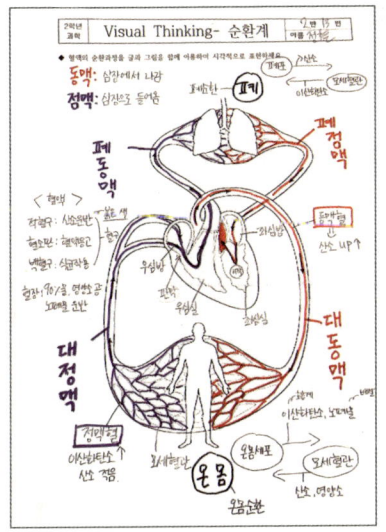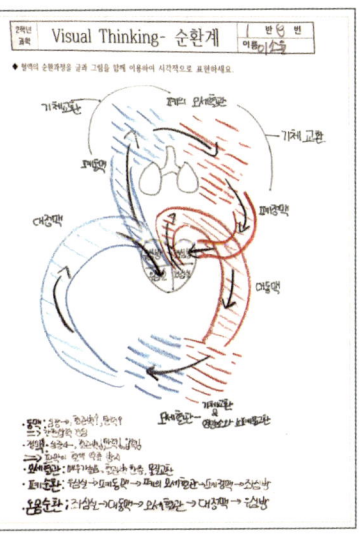

함께 활용하면 좋은 그림책

◆ 심장이 두 개인 개미핥기(앰벌린 콰이물리나, 에제키엘 콰이물리나 글·그림 | 여유당)

◆ 심장 소리(정진호 글·그림 | 위즈덤하우스)

◆ 심장도둑(사이다 글·그림 | 사계절)

생물의 다양성

그림책을 통해 멸종 위기 동물의 현주소를 알아보고, 생물이 멸종되는 이유와 멸종이 생태계에 미치는 영향을 살펴보는 수업을 진행해 본다. 생물의 다양성을 보전하는 것이 중요함을 이해하고, 생물 다양성 유지를 위해 개인, 단체, 나라, 세계적으로 어떤 활동들을 하고 있는지 조사한다.

그림책 소개

그림자의 섬
(다비드 칼리 글, 클라우디아 팔마루치 그림 | 웅진주니어)
악몽을 치료하는 왈라비 박사에게 늑대가 찾아와 꿈 이야기를 한다. 텅 비고 공허한 꿈에 대해 왈라비 박사는 늑대가 멸종되었다는 진단을 내린다. 면지에 그려진 동물의 초상을 통해 사라져 간 동물들을 만날 수 있다.

1차시 그림책에 대해 이야기 나누기

〈그림자의 섬〉 책을 같이 읽고 전체적으로 이야기를 나눈다. 표지를 보면서 어떤 느낌이 드는지 가볍게 이야기를 나누고, 자주 꾸는 악몽이나 꿈이 있는지 등을 질문한다. 수업에서 학생들은 귀신이나 좀비에게 쫓긴다거나, 수학 선생님, 치과 의사, 그림자 등에 쫓기는 등 주로 쫓기는 꿈을 많이 꾼다고 대답하였다. 그 외에도 절벽에서 떨어지는 꿈, 어딘가에 갇히는 꿈, 가족이 감염되는 꿈, 엄마에게 혼나는 꿈, 흑백이 왔다 갔다 하는 꿈 등을 들을 수 있었다.

왈라비 박사를 찾아온 늑대의 이야기를 듣고 "늑대가 꾼 악몽은 어떤 꿈일까? 너희가 왈라비 박사가 되어 해석해 본다면?" 하고 물으니, 학생들은 '꿈을 꾸지 않고 깊은 잠을 자는 것이다, 늑대가 외롭고 슬프다는 것을 느끼게 해 주는 꿈이다, 어둠에 사로잡혀 가는 꿈이다, 힘든 상태임을 알려 주는 꿈이다, 그냥 자는 것인데 꿈을 꾸는 것으로 착각한 것이다, 늑대 같은 종에게 무슨 일이 생긴 게 아닌 가 싶다' 같은 다양한 대답이 나왔다.

그림책에 다양한 이미지와 작가의 기발한 아이디어가 들어 있어서인지 학생들의 이야기가 매우 활발하게 오갔다. 질문 만들기 활동을 할 때도 짧은 시간 동안 많은 질문을 만들었는데, '작가가 말하고 싶은 것은 무엇일까' 물어보지 않아도 학생들이 책을 읽고 멸종된 동물에 대한 자신들의 생각을 이야기했다. 책이 복잡하고 어려워 보였는데, 오히려 학생들은 더 흥미를 보이며 그림책을 적극 해석하고 다양한 생각들을 떠올렸.

책 속에 등장하는 태즈매니아주머니늑대뿐 아니라, 뒤쪽에 등장하는 멸종 위기 동물들과 면지에 등장하는 이미 멸종된 동물들에 대해서도 이야기를 나누면 좋을 것이다.

그림책 소개

멸종하게 내버려 두면 안 돼
(첼시 클린턴 글, 지안나 마리노 그림 | 보물창고)

멸종 위기에 처한 수많은 생물 중 우리와 친숙한 열두 마리의 동물 이야기가 나온다. 멸종 위기 단계에 대한 이해를 쉽게 할 수 있다.

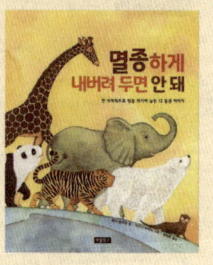

2~3차시 멸종 위기 동물 알리기

〈멸종하게 내버려 두면 안 돼〉는 정보를 알려 주는 책으로 모둠에서 같이 읽는다. 책에 멸종 위기 동물을 연구하는 환경 보호 활동가들이 나눈 등급이 나오는데, 멸종 위기 가능성이 낮은 종부터 '취약하지 않음 – 취약에 근접 – 취약 – 멸종 위기 – 멸종 위급 – 야생에서 멸종 – 멸종'으로 위급한 정도에 따라 등급이 나뉜다. 각 단계에 대한 설명을 읽어 보게 한 후 멸종 위기 등급에 관한 간단한 퀴즈를 푼다.

퀴즈 예

1. 격리 보호 속에서만 살아 있는 동물의 등급은?
2. 총 개체 수가 2,500마리가 안 되어, 조치 없이는 20년 이내에 야생에서 멸종해 버릴 수 있는 동물의 등급은?
3. 멸종 위급 등급은 총 개체 수가 몇 마리가 안 되어, 아무 조치 없이 10년 이내에 야생에서 멸종해 버릴 수 있는 동물인가?
4. 취약 등급은 총 개체 수가 10,000마리가 안 되어, 몇 년 이내에 야생에서 멸종해 버릴 수 있는 동물인가?
5. 멸종 위기 동물을 나누는 등급을 차례로 말해 본다면?

책에 나오는 멸종 위기에 처한 동물 중 하나를 선택하고, 책의 내용을 재구성하여 멸종 위기 동물을 알리는 포스터를 만든다. 다 만들면 모둠에서 돌아가면서 자신이 만든 포스터를 들고 멸종 위기 동물의 서식지, 특징, 멸종 위기 등급, 멸종 위기에 처하게 된 원인에 대해 소개한다.

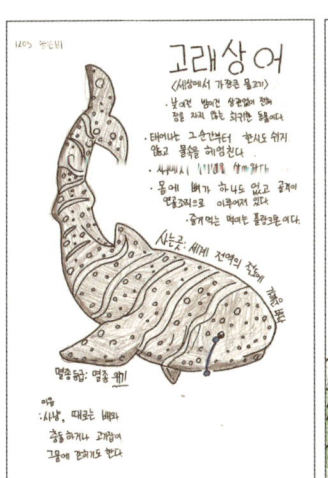 

활동을 하면서 학생들은 멸종 위기 동물마다 멸종에 근접한 정도가 다르다는 것을 배우게 된다. 또 우리가 동물원에서 쉽게 볼 수 있는 기린, 코끼리, 사자, 고릴라, 팬더 등이 멸종 위기에 있는 동물이라는 것도 알게 된다. 작품을 만드는 데 많은 시간을 들이기보다는 소개하는 활동에 초점을 두고 수업을 진행한다. 활동을 하는 동안 학생들은 동물들의 생태에 무척 신기해하면서 머지않아 조사한 동물들을 볼 수 없게 되는 것은 아닐까 걱정하였다. 자신이 만든 포스터나 반 친구들이 만든 포스터를 각자의 소셜 미디어를 통해 알리게 하면 학생들의 활동이 더욱 의미 있을 것이다.

그림책 소개

상어가 사라진다면 (릴리 윌리엄스 글·그림 | 나무야)
상어가 사라진다면 어떻게 될지 이야기를 통해 생태계가 모두 연결되어 있고, 생태계의 평형을 유지하기 위해서는 생물 다양성을 보전해야 한다는 것을 알게 된다.

4차시 상어가 사라진다면 어떻게 될지 이야기 나누기

〈상어가 사라진다면〉 책을 한 장면 한 장면 같이 읽으며 학생들에게 질문을 하고 질문을 받으면서 수업을 진행한다. 교사가 답을 말해 주기보다 질문을 통해 학생들이 스스로 답을 찾아가도록 한다.

먼저, 면지를 보며 상어의 종류에 대해 살펴본다. 상어의 특징들을 이야기 나누며 우리가 상어를 무섭게 생각하는 이유가 무엇일까를 생각해 본다. 또 상어는 부레가 없는데 어떻게 생활할까 유추해 보도록 한다.

먹이사슬 장면에서는 먹이사슬, 최상위 포식자, 먹이그물 등의 개념을 탐구할 수 있도록 '크기가 순서대로 나타나 있네, 무엇을 나타낸 것일까? 먹이사슬은 무엇일까? 최상위 포식자는 무엇일까?' 등을 질문한다.

그림을 통해 상어가 사라진다면 어떻게 되는지 살펴보고 학생들에게 말로 표현해 보도록 한다. 친구들의 의견을 들으며, 한 생물이 사라지는 것이 연쇄적으로 다른 생물들에게 영향을 주게 되고 우리 모두가 연결되어 있음을 깨달을 수 있다. 책을 다 읽은 후 느낀 점과 생각을 나누고 상어가 사라지지 않게 하려면 어떤 행동을 할 수 있는지 토의한다.

> **그림책 소개**
>
> **그린(Green) : 숲 이야기** (스테판 키엘 글·그림 | 라임)
> 사람이 살 곳을 찾아 숲으로 오고, 초록 숲에 사람이 살면서 숲에 살던 동물들이 떠나게 되는 이야기를 강렬한 색채의 그림으로 만날 수 있다.

5차시 모둠 토의하기

모둠에서 〈그린(Green) : 숲 이야기〉 책을 읽고, 개인별로 질문을 5개씩 만든다. 별 모양 투표로 모둠의 질문을 2개 정하고 활동지에 적는다.

모둠 질문 예

1모둠 왕은 왜 사라졌을까? / 숲의 주인이 누구라고 생각하는가?

2모둠 숲의 모습이 왜 바뀌게 되었나? / 동물들이 사라진 이유는?

3모둠 숲이 파괴된 이유는 무엇일까? / 작가가 말하고 싶은 것은 무엇일까?

4모둠 숲은 왕의 영지일까? / 왕을 만났을 때 어땠을까?

5모둠 사라진 동물들은 어떻게 되었을까? / 원숭이들은 왜 더 이상 친구가 아니었을까?

모둠 질문 2개를 활동지에 적고, 질문에 대한 나의 생각을 적은 후 모둠 구성원들이 돌아가면서 이야기한다. 모둠 구성원들의 생각을 듣고 적는다. 모둠 질문과 모둠 구성원들의 답변을 모둠별로 발표한다. 마지막으로, 그동안 생물의 다양성을 왜 보존해야 하는지에 대해 공부를 했던 내용들을 마무리하며 '생물 다양성을 보존하기 위해 사람과 동물이 같이 살아갈 수 있는 방법은?'이라는 질문을 하고 의견을 나눈다. 간혹 '같이 살 수 없다, 사람들이 살기 위해서는 어쩔 수 없다'는 의견도 나오지만 대체로 '꼭 필요한 경우가 아니면 동물들을 잡아먹지 않는다, 동물들의 서식지를 해치지 않는다, 동물들을 포획하는 사람들을 못하게 한다' 같은 의견이 많았다. 모둠 토론 이후 사회 단체, 국가 기관, 국제 기관의 생물 다양성 보존 활동 사례를 조사한다.

함께 활용하면 좋은 그림책

- 사라지는 동물 친구들(이자벨라 버넬 글·그림 | 그림책공작소)
- 곰들은 어디로 갔을까?(김지은 글·그림 | 노란상상)
- 늑대를 잡으러 간 빨간 모자(미니 그레이 글·그림 | 모래알)
- 우리 곧 사라져요(이예숙 글·그림 | 노란상상)
- 마지막 코뿔소(니콜라 데이비스 글·그림 | 행복한그림책)
- 아주아주 센 모기약이 발명된다면?(곽인수 글·그림 | 숨쉬는책공장)

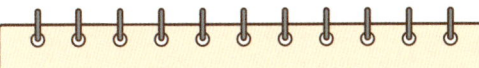

기권과 날씨

지구 온난화가 가속되면서 이상 기후 현상들이 많이 나타나고 있다. 산호의 이야기를 통해 지구의 온난화가 산호에게 어떤 영향을 미치는지 살펴본다. 또한 얼음이 사라지면서 북극곰이 굶주리고 있다는 사실은 익히 알려져 있는데, 학생들이 아는 것에 그치지 않고 행동하는 것이 중요하다는 것을 깨달아 자신부터 변화를 시도하는 동기를 갖게 되기를 바랐다.

그림책 소개

아기산호 플라눌라 (민아원 글·그림 | 봄봄)

플라눌라가 산호초가 되기까지의 과정과 산호초가 된 플라눌라들이 겪는 여러 일들이 나온다. 바다가 점점 따뜻해지면서 모두 잠이 들고, 잠들지 않은 플라눌라는 시원한 바다를 찾아 떠나는 이야기다.

> **그림책 소개**
>
> **북극곰 윈스턴, 지구 온난화에 맞서다!** (진 데이비스 오키모토 글, 예레미야 트램멜 그림 | 한울림어린이)
> 매니토바에 사는 북극곰 윈스턴은 얼음이 녹아 살 곳이 사라지는 원인이 사람들로 인해 지구가 점점 뜨거워지기 때문이라고 생각하고 친구들에게 사람들을 상대로 시위를 벌일 것을 제안한다.

1차시 〈아기산호 플라눌라〉를 읽고 토의하기

책을 읽고 각자 질문을 3가지씩 만들고, 그중 가장 궁금한 질문을 뽑아 보드에 적고 칠판에 붙인다. 반 친구들과 다 함께 질문을 분류한 후 질문을 학습지에 적고 모둠에서 답을 찾는 토의를 한다. '산호가 왜 하얗게 변하나요?'와 같이 바로 답을 찾기 어려운 질문은 검색을 해서 답을 찾는다. 산호의 백화 현상은 수온 상승으로 산호에 영양을 공급하는 미세 조류가 사라지면서 산호가 죽어 가는 모습이라고 설명해 주어도 좋다. 모둠 토의 후 배운 점, 느낀 점, 실천할 점 등을 적는다.

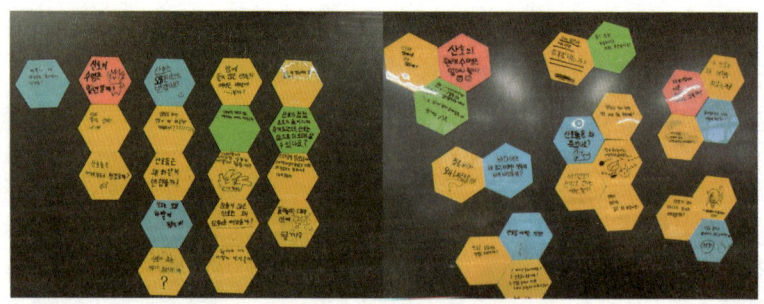

2~3차시 기후 변화에 대해 조사 및 토의하기

우리가 겪고 있는 기후 변화 현상에 대한 기사를 검색한다. 각자 검색한 내용을 한 컷의 이미지와 간략한 내용으로 구글 문서에 정리한 후 돌아가면서 발표한다. 정리할 때 글과 이미지의 출처를 밝히도록 안내한다. 기사의 내용을 자세하게 설명하기보다는 간략하게 발표하도록 하여 짧은 시간 동안 기후 변화로 인한 다양한 현상들을 알 수 있도록 한다. 이어서, 기후 변화와 관련된 다양한 주제에 대해 토의해 보는 '월드 카페 토의하기' 활동을 한다.

월드 카페 토의하기

1. 그림책 〈북극곰 윈스턴, 지구 온난화에 맞서다!〉를 읽고, 기후 변화와 관련하여 각자 질문을 만들고 모둠 질문을 선정한다.
2. 월드 카페에 대한 설명을 한 후 모둠의 호스트를 정한다. 호스트가 아닌 친구들은 활동지를 가지고 다른 모둠으로 이동한다. 10분 동안 해당 모둠의 주제에 대해 토의를 한 후 나눈 내용이나 이야기하며 든 생각을 적는다.
3. 다시 다른 모둠으로 이동하여 10분 동안 다른 주제로 토의한다. 같은 모둠에서 이야기한 친구들은 서로 다른 모둠으로 이동하도록 미리 안내한다. 모든 토의가 끝나면 호스트가 나눈 내용을 발표한다.

월드 카페 토의 주제 예

| 1. 지구는 왜 점점 뜨거워지는가? | 2. 이대로 지구 온난화가 계속된다면? |

| 3. 기후 변화가 일어나지 않게 하기 위해 우리는 어떻게 해야 하는가? | 4. 멸종 위기 생물을 보호하는 방법은? |

| 5. 온실 기체를 줄이기 위해서는 어떻게 해야 하는가? |

함께 활용하면 좋은 그림책

- 대머리사막(박경진 글·그림 | 미세기)
- 펭귄 365(장 뤽 프로망탈 글, 조엘 졸리베 그림 | 보림)
- 기후 위기, 지구가 아파요!(데이비드 웨스트 외 글 | 지구별어린이)
- 소고기를 덜 먹으면 북극곰을 구할 수 있다고?
  (케이티 데이니스 글, 로이진 해히시 그림 | 어스본코리아)
- 그게 나랑 무슨 상관이야!(강지영 외 글, 원은희 그림 | 책구름)
- 구름을 뚫고 나간 돼지(백명식 글·그림 | 내인생의책)
- 바다가 몰려온다(베터 베스트라 글, 마티아스 더 레이우 그림 | 페리버튼)

수권과 해수의 순환

급속한 도시화와 인구 증가, 환경 변화에 따른 가뭄, 수질 오염 등으로 세계적으로 물이 부족한 국가가 늘고 있다. 자원으로서 물의 가치를 이해하고, 물 발자국을 통해 내 생활을 돌아보고 물을 절약할 수 있는 실천 방법을 모색해 본다.

그림책 소개

맑은 하늘, 이제 그만 (이욱재 글·그림 | 노란돼지)

대한민국의 맑은이는 수단의 아리안이 물이 부족해서 겪게 되는 여러 어려움들을 TV를 통해 보게 된다. 아리안이 깨끗한 물을 먹기를 바라는 마음을 일기에 적는다.

1~2차시 물 사용에 관해 탐구하기

내가 하루 동안 사용하는 물의 양은 얼마나 될까? 학생들에게 샤워,

욕조 목욕, 변기 사용, 손 씻기, 양치질, 마시는 물 등 일상 활동에 쓰이는 물 사용량을 제시하고, 하루에 얼마나 많은 물을 사용하는지 자신의 물 사용량을 대략적으로 예측해 보게 한다. 이를 바탕으로 나의 물발자국의 크기는 얼마나 되는지 가늠해 본다.

물발자국이란 실제 우리가 사용하는 상품을 만들어 낼 때까지 소비되는 물의 총량이라는 것을 설명하고, 각 생산품의 물발자국에 대한 표를 제시한다. 물발자국은 실제 물 사용량에 생산을 위해 사용된 가상수까지 포함된 개념으로, 소고기 100g을 먹을 때 1550L, 쌀 100g을 먹을 때 230L, 커피 125mL를 마실 때 140L의 물을 사용한 셈이 된다.

자신이 주로 먹는 식단을 구성하여, 자신의 한 끼 식사에 사용되는 물발자국의 크기를 계산해 본다. 계산할 때 질량에 따라 크기가 달라짐을 유의하도록 하고, 육류 식품이 식물성 식품보다 물발자국이 큰 이유도 알아본다. 자신의 물 사용량을 가늠해 보았다면, 물을 아껴 쓰기 위한 물 절약 수칙과 문구를 제작한다. 먼저 가정에서 물을 절약하는 방법을 10가지 찾고, 모둠 안에서 돌아가면서 발표한다. 발표 내용을 들으면서 내가 찾은 물 절약 방법을 보완한다. 물 절약 수칙과 문구에 적을 내용을 활동지에 정리하고, 수칙과 문구를 붙일 장소를 정한다.

수칙은 자신과 가족이 지켰으면 하는 내용으로 자유롭게 적고, 문구는 '설거지 물은 받아서! 안 쓸 땐 잠그기!'처럼 예시를 제시해 주고 실제 물을 사용하는 곳에 붙일 수 있게 크기와 디자인을 정하도록 안내한다. 다양한 색의 A4 용지를 나눠 주어 골라서 제작하도록 하고, 물에 젖지 않게 코팅지를 양면에 붙여 완성한다. 집에 돌아가 자신이 정한 장소에 문구를 붙인 다음 인증샷을 온라인 과제방에 올리도록 한다. 2주 후 가정에서 실천한 사례들을 나누는 시간을 가진다.

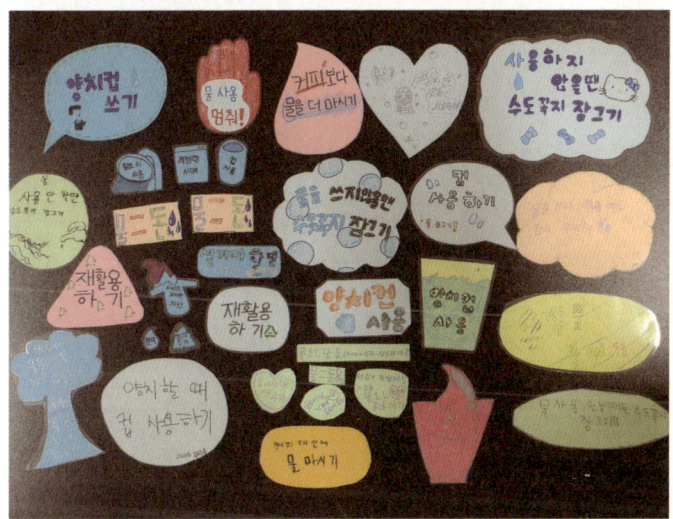

함께 활용하면 좋은 그림책

◆ 안녕, 물!(앙트아네트 포티스 글·그림 | 행복한그림책)
◆ 물의 공주(수전 베르데 글, 피터 H. 레이놀즈 그림 | 크레용하우스)
◆ 물이 돌고 돌아(미란다 폴 글, 제이슨 친 그림 | 봄의정원)

과학과 발명은 떼려야 뗄 수 없는 관계다. 평소 생활하면서 자신에게 필요한 물건이 무엇일까를 생각하고 상상력을 더한 다음 아이디어를 떠올려 보는 것이 발명의 시작이다. 그림책 속 발명품을 보면서 나 또는 누군가의 필요를 충족시킬 수 있는 참신한 발명 아이디어를 떠올려 보는 수업이다.

그림책 소개

스킹의 발명 노트 (샤샤미우 글·그림 | 킨더랜드)
소다 사막의 발명가 도마뱀 스킹의 발명품이 소개된다. 발명품을 만들게 된 동기, 발명품의 제작 과정과 사용 방법 등이 나온다.

1차시 **발명품 제안하기**

그림책 속의 발명품을 보고, 선생님들을 위해 발명하고 싶은 것을 떠올리게 한다. 포스트잇에 자신의 아이디어를 정리하고, 발명한 제품을 드리고 싶은 선생님을 정해 그 이유도 함께 적는다. 짧은 시간에 발명 아이디어를 내기 어려워하는 학생들은 책에 있는 발명품을 응용하도록 한다. 포스트잇을 모아 A4 종이에 붙인 후 선생님들께 배달한다.

학생들이 발명 아이디어를 쓰면서 무척 재미있어했을 뿐 아니라, 받은 선생님들도 뭉클해하며 고마워했다. 학년 말에 이 활동을 해서 과학 내용과 연관하여 발명품을 제작하는 활동까지 이어 가지는 못했지만, 어떤 단원이든 주제에 맞는 발명 아이디어를 얻는 데 도움이 될 것이다.

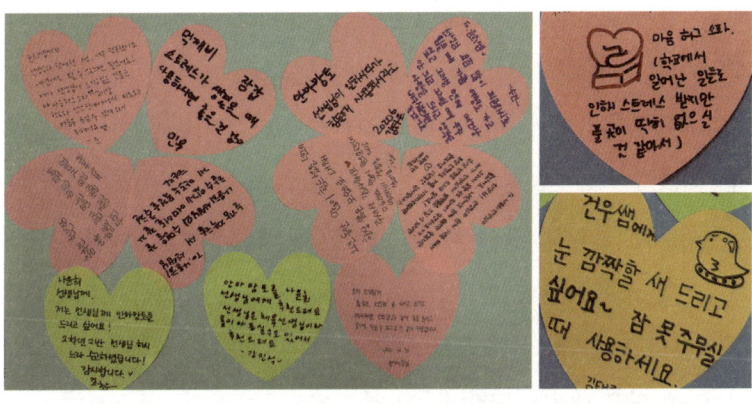

함께 활용하면 좋은 그림책

- 만들기는 어려워(애슐리 스파이어스 글·그림 | 미디어창비)
- 발명가 로지의 빛나는 실패작(안드레아 비티 글, 데이비드 로버츠 그림 | 천개의바람)
- 발명가의 비밀(수잔 슬레이드 글, 제니퍼 블랙 라인하트 그림 | 위즈덤하우스)
- 뒤죽박죽 발명왕(팀 흘라디네스 글, 도에스카 브람라허 그림 | 한우리북스)

그림책 수업을 시작할 때는 학생들이 유치하다고 여기지는 않을까 걱정을 했는데, 실제로 수업을 해보니 학생들 모두가 즐겁게 참여했다. 교과서로 하는 수업이 아니라서 그런지 오히려 더 반기는 기색이었다. 주제가 다소 무거울 때도 학생들이 자연스럽게 받아들였고, 그림책 자체에 호기심을 보이기도 했다. 그림책을 읽고 이야기를 나눌 때 학생들이 집중하고 몰입하는 모습을 보며 그림책의 영향력이 얼마나 큰지를 느낄 수 있었다.

수업에 활용할 적절한 그림책을 고르는 일은 늘 고민이다. 그림책에 들어 있는 많은 요소들이 과학 수업과 동떨어지지는 않을까 염려되기 때문이다. 그래도 계속 시도해 보고 싶다. 그림책을 볼 때 느껴지는 흥미와 호기심, 그림책 자체의 예술성을 학생들과 나누고 싶기 때문이다. 또 그림책으로 아이들 한 명 한 명의 삶과 연결된 생각들을 만나고 싶기 때문이다.

학생들이 그림책을 통해 과학과 연관된 현상과 과학 개념에 호기심을 가지기를 바란다. 과학 수업이 삶과 동떨어진 이론, 시험에 나오는 지식만 공부하는 시간이 아니라 삶의 여러 영역에 영향을 미치는 살아 있는 지식과 역량을 배우는 시간이라는 것을 학생들이 느꼈으면 좋겠다.

그림책 수업을 하면서 다른 교과와 융합 수업을 하면 더욱 의미 있을 것이라는 생각이 든다. 그림책 속의 글은 국어, 그림은 미술과 연관이 깊고, 그림책의 내용은 도덕, 사회, 역사, 철학, 수학 등을 아우른다. 또 그림책은 글과 그림, 구성, 판형, 그 이상의 여러 가지가 들어 있는 종합 예술이다. 수업을 어떻게 디자인하느냐에 따라 이런 예술적 요소들이 들어 있는 수업이 될 수 있다.

도덕

강요하지 않는 그림책이 교사의 이야기를 대신한다

　21세기에 올바른 가치관과 신념을 가르치는 도덕 교육을 하기란 쉽지 않다. "우리 엄마가 그렇게 살지 말라고 했어요" 하며 딴지를 거는 학생들을 곧잘 만나곤 하기 때문이다. 게다가 도덕 교육의 핵심인 공감을 불러오는 영상 자료는 초등 시절이나 다른 교과 시간에 이미 본 적이 있으니 학생들에게 전혀 동기 부여가 되지 않는다. 누구나 언제 어디서나 접근이 가능한 미디어가 발달한 지금, 감동적인 영상이나 다큐멘터리, 뉴스거리는 교사만이 다룰 수 있는 전문적인 영역이 되지도 않는다.

　그러니 어떻게 도덕 교육을 할 것인지가 최대의 고민이고 숙제다. "그래 너의 생각은 어떠니?" 다짜고짜로 묻기도 난감하고, 많은 생각과 배움을 가져오는 책을 읽고 생각을 나누자니 책의 두께가 부담스럽다. 교과서만으로 학생들의 생각을 물으면 일관되고 반복되는 도덕 교과서의 뻔한 이야기에 '당연한 것 아니야!', '물론 그래야지!' 하고 오히려 학생들에게 반감을 일으킨다. 배우는 지식 따로, 살아가는 방식 따로인 시대에 도덕 교육은 무용지물이 되어 버린다.

그런데 그림책은 원래 그렇다고, 당연히 그래야 한다고 강요하지 않는 스토리와 그림이 함께 전개되며 내가 하고 싶은 이야기를 대신해 준다. 생각할 거리가 많은 그림책을 찾기 시작하니 청소년들이 보고 생각할 수 있는 좋은 그림책이 널려 있었는데, 수업에서 처음으로 그림책의 힘을 제대로 느낄 수 있었던 책이 〈종이 봉지 공주〉다.

'진정한 아름다움'이란 소단원에서 내가 의도한 대로 진정한 아름다움에 관한 이야기, 나아가 성형 문제, 외모 지상주의 등 아주 많은 이야기를 나눌 수 있었다. 늘 왕자가 공주를 구하는 뻔한 이야기가 아니라 공주가 왕자를 구하는 장면에서 성평등을, 공주의 말에 숲 50군데, 100군데를 순식간에 태워 버린 용의 이야기로 환경 문제를 파고드는 학생들을 보며 그림책이 주는 힘을 느꼈다.

문제는 그다음이었다. 그림책으로 주도적인 수업 참여를 하는 학생들 때문에 오히려 교사인 내가 고민에 빠지고 말았다. 숲을 태운 것이 공주의 잘못인지 용의 잘못인지를 따지는 장면에서 학생들은 '비도덕적인 명령을 내리는 상사를 따르는 것은 옳은가'라는 토론 논제를 만들고, 맹렬한 논쟁을 벌였다. 안타깝게도 현실적인 이익을 운운하며 비도덕적인 명령을 따르겠다는 학생들이 꽤 많았다. 도덕 교사로서 나를 무력하게 했던 교과서 내용과 현재 삶의 괴리를 제대로 보여 주는 수업 결과였다.

몇 날 며칠 찜찜하고 잠도 오지 않았다. 다시 이어지는 수업을 계획했다. '아이히만의 선택은 옳다'는 논제로 다시 논쟁을 시작했다. 그렇게 다시 많은 수업 자료와 이야기로 수업을 마무리하면서 '물론 삶은 너희의 선택이지만, 정의로운 선택을 하는 사람들에 의해 역사는 변화하고 발전하는 것이다'라고 마무리하고 나니 마음이 좀 편안해졌다. 만약 나에게 그림책 〈종이 봉지 공주〉가 없었다면 오랫동안 도덕 교사를 해오면서 느꼈던 고민을 학생들과 함께 나눌 기회조차 얻지 못했을 것이다.

그림책은 꽤 멋진 도덕 수업의 도구다. 그림의 서사, 그리고 뭔가 절제된 듯 많지 않은 텍스트가 학생들의 창의성을 더 자극한다. 교사인 나는 오늘 이 주제로 이 책을 가지고 들어가지만, 학생들은 아주 다양한 시각으로 질문을 만들어 내서 이야기를 나눈다. 그래서 매번 생각이 말랑말랑한 학생들이 이 책으로 어떤 이야기를 해 줄까 기대하며 그림책을 고르게 된다.

단원별 그림책 목록

단원	그림책
첫 수업	다니엘이 시를 만난 날
도덕적인 삶	황금 접시 빈 화분
도덕적인 행동	행복한 우리 가족
자아 정체성	중요한 사실 진정한 일곱 살
행복한 삶	행복을 파는 남자 때문에
가정생활과 도덕	언제까지나 너를 사랑해 코끼리 아저씨와 100개의 물방울 돼지책
참된 우정	친구를 모두 잃어버리는 방법 얼굴 빨개지는 아이 4998 친구

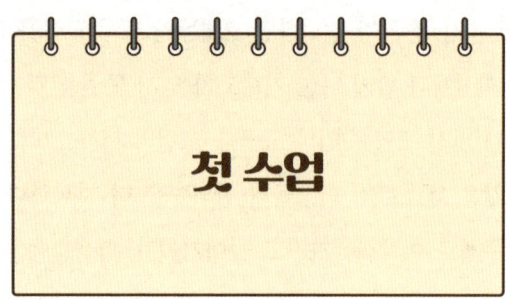

첫 수업

처음으로 학생들과 만나는 시간은 무척 중요하다. 일단 내가 만나는 학생들이 어떤 아이들인지 알고 시작하면 수업에서 소통이 원활해진다. 첫 시간에 교사와 친구들 앞에서 자기 생각과 목소리를 제대로 내기란 무척 긴장되는 부담스러운 일이다. 학생들에게 첫 과제를 주고, 발표를 들으며 목소리가 작다고 "다시, 큰소리로!"를 외치며 밀어붙였다가 학생을 울렸던 경험이 있는 나는 이후 첫 수업은 학생들의 이름 익히기와 성향을 파악하는 것으로 시작한다.

그림책 소개

다니엘이 시를 만난 날 (미카 아처 글·그림 | 비룡소)
주인공 다니엘에게 주위의 모든 것에 시가 있다는 걸 깨닫게 해 주며, 일주일 간 공원에서 자기도 모르게 만나던 아름답고 다정한 시를 바깥으로 끄집어 내게 해 준다. 이해하기 어려운 시를 멋진 자연에 담은 아름다운 시 여행 그림책이다.

1차시 시에서 나를 만나기

학생들에게 자기를 소개하라고 하니 뻔한 이야기의 반복이다. '어느 날, 시가 내게로 왔다'는 파블로 네루다[5]의 시 구절에 아이디어를 얻어, 시를 활용한 자기소개, 즉 시를 통해 자신을 만날 기회를 주기로 했다. 물론 처음에 시를 만나게 하는 과정이 쉽지 않다. 일단 학생들은 시를 어려워하며, 국어 교과서에서 만난 시 말고는 시집을 읽어 본 적이 없다는 아이들이 태반이다. 첫날 그림책과 함께 시집을 한 수레 들고 들어가서 〈다니엘이 시를 만난 날〉을 함께 읽고, 자신이 마음에 드는 시, 딱 꽂히는 시를 하나씩 고르라고 한다. 학생들은 자신에게 딱 맞는 시를 잘도 찾아온다. 모두 시를 통해 자신을 만난다.

2차시 다른 사람과 시 나누기

선정한 시를 서로 낭독하며 나눈다. 먼저 시를 낭독하고, 시를 선정한 이유, 가장 감명 깊은 구절, 나의 경험, 그리고 전체적인 느낌을 발표한다. 제일 먼저 교사가 선정한 시를 발표하면 학생들에게 본보기가 된다. 더 많은 본보기를 위해 먼저 발표하고 싶은 학생들을 뽑아서 진행하면 잘하는 친구들이 본보기가 되어서 훨씬 잘 진행된다. 학급의 시를 모두 발표하고 나면 학생들이 특히 공감하는 시가 있다. 마지막으로 가장 공감되었던 시를 나누어 보는 것도 좋다. 중학생의 감동적이고 사랑스러운 시 낭독을 듣는 것은 시 만나는 날을 수업으로 가져온 교사만이 누릴 수 있는 특권이다.

---

5 노벨문학상을 받은 칠레의 거장

흔들리며 피는 꽃	갈대
도종환	신경림
흔들리지 않고 피는 꽃이 어디 있으랴 (중략) 젖지 않고 가는 삶이 어디 있으랴.	언제부터인가 갈대는 속으로 (중략) 그는 몰랐다.
도덕 교사 조○○	박○○
1. 이 시를 선정한 이유 이 시를 읽으며 힘들게 흔들리며 지내는 사춘기의 학생들이 생각나서…. **2. 감명(인상) 깊은 시구** 다 흔들리면서 피었나니 / 흔들리면서 줄기를 곧게 세웠나니 **3. 자신의 경험** 내가 가르치는 아이들이 사춘기라는 이름으로 이해될 수 없는 행동을 할 때 그래 지금 꽃을 피우기 위해, 줄기를 세우기 위해 이 아이들이 흔들리는 중이리라 생각하며 학생들을 이해하려고 노력했다. **4. 전체적인 느낌** '젖지 않고 사는 삶이 어디 있으랴.' 누구의 삶이나 늘 흔들리고 젖으며 그렇게 가는 것이구나. 샘이 힘들 때도, 너희가 힘들 때도 그렇게 생각하며 서로 이해하고 가자꾸나.	**1. 이 시를 선정한 이유** 사춘기인 청소년이 갈대처럼 흔들리는 것, 즉 방황하는 것과 이 시를 읽자마자 마음에 드는 묘한 감정 때문에. **2. 가장 감명 깊은 구절** 갈대는 저를 흔드는 것이 제 조용한 울음인 것을 **3. 나의 경험** 나도 힘들었을 때가 생각났습니다. 그 상황에서는 '왜 이렇게 힘든 상황의 연속일까' 생각하였습니다. 하지만 후에 보니 힘들게 하였던 것은 남도 아니고 상황도 아닌 저, 자신의 비판이었습니다. '나는 왜 항상 이런 모습일까. 다른 사람도 이런 내가 싫을 거야' 같은 생각으로 오히려 저를 더욱 힘들게 하였던 것 같습니다. 그래서인지 이 시가 끌렸습니다. **4. 전체적인 느낌** 저는 이 시를 통해 산다는 것은 원래부터 다 힘든 거구나 하는 느낌을 받았습니다. 저는 힘든 상황을 겪으면서 강한 여자에 대한 존경 같은 것이 생겼습니다. 그래서 저의 장래 희망은 간호 장교가 되는 것입니다. 간호 장교가 되는 과정에서 유격 훈련이 정말 너무 멋져 보였기 때문입니다.
교사 예시	학생 예시

3차시 시로 소개받은 친구 이름 익히기

학생들과 자기소개 시간을 갖고 나면 친구들의 이름을 제대로 확인했는지 확인하는 빙고 게임으로 수업을 정리하면 좋다. 자신의 이름이 등장하지 않아 소외되는 학생이 없도록 반드시 학급 학생 수보다 많은 칸을 확보해야 한다. 학생 수에 맞게 빙고를 5×5, 혹은 6×6으로 만든다. 만약 학생 수가 30명인데 빙고 칸이 6×6=36칸이 되면, 남겨진 칸에 교과 선생님, 담임선생님, 교장, 교감 선생님의 이름을 채우면 그 또한 재미가 더해진다.

함께 활용하면 좋은 그림책

- 시 굽는 도서관(황숙경 글·그림 | 한림출판사)
- 나는 시를 써(질 티보 글, 마농 고티에 그림 | 한울림어린이)
- 시 쓰는 나무(샤나 라보이 레이놀즈 글, 샤르자드 메이다니 그림 | 다산기획)
- 새의 심장(마르 베네가스 글, 하셀 카이아노 그림 | 오후의소묘)

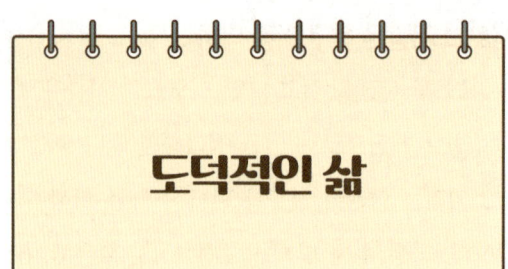

도덕적 삶

청소년기 학생들에게 사람답게 살아가기 위해 도덕적이어야 하는 이유를 담은 당위성이 짙은 이야기를 하기란 엄청난 피로감을 주는 일이다. 도덕 교과서의 원론적인 이야기가 학생들이 살아가는 삶과 괴리가 있기 때문이다. 때론 마주하는 이기적인 삶과 도덕적 삶의 딜레마에 놓여 있는 학생들에게 도덕적 민감성이 아예 사라져 버리면 어쩌나 하는 걱정이 되기도 한다. 하지만 인간의 특성상 누구나 올바른 삶을 살고자 끊임없이 고민하며 살아간다. 도덕적 문제 상황을 자기 삶에 반영시켜 한 번쯤 함께 고민하며 이야기를 나눠 본다.

> **그림책 소개**
>
> **황금 접시** (버나뎃 와츠 글·그림 | 봄볕)
> 친구 엘리자베스의 집에서 황금 접시를 몰래 들고 나온 후 이소벨이 겪는 불편한 마음과 용기를 내어 잘못을 사과한 후 편안해진 마음을 다룬 그림책이다.

1~2차시 상황을 인지하고 도덕적으로 판단해 보기

그림책을 함께 읽고 '현재 상황, 그 상황에 대해 느껴지는 감정, 상황에 대한 평가나 판단, 자신의 결론' 4단계의 오리드 질문법[6]을 활용하여 그림책의 상황에 대해 생각해 본다. 1단계에서는 문제 상황에 대해 정확히 사실을 확인하고, 2단계에서는 그 장면에서 주인공 이소벨의 마음을 읽는다. 3, 4단계에서는 그 행동에 대한 자신의 도덕적 판단을 내리고, 자신의 의지를 담아 앞으로 자신이 선택할 도덕적 결단을 내린다. 각자의 생각을 작성한 후 전체 학생들과 이야기를 나눈다.

〈황금 접시〉를 읽고	〈황금 접시〉를 읽고
1. 무슨 일이 있었나요?(사실 확인) – 이소벨이 엘리자베스의 황금 접시를 몰래 가지고 갔다. 하지만 양심의 가책을 느껴 이소벨에게 돌려준다. 2. 어떤 느낌인가요?(감정 확인) – 들킬까 봐 두렵고 불안했다. 3. 무엇이 문제였을까요?(평가, 판단 확인) – 이소벨이 엘리자베스의 허락 없이 몰래 황금 접시를 가지고 간 것은 잘못된 행동이다. 4. 이런 점을 고려해서 우리는 어떻게 살아야 할까요?(결정, 실천 의지 확인) – 남의 물건을 훔치지 않고, 만약 그런 행동을 했다면 진심으로 사과하고 용서해 달라고 말한다.	1. 무슨 일이 있었나요?(사실 확인) – 이소벨이 엘리자베스의 집에 놀러 갔다가 인형의 집에 있는 황금 접시를 훔쳤지만, 다시 생각이 바뀌어서 돌려준다. 2. 어떤 느낌인가요?(감정 확인) – 잘못되고 올바르지 않은 행동을 하니 양심에 찔려 불안한 마음이 들고 이소벨을 보는 마음이 불편하고 불안했다. 3. 무엇이 문제였을까요?(평가, 판단 확인) – 잘못된 일을 하면 양심의 가책을 느낄 것이니 애초부터 그런 일을 하지 말아야 한다. 4. 이런 점을 고려해서 우리는 어떻게 살아야 할까요?(결정, 실천 의지 확인) – 나는 절대로 양심의 가책을 느낄 만한 행동을 하지 않을 것이고, 만약 한다 해도 진실을 말할 것이다.

---

[6] 〈질문이 있는 그림책 수업〉(그림책사랑교사모임 | 케렌시아) 참고

주요 학습 요소인 양심의 가책과 잘못에 대해 질문과 응답을 하며 학생들은 주인공이 잘못했던 행동에 대한 고민, 잘못한 행동을 바로 잡았던 용기에 대해 자연스럽게 이야기를 나누며 마무리한다. 더 나아가 잘못함을 인지하는 양심의 반응이나 잘못된 행동을 바로 잡고자 하는 인간의 생각은 어떻게 생겨나는 것인가, 인간은 원래 어떤 본성을 가진 존재인가에 관한 이야기를 나눌 수 있다. 학생들은 자연스럽게 다양한 답, 즉 본성은 선하다는 성선설, 악하다는 성악설, 선하지도 악하지도 않은데 이소벨 어머니의 도움처럼 자라면서 교육과 환경에 의해 선악을 갖게 된다는 성무선악설에 대해 배우게 된다. 충분히 이야기를 나누었다면, 자기 생각을 정리하는 글쓰기로 마무리할 수 있다.

> **그림책 소개**
>
> **빈 화분** (데미 글·그림 | 사계절)
> 익힌 씨앗을 나눠 주고 꽃을 잘 피워 오는 사람에게 나라를 물려주겠다는 임금님의 이야기에 많은 아이들이 화려한 꽃 화분을 들고 온다. 빈 화분을 들고 온 주인공 핑의 이야기가 정직과 진실에 대해 생각해 보게 한다.

3~4차시 자신에게 적용하여 도덕적 실천 의지 다지기

그림책을 읽고 주인공이 가졌던 도덕적 민감성을 살피기 위해 짝 토론을 한 후, 전체 학생들과 질문과 응답을 이어 간다. 그림책 내용뿐 아니라 자신들의 경험을 나누며 어떻게 살아가야 할지에 대한 고민도 해 본다.

1. 단원명 : 도덕적인 삶(학습 요소 : 양심, 정직, 용기)
2. 그림책 〈빈 화분〉(데미 글·그림 사계절)
3. 그림책을 읽고, 짝과 함께 질문하고 대화하면서 빈칸을 채워 보세요.

질문자	질문	대답 [짝 :]	대답 [나 :]
나 1	가장 마음에 와닿은 장면은 어떤 장면인가요?		
짝 1	그 장면을 보면서 어떤 느낌이 들었나요?		
나 2	그 상황에 대해 자신은 어떤 판단이나 평가를 내릴 수 있나요?		
짝 2	이와 같은 상황을 보고 앞으로 자신은 어떤 결론을 내릴 수 있나요?		
나 3	내가 주인공 핑이라면 주인공 핑의 선택은 옳은가요?		
짝 3	'정직하면 손해 본다'는 말에 대해 어떻게 생각하나요? '양심 선언'이나 '내부 고발자'의 행동에 대해 도덕적으로 어떻게 생각하나요?		

나 1의 질문은 도덕적 민감성, 짝 1의 질문은 도덕적 공감, 나 2의 질문은 도덕적 판단, 짝 2의 질문은 도덕적 결론을 단계적으로 묻는다. 나 3과 짝 3의 질문은 앞으로 자신의 도덕적 행동에 대한 실천 의지를 보여 주게 하는 질문으로, 그림책 속 질문을 우리의 삶에 적용해 고민해 보게 한다. 사회에서 벌어지는 양심 선언이나 내부 고발자의 행동에 관한 사례를 찾아보고, 학생들의 생각을 토론이나 논술로 마무리할 수 있다.

함께 활용하면 좋은 그림책

- 소원 팔찌(이형진 글·그림 | 시공주니어)
- 장난꾸러기 그림자(일로나 라머팅크 글, 엘스 페르멜포트 그림 | 북핀)
- 선과 악이란 무엇일까요?(오스카 브르니피에 글, 클레망 드보 그림 | 상수리)

도덕적인 행동

도덕적인 행동을 위해서는 도덕적 상상력과 민감성, 도덕적 추론 및 비판적 사고력이 필요하며, 나아가 자기 삶을 도덕적으로 성찰해야 한다. 서양 속담에 '세상에서 가장 먼 거리는 머리에서 가슴까지'라는 속담이 있다. 실제로는 36센티미터밖에 안 되는 거리지만, 아는 것을 실행에 옮기기까지는 매우 어렵다는 뜻이다. 교과를 통해서 배운 도덕적 지식이 도덕적인 행동으로 이어지기 위해서는 많은 시간과 노력이 필요하다. 비도덕적인 행동에 대한 통제에 반감을 드러내며 이기적인 행동을 서슴지 않는 도덕적 문제 상황에 대한 도덕적 추론을 통해 무엇이 문제인지, 하면 안 되는 이유가 무엇인지에 대한 근거를 스스로 따지며 성찰해 보는 시간을 갖기 위한 수업 활동이다.

> **그림책 소개**
>
> **행복한 우리 가족** (한성옥 글·그림 | 문학동네)
> 아빠, 엄마와 딸, 세 가족의 단란하고 평범한 봄나들이처럼 보이지만, 타인에 대한 이해와 배려 없이 온종일 민폐를 끼치는 행태를 드러내며 가족 이기주의를 꼬집는다.

1~2차시 이기적인 행동을 성찰하고 도덕적 판단 내리기

그림책 장면마다 나타나는 문제점은 무엇이고, 그것이 타인에게 어떤 영향을 주는지 생각해 보는 시간을 가진다.

생각 정리하기 예

순서	그림책의 장면과 나타난 문제점	이런 행동은 타인에게 어떤 영향을 줄까?
1	엘리베이터를 무리하게 장시간 잡고 있는 장면	타인의 사용을 지연시키는 등 불편을 줄 수 있다.
2	불법 유턴을 하는 장면	자칫하면 교통사고를 일으켜 타인에게 심각한 피해를 끼칠 수 있다.
3	미술관 전시 작품 안에 들어가 멋대로 사진을 찍는 장면	작품이 망가지거나 다른 사람의 관람을 방해할 수 있다.

그림책에 등장하는 장면과 같이 자신도 그런 행동을 한 적이 있는지 성찰해 보고, 어떤 이유에서 그런 행동이 문제가 되는지 도덕적 추론을 한다. 삼단 논법을 적용, 도덕 원리와 사실 판단에 근거해서 도덕적 판단을 내리도록 한다.[7]

수업에서는 그림책에 등장하는 장면으로 도덕 판단을 내리는 활동을 했는데, 이 밖에 학교생활에서 발생하는 문제를 가지고 판단을 내려 보

---

7 〈그림책 생각놀이〉(그림책사랑교사모임 | 교육과 실천) 참고

는 방법도 유익하다. 학교생활을 하면서 생활 지도를 할 때 많은 학생들이 "왜 안 되는데요?" 하고 곧잘 묻곤 한다. 그런 다양한 문제 상황에 대해 교사가 도덕 판단을 제시하고, 학생들이 왜 안 되는지에 대한 도덕 원리와 사실 판단을 근거로 찾아본다.

3~4차시 사회 문제를 진단하고 해결을 위한 정책 제안하기

학교생활에서 이해와 배려가 부족해서 생기는 문제 상황이나 사회 문제를 진단하고 해결을 위한 정책 제안을 하는 활동으로 이어 나갈 수도 있다.[8] 이미 기존에 있는 정책이라면 홍보를 위한 인쇄 광고를 만들어서 마무리한다.

1. 우리 주변 이웃을 불편하게 하는 심각한 문제점 찾아보기

순서	그림책의 장면과 나타난 문제점	이런 행동은 타인에게 어떤 영향을 줄까?
1	층간 소음	아랫집 이웃이 소음에 시달리게 된다.

2. 문제 해결을 위한 정책 제안하기

순서	내용
1. 문제의 원인은 무엇인가?	집안에서 뛰어다니는 것.
2. 문제로 인한 피해는 무엇인가?	아랫집 이웃에게 시끄러운 소리로 피해를 준다.
3. 문제 해결 방안으로는 어떤 것이 있나?	뛰지 않기, 층간 소음 방지용 슬리퍼 준비하고, 어린아이들을 철저히 교육한다.
4. 어떤 제도를 만들까?	아파트를 지을 때 층간 소음을 낮출 수 있는 설계와 자재를 사용하도록 법을 만든다.
5. 정책이 만들어지면 생기는 효과는 무엇인가?	층간 소음이 사라져서 윗집과 아랫집 간의 갈등이 줄어들거나 사라지게 될 것이다.

---

[8] 〈작가와 함께하는 그림책 토론 수업〉(그림책사랑교사모임 | 학교도서관저널) 참고

5차시 사람다운 삶을 위한 나의 계획 세우기

내가 생각하는 사람다운 삶의 모습이란 어떤 모습일까, 그동안의 나의 모습은 어떠했는가, 사람답게 살기 위해 앞으로 더 노력해야 할 것은 무엇일까에 대한 자신의 생각을 정리하면서 마무리한다.

사람다운 삶을 위한 나의 계획	사람다운 삶을 위한 나의 계획
1. 내가 생각하는 사람다운 삶의 모습은? – 도덕적인 삶을 사는 것으로 남을 배려하고 존중하며 법을 지키는 것이라고 생각한다. 2. 그동안의 나의 모습은? – 도덕적이지 못했던 적이 많았던 것 같다. 존중과 배려를 하지 못했던 적도 많고, 학교와 반의 규칙을 지키지 않았던 적도 있었다. 3. 사람답게 살기 위해 내가 더 노력해야 할 것은? – 어떤 행동을 할 때, 그 행동이 도덕적인 행동인지를 다시 한번 생각해 보고 행동할 것이다.	1. 내가 생각하는 사람다운 삶의 모습은? – 모든 사람을 배려, 존중하고 물질적 가치만 너무 추구하며 살지 않는 모습이라고 생각한다. 2. 그동안의 나의 모습은? – 정신적 가치보다 물질적 가치를 너무 많이 추구하고, 배려는 잘했지만 양보를 잘 하지 않았다. 3. 사람답게 살기 위해 내가 더 노력해야 할 것은? – 물질적 가치보단 정신적 가치를 중시하며 도덕적인 삶을 위해 친절하고 양보를 잘하는 삶을 살아가려고 노력할 것이다.

함께 활용하면 좋은 그림책

◆ 누구 집 앞마당에 우물을 파지?(피우진 글·그림 | 창조와지식)

자아 정체성

청소년기는 자신의 정체성을 형성하는 시기다. 내가 누구인지 또 어떤 사람이어야 하는지 끊임없이 고민하며 정체성을 확립해 가는데, 이 수업은 '나는 누구인가'를 묻고 스스로 답하며 자신을 들여다보고 탐색하면서 자아를 찾아가는 데 도움이 되도록 설계하였다.

그림책 소개

중요한 사실 (마거릿 와이즈 브라운 글, 최재은 그림 | 보림)
우리에게 익숙한 사물을 간결한 시적 언어로 표현하며 가장 근본적인 특징을 묘사하는 그림책이다. 마지막 장에 거울을 넣어 독자가 자신을 바라보게 하고, '너에 관한 중요한 사실은 네가 바로 너라는 것'이라고 말을 건네며 마무리한다. 나에 관한 중요한 사실을 고민할 수 있게 한다.

1~2차시 자신에 대한 중요한 사실 알아보기

그림책에서 익숙한 사물이 갖는 근본적인 특징들을 따라 읽다가 마지막 장면에 이르면, 반전처럼 거울이 등장하여 '너에 관한 중요한 사실은 네가 바로 너라는 것'이라며 자신을 들여다보게 한다. 그 해답을 풀기 위해 만다라트 기법[9]을 이용해서 자신에 대해 상세하게 고민해 보는 시간을 가진다.

먼저 자기 삶에서 중요한 8가지를 적는다. 8가지 중요한 사실을 위해 내가 어떤 점들을 노력해야 할지도 적는다. 먼저 교사가 본보기를 보여 주며 이해를 돕는다. 자신에게 중요한 8가지를 적은 후, 그 8가지를 위해 노력할 8가지를 주변에 적는다.

---

9 일본인 이마이즈미 히로아키가 만든 아이디어 발상 기법의 하나로, 목표를 계획하거나 아이디어를 구체화시킬 때 유용한 기법이다.

3~4차시 나만의 책 만들기

자신에 대한 중요한 사실을 만다라트 기법을 통해 세밀하게 끄집어 냈다면, 이 내용을 바탕으로 스토리보드를 만들고 나만의 책 만들기를 한다. 스토리보드를 작성할 수 있도록 활동지를 제공하면 좋다.

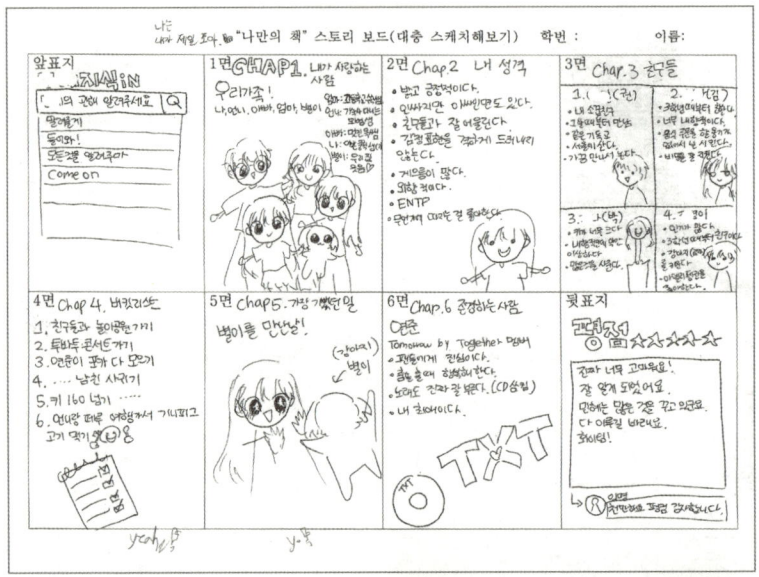

> **그림책 소개**
>
> **진정한 일곱 살** (허은미 글, 오정택 그림 | 만만한책방)
> 일곱 살 아이가 진지하게 자신의 진정함에 대해 이야기한다. 한껏 뽐내는 표정으로 자신의 마음을 당당하게 보여 주는 상황이 유쾌하게 전달되는 그림책이다.

5~6차시 '진정한 14살'에 대해 생각하고 우리 반 그림책 만들기

누구나 자기 존재의 진정한 의미를 찾는다. 그림책에서 이제 막 일곱 살이 된 아이도, 흔히들 미운 일곱 살이라고 하지만 스스로는 진정한 자기 존재의 당당함으로 자존감이 꽉 차 있다. 청소년들도 일곱 살 못지않은데, 어른들로부터 독립하려는 욕구와 속박에서 자유로워지고 싶은 욕구가 자신을 성장시키는 동력으로 작용한다. '진정한 14살'다운 모습은 어떤 모습이어야 하는지 생각해 보게 하고, 그들의 당당함을 그림책으로 담아 본다. 먼저, 진정한 14살의 모습은 어떤 모습인지 모둠별 피라미드 토론[10]으로 의견을 수렴한다.

4인 1모둠에서 모아진 의견들을 8절지에 쓰고 그린다. 모둠원 4명 중 3명은 수렴된 의견 내용을, 나머지 1명은 겉표지나 속표지, 면지, 뒤표지 중 하나를 선택해서 쓰고 그린다. 그렇게 만들어진 전체 모둠의 내용과 면지를 서로 붙이고, 하드보드를 이용해서 표지를 만든다.

---

[10] 의견 수렴 및 합의를 이끌어 내는 역피라미드 토론 방식으로, 주어진 주제에 대한 각자의 의견을 종이 카드 3매에 작성한 후 1:1 토론, 2:2 토론 과정을 거쳐 의견을 줄여 간다. 주로 의견을 수렴할 때 사용하는 토론 기법이다.

| 겉표지 | 속표지 | 뒤표지 |

| 앞 면지 | 뒤 면지 |

본문

함께 활용하면 좋은 그림책

- 아마도 너라면(코비 야마다 글, 가브리엘라 버루시 그림 | 상상의힘)
- 나는 (   ) 사람이에요(수전 베르데 글, 피터 H. 레이놀즈 그림 | 위즈덤하우스)
- 진짜 내 소원(이선미 글·그림 | 글로연)
- 슈퍼 거북(유설화 글·그림 | 책읽는곰)
- 민들레는 민들레(김장성 글, 오현경 그림 | 이야기꽃)

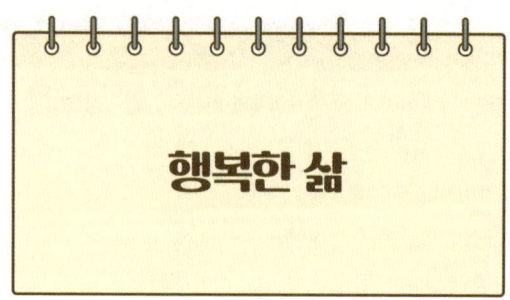

행복한 삶

인간은 미래 지향적인 존재로, 누구나 꿈꾸는 자신의 미래가 있다. 미래를 준비하는 청소년들도 공부를 하는 과정에서 끊임없이 어떤 가치가 진정한 가치인지 고민한다. 이런 삶의 목적을 되짚어 가다 보면 결국 인생의 목적은 행복한 삶이라는 것에 도달하게 되는데, 그렇다면 행복이란 무엇인가 하는 고민에 또 봉착하게 된다. 삶의 목적을 어디에 두어야 하는지에 대해 고민해 보며 행복한 삶을 살아갈 수 있도록 돕기 위한 수업이다.

그림책 소개

행복을 파는 남자
(구사바 가즈히사 글, 헤이안자 모토나오 그림 | 책과콩나무)

어느 날 행복을 파는 남자가 마을로 찾아와 행복해지는 지혜를 팔아야겠다며 전기와 텔레비전을 들여온다. 마을 사람들은 자기 삶을 다른 사람과 비교하기 시작하며 더 많은 돈을 벌기 위해 도시로 가고, 이후 병들고 지쳐가게 된다는 내용의 그림책이다.

`1~2차시` **행복의 조건 알아보기**

그림책을 읽고 행복의 조건에 대해 알아보기로 한다. 먼저 행복의 조건을 넣어 빙고 게임을 진행해 보았는데, 빙고가 잘 형성되지 않았다. 학생들과 함께 생각을 나눈 결과, 행복을 느끼는 것은 사람마다 다르므로 행복의 조건은 매우 주관적인 경향이 있다는 결론에 도달하였다. 이어서 행복 지수 검사에 대해 알아보고, 다양한 행복 지수 계산법이 있다는 것을 알게 되었다. 그리고 우리나라는 주거, 시민 참여, 건강, 교육 등의 지수는 높은 데 비해 일과 삶의 균형, 삶의 만족도, 특히 사회적 관계가 심하게 낮아 전체적인 순위가 경제적인 삶의 수준에 비해 매우 낮다는 것을 알게 되었다.

행복 지수 계산법 중 하나를 선택하여, 학생들의 행복 지수를 간략하게 검사해 본다. 행복 지수 검사 결과 학생들은, 우리는 아주 행복한 수준에 미치지는 못하지만 행복해질 준비가 되어 있고, 행복은 주어지는 것이 아니라 만들어 가는 거라는 결론에 이르렀다. 〈행복을 파는 남자〉를 읽고 과연 행복은 돈으로 살 수 있는지에 대해 토론이나 논술 활동을 해도 좋다.

그림책 소개

때문에 (모 윌렘스 글, 엠버 렌 그림 | 보물창고)
인과 관계를 설명하는 '때문에'라는 낱말을 문장마다 반복적으로 사용하여, 우연히 벌어지는 평범하면서도 운명적인 이야기를 전개해 가는 그림책이다.

3~4차시 긍정적인 삶의 태도 익히기

흔히들 삶의 과정에서 벌어지는 일련의 과정을 인과 관계로 받아들일 때, 부정적인 어감을 가진 '때문에'라는 낱말을 사용하여 남의 탓을 하곤 한다. '때문에'라는 낱말을 '덕분에'로 바꿈으로써 어감만으로도 긍정적인 느낌을 경험할 수 있다. 학생들에게 이런 연습은 매우 의미 있는 활동이 되는데, 무슨 일이 일어나느냐보다 일어난 일에 어떻게 반응하느냐가 행복과 불행을 결정할 수 있기 때문이다.

'때문에'를 '덕분에'로 바꾸기 예

1. 코로나 때문에 친구들과 같이 놀지 못한다.
   ⇨ 코로나 덕분에 가족과 함께하는 시간이 많아졌다.
2. 코로나 때문에 외식을 하지 못한다.
   ⇨ 코로나 덕분에 아빠가 요리해 주신 음식을 자주 먹을 수 있다.
3. 코로나 때문에 해외 여행을 가지 못한다.
   ⇨ 코로나 덕분에 가족과 한적한 곳으로 캠핑을 가서 추억을 많이 만들 수 있었다.
4. 코로나 때문에 마스크를 써야 해서 불편했다.
   ⇨ 코로나 덕분에 마스크를 써서 비염 증상이 심하지 않았다.

더 나아가서 학생들 자신의 장단점을 적어 보는 활동을 진행한다. 자존감이 낮거나 부정적인 학생일수록 자신의 단점을 잘 적고, 장점을 쉽게 찾지 못한다. 학생들과 이야기를 나누어 보면 자신의 단점을 타인의 장점과 비교하기 때문에 비교하는 것 자체가 매우 옳지 않다는 결론에 도달하게 된다. 그래서 적어 놓은 단점을 장점으로 바꿔 보는 활동을 진행하였다.

단점을 장점으로 바꾸기 예

나의 단점
말을 한 번에 못 알아들을 때가 있다.
키가 작다.
피부색이 어둡다.
손이 안 예쁘다.
눈이 안 좋다.

⇒

나의 장점
나 같은 사람에게 내가 아는 내용을 친절히 알려 줄 수 있다.
침대가 클 필요가 없다.
건강해 보인다.
만들기를 잘한다.
안경을 씀으로써 눈에 먼지가 들어가는 걸 어느 정도 막을 수 있다.

5~6차시 행복을 위한 나의 습관 바꾸기

자기 삶을 긍정적인 관점으로 바라보는 활동을 하고 나서, 행복한 삶을 위해 나쁜 습관을 고치기 위한 '나의 습관을 바꾸는 시간' 활동을 이어 간다. 일단 자신의 나쁜 습관이라고 생각하는 것을 적고, 그중 가장 심각하게 고쳐 나갈 것을 2~3개 골라서 60일간 실천하도록 안내한다. 단순히 이것을 고쳐야지 하는 것에서 더 나아가, 실천을 위한 구체적인 행동 장치를 걸어 놓는다. 서로 응원할 수 있도록 도덕 카톡방에 일주일간 실천 완료 인증 사진이나 문구를 작성하도록 안내하고, 필요하다면 매일 실천한 결과를 스스로 점검할 수 있도록 활동지를 제공하는 것도 좋다.

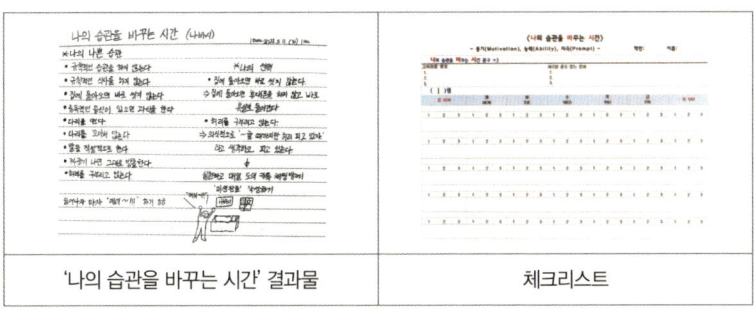

| '나의 습관을 바꾸는 시간' 결과물 | 체크리스트 |

6차시는 학기 말에 행복과 관련된 영화를 보고 과자 파티를 하면서 의미 있게 보내면 좋다. 학기 말이니 파티 모둠을 짤 때 원하는 사람끼리 할 수 있도록 기회를 준다. 모둠별로 활동 전지를 깔아 주고, 그 위에 4절지를 올려서 과자로 타이포그래피 작품을 만들도록 한다. 시중에 파는 작은 모양의 대용량 과자를 개인당 종이컵 하나 분량씩 나눠 주고, 남는 것은 우수한 작품을 만든 모둠에 추가 배분한다. 과자는 시식할 것이므로 나무젓가락이나 비닐장갑을 이용해서 집도록 한다. 다양한 재료를 이용해서 타이포그래피를 만드는 활동은 가정에서 개인적으로 진행하도록 할 수도 있다.

| 모둠 작품 | 개인 작품 |

함께 활용하면 좋은 그림책

- 마음먹기(자현 글, 차영경 그림 | 달그림)
- 반이나 차 있을까 반밖에 없을까?(이보나 흐미엘레프스카 글·그림 | 논장)
- 감사해요(이정원 글, 임성희 그림 | 걸음동무)
- 이 세상 최고의 딸기(하야시 기린 글, 쇼노 나오코 그림 | 길벗스쿨)
- 최고의 차(다비드 칼리 글, 세바스티앙 무랭 그림 | 봄개울)

가정생활과 도덕

전통 사회에 비해 크기는 줄었지만, 여전히 가정은 한 인간이 건강한 사회생활을 할 수 있도록 인격을 형성하는 삶의 토대가 된다. 그런 점에서 가정의 기능과 역할은 더욱 중요해졌다고 볼 수 있는데, 5월 가정의 달에 맞춰 가정의 중요성을 인식하는 수업을 진행하였다.

그림책 소개

언제까지나 너를 사랑해
(로버트 먼치 글, 안토니 루이스 그림 | 북뱅크)

엄마의 자장가를 들으며 아이는 자라 소년이 되고 성인이 된다. 반복되는 '언제까지나 너를 사랑한다'는 후렴구가 자식에 대한 어머니의 따뜻한 사랑을 한없이 느끼게 해 주는 그림책이다.

> **그림책 소개**
>
> **코끼리 아저씨와 100개의 물방울**
> (노인경 글·그림 | 문학동네)
>
> 물이 가득 든 물동이를 들고 집으로 돌아가는 코끼리 아저씨의 여정이 험난하다. 어려움 속에서도 물동이의 물을 지키려고 애쓰지만, 물동이의 물은 점점 줄어든다. 힘들고 두렵지만 포기하지 않고 끊임없이 달려가는 아빠의 모습을 담은 그림책이다.

1~2차시 가정의 소중함과 부모님 사랑 확인하기

학생들에게 행복한 삶을 살아가기 위해 자신의 인생에서 소중한 것을 적어 보라고 한다. 그중 3개만 골라서 모둠원들과 피라미드 토론을 통해 다시 소중한 3개를 골라 1순위, 2순위, 3순위 내용을 3개의 헥사판에 각각 적어 칠판에 붙이도록 한다. 매년 모든 반에서 변함 없이 나오는 1순위는 압도적으로 '가족'이다. 친구도 좋고, 돈도 좋아하는 나이지만 가족의 소중함을 최우선으로 꼽는 데는 이변이 없다.

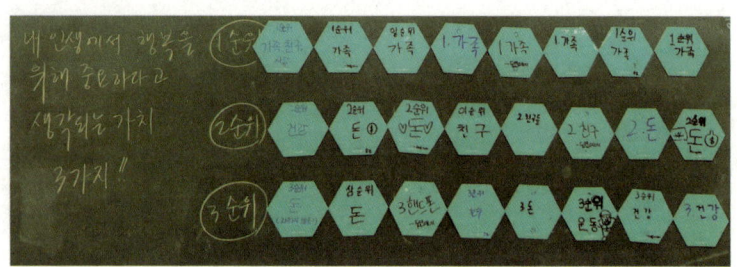

다음으로, 그림책 〈언제까지나 너를 사랑해〉를 읽고 질문에 답변하는 활동지를 작성한다.

활동 예

1. 가장 기억에 남는 장면은?
   - 어른이 된 아들이 아이를 안고 엄마가 해 주었던 노래를 그의 아이에게 해 주는 장면.
2. 엄마 하면 생각나는 것은?
   - 나를 낳아 주신 분, 할머니.
3. 엄마에게 '사랑해'라고 언제, 어떤 장면에서 말했나요?
   - 엄마가 '사랑해!'라고 말해 달라고 하셨을 때, 학교 가기 전 신발장 앞에서.

학생들이 대체로 엄마와 친밀도가 더 높아서 어버이날이면 엄마에 대한 사랑 이야기로 시작해서 엄마에 대한 사랑 이야기로 끝나는 경우가 많다. 그래서 아버지의 사랑이 담긴 그림책 〈코끼리 아저씨와 100개의 물방울〉을 함께 읽고 질문하고 대답하는 활동을 이어 나갔다.

활동 예

1. 코끼리 아저씨에게 100개의 물방울은 어떤 의미일까요?
   - 직장에서 벌어오는 돈.
2. 아버지도 무섭고 힘들 때가 있을 텐데 어떤 일이 힘드실까요?
   - 우리 아버지도 힘드실 때가 있겠지만 가족을 위해 참아 내실 것 같다.
3. 아버지에게 해 드리고 싶은 것은?
   - 아빠가 할머니네 강아지를 집에서 키우고 싶어 하셔서, 강아지 키우게 해 드리기.

각각의 그림책에 대한 활동지를 작성하고, 이어서 보이지 않는 곳에서 애쓰고 계신 부모님의 일과표를 작성해 본다. 일과표를 작성하면서 학생들은 부모님이 자식을 위해 열심히 살아가는 모습을 확인하게 된다.

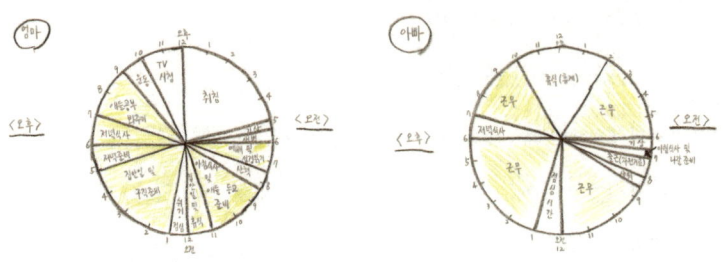

> **3~4차시** 부모님께 관심을 가지고 사랑 표현하기

부모는 학생의 삶에 대해 많이 알고 있지만, 학생은 부모에 대해 잘 모르는 경우가 많다. 부모만큼 관심을 가지고 알려고 하지 않기 때문이다. 자신의 부모님에게 관심을 갖도록 칭찬 일기를 쓰고, 관찰한 것을 바탕으로 부모님을 자랑하며 나의 사랑을 표현하는 활동을 진행한다. 부모님 이름으로 3행시 짓기, 만화 그리기, 비쥬얼 씽킹 등의 활동 중에서 자신이 가장 잘할 수 있는 것을 선택하도록 안내한다.

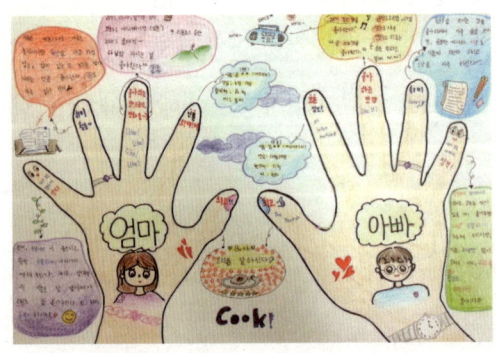

그림책 소개

돼지책 (앤서니 브라운 글·그림 | 웅진주니어)

행복한 세 남자에 비해 어두운 표정의 여성은 슈퍼우먼처럼 집안일을 혼자 떠맡아 한다. 결국 여성이 집을 떠나면서 아무것도 하지 못하는 세 남자는 무기력한 돼지의 모습으로 변한다. 여성에게 편중된 가사 노동을 적나라하게 드러내며 성별 고정 관념에 따른 문제를 지적하는 그림책이다.

5~6차시 가정에서 일어나는 갈등 해결하기

가족이라 할지라도 서로 이해와 배려를 바탕으로 존중하는 마음을 갖지 않는다면 다양한 갈등이 발생할 수 있다. 〈돼지책〉을 읽고 우리 집의 가사 노동은 누가 하고 있는지 점검해 본다. 요즘은 가사 노동을 함께 해야 된다는 생각을 가진 사람들이 많아져서, 학생들도 제법 가사 일을 분담하지만 여전히 어머니에게 편중된 모습을 확인할 수 있다. 각 가정의 가사 노동 분담 정도를 진단하고, 자신이 더 맡을 수 있는 집안일을 적어서 실천하도록 안내한다.

6차시는 그림책을 읽고 질문을 만들어 전지 활동을 하거나 '피콧 부인의 가출은 옳다'는 논제로 찬반의 입장을 적는 간단한 논술을 진행할 수 있다. 학생들이 도덕 추론을 배웠다면 학생들이 주장한 내용을 삼단논법에 맞게 교사가 피드백해 주는 좋은 기회로 활용한다.

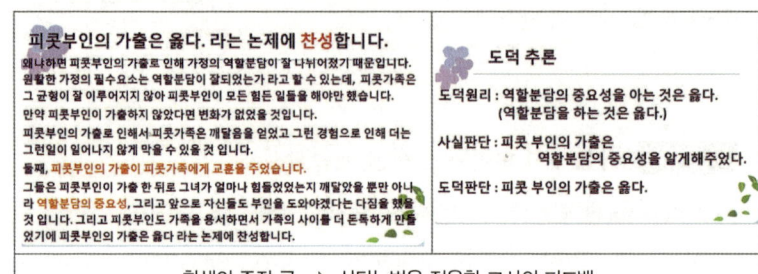

학생의 주장 글 ⇨ 삼단논법을 적용한 교사의 피드백

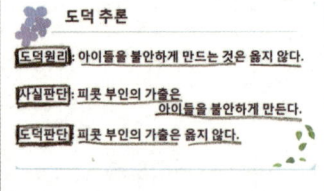

학생의 주장 글 ⇨ 삼단논법을 적용한 교사의 피드백

함께 활용하면 좋은 그림책

- 나의 엄마(강경수 글·그림 | 그림책공작소)
- 우리 가족입니다(이혜란 글·그림 | 보림)

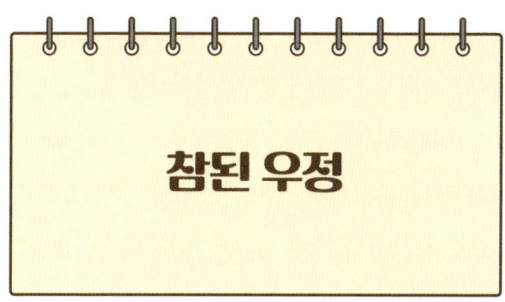

참된 우정

청소년기는 부모의 관심과 통제에서 벗어나 자율적인 삶으로 전환을 꾀하는 시기다. 가족 중심의 인간 관계가 타인과의 관계로 확장되면서, 부모에게 의존하던 삶에서 친구와 함께하려는 시간과 노력을 부쩍 늘리게 된다. 이런 시기의 학생들이 친구와 생길 수 있는 갈등을 해결하고 진정한 우정을 맺는 방법을 찾는 데 도움이 되는 수업이다.

그림책 소개

친구를 모두 잃어버리는 방법
(낸시 칼슨 글·그림 | 보물창고)

친구와 좋은 우정을 맺는 방법을 유쾌하게 알려 준다. 역설적으로 친구를 잃어버리는 방법을 제시하면서, 훈계하기보다 스스로 자연스럽게 깨달을 수 있도록 하는 그림책이다.

1차시 역브레인라이팅으로 친구에 대해 생각해 보기

그림책을 읽고 중학생 수준에 맞게 역발상하여 '친구를 잃어버리는 방법'을 브레인라이팅하도록 한다. 친구를 잘 사귀기 위해 하지 말아야 하는 것을 먼저 생각하는 것이다. 학생들에게 매우 긴장되고 중요한 친구 사귀는 문제를 심각하지 않게 접근하면 학생들이 재미있어하며 자신의 생각을 적어 간다.

1. 친구를 부하처럼대하기 2. 자기가 제일 잘난줄알기 3. 친구 깔보고 무시하기 4. 친구를 뚜까뚜까 때리기 5. 칭찬 절대 안하기 6. 친구 뒷담화 하기 7. 친구한테 조곤조곤 앞담화(?) 하기 8. 친할수록 막대하기 9. 돈자랑하기 10. 그러면서 떡볶이 한번 안사주기 11. 거짓말 밥먹듯이 하기 12. 돈 안갚기 13. 내 기분대로 친구대하기 14. 친구보고 진심으로 꺼지라고 하기 15. 허세중 달고살기 16. 얼굴이나 실력믿고 막살기 17. 친구가 듣기싫어하는 말만 하기 18. 성격 까다롭고 드러운사람 되기 19. 배려않고 살기 20. 친했다가 갑자기 왕따시키기 21. 계산적으로 친구사귀기 22. 위의사항 다 실천하고 평생살기	1. 이기적이게 굴기 2. 욕,비속어 쓰기 3. 때리기 4. 배려하지 않기 1. 친구가 나에게 베풀어준건 당연히 여기고 내가 친구에게 베푸는건 절대 안된다고 여긴다 2. 친구와 만날때마다 비속어같은 나쁜말을 일삼는다 3. 뒷담화 많이 하기 4. 친구가 싫어하는 행동을 계속한다 1. 친구에게 막 대하기 2. 친구에게 상처 받는 말하기 1. 웃지말기 2. 말하지 말기 3. 같이 놀지 않기 1. 절대 친구를 만나지 않기 2. 은근히 소외시키기 3. 인터넷에 저격글 올리기 안좋은 소문 만들기 1. 친구의 말을 무시하거나 끊고 내 이야기를 한다. 2. 친구들과 있을때 표정을 째려보는 듯한 무서운 표정을 짓는다. 3. 친구들과 있을때 잘난척하고 거짓말을 한다. 4. 친구들의 뒷담을 깐다. 5. 이 친구랑 친하고 잘놀았는데 이친구를 따돌린다. 1. 친구에게 계속 전화하기 2. 친구에게 비속어를 사용하거나 놀리기 3. 친구에게 관심을 주지 않는다 *1. 주소록 들어가서 친구 다 차단하기(톡포함) 2. 메시지나 톡 다 씹기 3. 도움이 필요하거나 물건을 빌려달라고할때 절대 도와주지 않기

그림책 소개

얼굴 빨개지는 아이 (장자크 상페 글·그림 | 열린책들)

시도 때도 없이 얼굴이 빨개지는 마르슬랭은 늘 혼자다. 언제나 재채기를 하는 꼬마 르네도 마찬가지다. 이 둘은 어딘가 닮아 있어 서로 아픔을 보듬으며 즐겁게 지내지만, 르네의 이사로 마르슬랭은 다시 혼자가 된다. 어른이 된 이들이 다시 우연히 만나게 되면서 아름다운 우정을 이어 나가는 모습을 그린 그림책이다.

2차시 진정한 우정에 대해 알아보기

요즘 학생들은 많은 형제자매가 함께 성장한 경우가 드물어 관계에 대한 충분한 경험이 부족하다. 이런 이유로 학교생활에서 돈독한 우정을 나눌 수 있는 진정한 친구를 사귀는 일에도 누구와 함께해야 할까를 고민하며 매우 긴장한다. 특히 친구들과 다른 점을 단점으로 생각하는 자존감이 낮은 친구들은 더욱 위축되어 있다. 그림책을 통해 누구나 진정한 우정을 나눌 수 있는 친구를 만날 수 있다는 사실을 확인해 보는 것이 학생들에게 응원이 된다. 활동지를 통해 친구들의 단점을 바라보는 자세와 친구에게 다가가기에 용기가 부족한 친구에게 어떤 마음의 자세를 가져야 하는지를 생각해 보게 한다. 지금 친구가 하나도 없더라도 언젠가는 자신에게 딱 맞는 친구가 생길 수 있다는 위로도 건넬 수 있는 활동이다.

그림책 소개

4998 친구 (다비드 칼리 글, 고치미 그림 | 책빛)

주인공은 친구가 4,998명이나 된다. 그런데 만난 적도 없는 친구, 어떻게 친구가 되었는지 모르는 친구 등 숫자만 엄청나게 많고, 도움을 요청할 때 진짜로 와 준 친구는 1명뿐이다. 친구에 대해 생각해 보게 하는 그림책이다.

3차시 친구의 수에 대해 생각해 보기

어떤 학생들은 친구가 많다는 것을 자랑하며 친구들의 부러움을 사려고 한다. 특히 SNS를 통한 소통이 늘어나면서 친구들의 숫자가 수십 명, 수백 명인 경우도 많다. 이런 상황에서 친구의 숫자가 많은 것은 좋은 것인가에 대해 함께 생각해 보는 시간을 갖는 것은 의미가 있다. 그림책을 읽고 활동하면서 학생들은 중요한 건 친구의 숫자가 아니라는 사실과 진정한 친구의 의미를 새겨 보게 된다. 그림책의 내용을 바탕으로 '친구의 숫자가 많으면 좋은 것인가' 혹은 '동물도 친구가 될 수 있을까' 같은 논제로 토론이나 논술 활동을 이어 가도 좋다.

4차시 진정한 우정을 맺는 방법을 담은 그림책 만들기

3차시 수업이 끝나고 나면 1차시에서 역발상으로 적어 놓은 브레인라이팅 내용을 다시 뒤집어 바로잡는 활동을 한다. 각자 적은 것을 들고 모둠별로 모여서 의견을 나누고, 뒤집어 생각하며 가장 중요하게 생각하는 것 6개를 골라 8면의 책자를 만든다. 1차시와 반대로 이번에는 '좋은 친구를 사귀는 방법'을 내용으로, 앞면과 뒷면, 그리고 본문 6면인 책을 만든다.

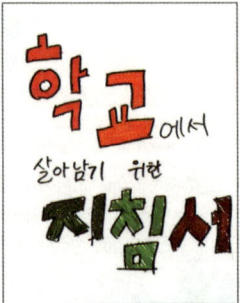

5~6차시 좋은 친구 관계를 유지하는 방법에 대한 동영상 만들기

지금까지 활동한 것을 개인적으로 정리하는 활동으로, 좋은 친구 관계를 유지하는 방법을 두 장의 카드 뉴스로 만든 후 1~2분 분량으로 동영상을 제작한다. 코로나 팬데믹 이전이라면 학생들이 직접 발표하도록 했을 텐데 이 시기를 거치며 동영상을 만들도록 하고 있다.

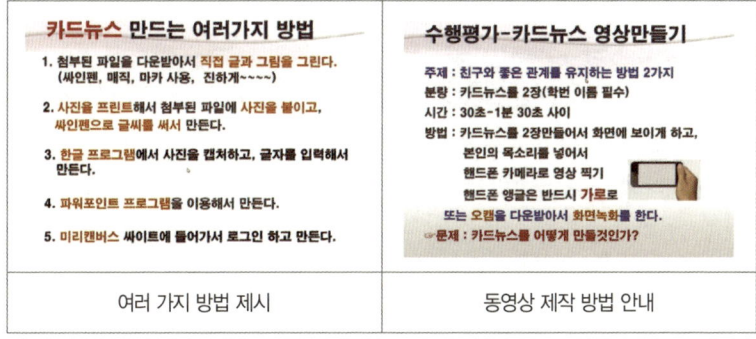

활동을 하며 직접 발표할 때보다 동영상이 더 좋은 점을 발견하게 되었는데, 동영상은 목소리가 잘 들려서 전달이 잘 되었다. 또 찍은 후 확인하여 다시 찍기를 반복하는 과정에서 학생들이 부쩍 성장하는 모습을 발견할 수 있었다. 영상에 노출이 많은 세대인 학생들이 비교적 과제를 수월하게 여기고 적극 참여한다는 느낌도 들었다.

동영상을 함께 보면서 서로 평가하도록 하면 학생들이 자신의 동영상뿐 아니라 친구가 만든 것을 보면서도 배움이 일어난다. 또 같은 내용이 나오는 것을 보면서 친구들의 생각이 자신과 크게 다르지 않다는 사실을 알게 된다. 친구 관계에서 중요한 사실을 인지하고 있었지만 잘 실천하지 않았던 것들도, 정말 명심해서 실천해야겠다고 마음을 다지는 계기가 되기도 한다.

함께 활용하면 좋은 그림책

- ◆ 똑, 딱(에스텔 비용—스파뇰 글·그림 | 여유당)
- ◆ 핑!(아니 카스티요 글·그림 | 달리)

그림책은 짧으면서도 강한 느낌으로 학생들의 기억에 남는다. 학생들이 그림책 주인공의 처지에서 시작해 결국 자신의 이야기에 자연스럽게 접근해 성찰할 수 있도록 이끈다. 그림책 수업을 마치며 학생들의 이야기를 직접 들어 보았다. 그림책과 함께하는 수업이 주제에 쉽게 접근할 수 있어서 수업 내용이 잘 이해되고 기억에 많이 남았다, 지루하지 않았다, 몰입이 잘 되고 흥미로웠다고 대답하는 학생들이 많았다.

학생들은 교사가 그림책을 읽어 주는 것보다 자신들이 직접 들고 모둠 안에서 읽는 것을 훨씬 좋아했는데, 가능하면 그림책을 여러 권 확보해서 모둠별로 학생들 손에 들려 주는 것이 가장 좋은 것 같다. 또 읽고 나서 친구들과 토론하며 다른 사람의 생각을 나눌 수 있었던 시간을 의미 있게 생각했는데, 좋은 책 여러 권을 읽는 것보다 한 권의 책을 읽고 함께 이야기를 나누도록 하는 것도 좋을 듯하다. 그림책을 먼저 보고 수업을 시작할 수도 있지만, 때에 따라 수업을 다 하고 나서 그냥 읽어 주기만 해도 학생들이 스스로 바람직한 도덕적 결론에 도달할 수도 있다. 그림책 수업을 여러 가지로 시도해 보면 좋을 듯하다.

요즘은 초등 고학년에서 그림책으로 수업하는 선생님들이 많아져서 그런지 중학교에 갓 입학한 학생들이 읽어 본 적이 있는 그림책이라고, 그 그림책으로 수업을 한 적이 있다고 반가워하는 학생들이 제법 늘었다. 고무적인 일이다. 학생들이 영상을 보고 그린 그림보다 책을 읽고 그린 그림이 훨씬 창의적이라고 한다. 그림책은 책의 장르 중에서도 그림의 서사, 그리고 절제된 듯 많지 않은 텍스트가 학생들의 창의성을 자극한다. 그래서인지 그림책 수업에서 학생들의 질문은 다양하고 그에 대한 답도 다양하다. 그림책은 도덕 교과 수업에 정말 제격이다. 교사와 학생들이 함께 그림책의 매력에 푹 빠져 보면 좋겠다.

그 밖의 단원 그림책 목록

단원	수업 활용 그림책
삶의 목적	3초 다이빙 (정진호 글·그림 | 위즈덤하우스) 고슴도치와 토끼 (류일윤 글, 임정호 그림 | 글뿌리)
이웃 생활과 도덕	쉿, 조용히 해! (마이클 에스코피어 글, 크리스 디 지아코모 그림 | 꿈터)
평화적 갈등과 폭력 문제 해결	내 탓이 아니야 (레이프 크리스티안손 글, 딕 스텐베리 그림 | 고래이야기) B가 나를 부를 때 (수잔 휴즈 글, 캐리 소코체프 그림 | 주니어김영사) 말의 형태 (오나리 유코 글·그림 | 봄봄)
인권의 도덕적 의미	사라, 버스를 타다 (윌리엄 밀러 글, 존 워드 그림 | 사계절) 1964년 여름 (데버러 와일즈 글, 제롬 리가히그 그림 | 느림보)
다문화 사회의 갈등 해결	샌드위치 바꿔 먹기 (켈리 디푸치오 글, 트리샤 투사 그림 | 보물창고) 밀어내라(이상옥 글, 조원희 그림 | 한솔수북)
세계 시민의 도덕적 과제	벌집이 너무 좁아! (안드레스 피 안드레우 글, 킴 아마테 그림 | 고래이야기) 내가 라면을 먹을 때 (하세가와 요시후미 글·그림 | 고래이야기) 거짓말 같은 이야기 (강경수 글·그림 | 시공주니어)
정의란 무엇인가?	무엇이 모두를 위한 것일까? (입센 원작, 윤해주 글, 송정화 그림 | 을파소)
자연과 인간의 바람직한 관계	눈보라(강경수 글·그림 | 창비) 멋진 하루(안신애 글·그림 | 고래뱃속) 플라스틱 섬(이명애 글·그림 | 상출판사)
삶과 죽음의 의미	내가 함께 있을게 (볼프 에를부르흐 글·그림 | 웅진주니어) 너무 울지 말아라 (우치다 린타로 글, 다카스 가즈미 그림 | 한림출판사)
마음의 평화	미움(조원희 글·그림 | 만만한책방)

가정

가족과 일상을
담은 그림책으로
어려운 주제에 쉽게
다가갈 수 있다

　가족 간의 갈등이라는 주제를 수업에서 다루는 일은 무척 어렵다. 그런 주제를 교과서 내용만 가지고 언급하는 것이 그동안 마음에 걸렸는데, 국어 교과 선생님이 융합 수업을 제안했다. 두 교과 수업 시간을 활용해서 가족과 관련한 그림책을 읽고, 가정 교과에서는 책 속의 가족 갈등을 분석하고 의사소통을 통한 해결 방안을 배우고 스토리보드를 작성하기로 했다. 국어 교과에서는 가정 교과 활동을 바탕으로 연극 대본을 만들어 모둠별 연극을 발표하기로 했다.

　국어 시간에 자신의 가족 갈등 문제를 다룬 모둠이 있어서 감동을 선사하기도 했다는 얘기를 전해 들었다. 자신만 겪고 있다고 믿고 힘들어했을 학생들은 책을 읽으면서 다양한 가족 갈등이 있음을, 나만 겪는 것이 아님을 느꼈을 것이다. 수업 마무리로 부모님께 "사랑해"라는 말 듣기 미션 활동을 했다. 스피커폰으로 들리는 "사랑한다"는 부모님의 한마디가 들릴 때마다 마음 졸이며 함께 듣던 학생들이 같이 기뻐하던 모습이 눈에 선하다. 그림책을 활용하는 수업이 이때부터 시작되었다.

　새 학기가 되어 수업 설계를 할 때였다. 많은 이슈를 가져오는 '성폭력'을 중학생에게 가르치는 일이 큰 숙제였던 내게 한 선생님이 '성폭력' 수업을 그림책으로 설계해 보면 어떠냐고 제안하였다.

　'과연 학생들이 잘 따라올까? 이 무거운 주제를 내가 잘 해낼 수 있을까?'

　성폭력 수업에 그림책을 활용하는 것은 처음이라 떨렸던 나는 책을 읽어 주면서도 학생들의 반응을 살폈다. 시큰둥한 태도가 아니라, 모두 그림책 장면에 집중하는 학생들의 모습이 눈에 들어왔다. '됐다!' 싶었다. 학생들의 마음을 열 수 있는 것만으로도 큰 무기를 하나 얻은 셈이었다. 그림책으로 연 수업은 개별 프로젝트로 진행되어 성폭력 예방 카드 뉴스를 만들고 전시하는 긴 과정으로 마무리되었다.

　그림책을 활용하여 나름대로 성공을 맛본 뒤로 내 머릿속은 온통 '그림책'으로 가득 차게 되었다. 같은 교과 선생님들과 그림책으로 지도안을 구상하고, 그림책 관련 인터넷 게시물을 기웃거리고, 학생들과 나누고 싶은 그림책을 열심히 찾았다.

　가정 교과는 우리 일상생활과 매우 밀접한 교과다. 기본 지식을 학습하여 실천적 문제 해결 역량과 생활 자립, 관계 형성 역량을 키우고, 이를 실생활에 적용할 수 있도록 하는 것이 목표다. 우리의 일상을 다룬 다양한 그림책들은 교과 학습의 훌륭한 소재가 되어 주었다.

　코로나 팬데믹 2년째였던 2021년도에는 모든 단원에 그림책을 활용해서 수업을 시도했는데, 여기에 소개하는 그림책 수업이 그 결과물이다. 많은 선생님들이 그림책으로 학생들을 응원하고 성장시키는 수업을 함께 해보면 좋겠다.

단원별 그림책 목록

단원	그림책
청소년기 발달과 자아 정체감 형성	민들레는 민들레
개성 있는 옷차림	문어 팬티
책임 있는 소비 생활	너도 갖고 싶니? 최고의 차
생활 자원 관리	슈퍼 거북
의사소통과 갈등 관리	가시 소년 짝꿍
안전한 가정생활	그렇게 나무가 자란다 좋아서 껴안았는데, 왜?
건강한 식생활	시골쥐와 감자튀김 뭐, 맛있는 거 없어?
이웃과 더불어 사는 주생활 문화	안녕, 우리 집 우리 동네
미래 가정생활	고양이 손을 빌려 드립니다

청소년기 발달과 자아 정체감 형성

생각이 많아지고 감정이 풍부해진 동시에 어디로 튈지 모르는 청소년기 발달을 겪으면서, 고민을 많이 하는 학생들을 종종 보게 된다. 부정적인 생각을 갖거나 남들과 비교하며 자신을 잃지 않았으면 하는 바람을 담아, '너는 너로서 소중하다'고 깨달을 수 있는 수업 활동을 진행해 보았다.

> **그림책 소개**
>
> **민들레는 민들레** (김장성 글, 오현경 그림 | 이야기꽃)
> 씨앗에서 다시 홀씨가 되어 바람에 날아가기까지 민들레의 생애를 그린다. 어떤 상황에서도 변함 없이 민들레임을 이야기하는 그림책이다.

1차시 민들레와 만나기

표지와 앞 면지를 보면서 민들레와 관련한 경험을 떠올리고, 자신과 닮은 얼굴을 찾아보게 한다. 아파트에 사는 경우가 많아 민들레를 직접 봤다는 학생들이 적다. 민들레를 '꽃이다'처럼 단 세 글자로 표현하는 학생도 있지만, 운동장 구석에서 봤다는 눈썰미 있는 학생도 있다. 면지에 나오는 개구쟁이 얼굴, 안경 쓴 모습, 각양각색의 모습이 모두 온전한 '나'임을 알기를 바라며 수업을 연다. 그림책을 읽고 인상 깊은 장면, 마음에 드는 장면을 적도록 한다. 학생들이 다양한 장면들을 꼽았는데, '민들레는 민들레'라는 문구가 반복되는 점이 마음에 든다는 학생도 있었다.

2차시 민들레는 어땠을까?

다양한 민들레 장면 중 밝은 장면과 어두운 장면을 구분하여 제시한다. 예쁘게 피어서 나비들이 날아드는 장면과 넓은 꽃밭에 많은 민들레가 피어 있는 장면을 밝은 장면으로, 인도의 가로수 보호 철망 사이에 민들레가 피어 있는 장면과 도로 경계 블록 사이에 피어 있는 장면을 어두운 장면으로 구분했다.

각 장면에서 민들레는 어떤 감정일지 작성하고, 자신의 비슷한 경험도 쓰도록 한다. 대부분은 의도한 대로 제시된 장면을 밝게, 어둡게 느끼고 작성했지만, 반대로 바라보는 학급이 있었다. 넓은 들에 핀 많은 민들레 장면에서, 옆에 있는 민들레와 비교된다고 느낄 것 같고 힘들어 보인다고 답하는 학생이 있었다. 명절에 사촌들과 비교되면서 얘기를 듣는 것이 힘들었다고 자신의 경험을 말하였다. 이렇게 학생들의 상황에 따라 다르게 보는 학급이 발생하기도 하므로 특정하여 장면을 제시하기보다 생각을 조금 열어 두는 것이 좋다.

힘들었던 상황을 민들레가 어떻게 극복하고 씨가 되어 날아갔을지 생각해 보도록 하고, 자신은 힘들었던 상황에서 어떻게 행동을 했는지 작성하도록 한다. 같은 상황에서 극복할 수 있는 다른 방안을 생각해 보도록 한 후, 모둠 친구들이 친구의 상황과 행동에 대해 더 좋은 방안을 제안하도록 한다. 보통은 친구와 싸웠을 때 힘들었고, 그냥 기다렸다는 식의 대답을 했는데 한 학생이 가정 형편에 대한 고민을 솔직하게 쓴 사실을 나중에야 알았다. 다행히 모둠 친구들이 학생이 현재 할 수 있는 방법을 제안하면서 위로하고 마음을 나누었음을 결과지를 보고 알았다. 결과지를 보는 내내 마음이 따뜻했다.

함께 나눌 수 있는 질문
1. 가장 마음에 드는 장면은 어디인가? 그 이유는?
2. 민들레는 어떤 기분일까? 내가 민들레와 같은 경험을 한 상황을 떠올려 보자.
3. 민들레는 위와 같은 상황에서 어떻게 벗어날 수 있었을까?
4. 나는 그 상황에서 어떻게 행동했나?
5. 위와 같은 상황을 벗어나기 위한 또 다른 좋은 방법은 뭘까?(내 생각, 친구의 추천 방법)
6. 내가 선택한 방법은?

3~6차시 자아 액자 만들기

그림책의 형식을 참고하여, 활동을 통해 발견한 자신에 대한 자아 액자를 만들도록 한다. 자신의 특징을 표현할 수 있는 그림이나 사진을 준비하고, 계획 단계에서 청소년의 일반적 발달 특징과 비교한 자신의 특징이 드러나도록 자아 액자 제작 의도를 작성하게 한다. A5 사이즈의 크라프트지와 색상지를 제공하고, 시 형식으로 자신의 특징을 작성한 후 미리 준비한 사진이나 그림으로 액자를 꾸미도록 했다.

함께 활용하면 좋은 그림책

- 이게 정말 나일까?(요시타케 신스케 글·그림 | 주니어김영사)
- 너는 어떤 씨앗이니?(최숙희 글·그림 | 책읽는곰)
- 다다다 다른 별 학교(윤진현 글·그림 | 천개의바람)
- 나는요.(김희경 글·그림 | 여유당)
- 난 나와 함께 갈 거야(라켈 디아스 레게라 글·그림 | 썬더키즈)

개성 있는 옷차림

청소년들에게 어떤 옷을 입을 것인지는 특히 중요한 일이다. 모두가 입는 똑같은 옷이 아니라 자신의 체형에 맞게, 개성이 잘 드러나도록 옷차림을 하는 것이 더 중요하다고 깨닫게 해 준다. 옷차림이 자신감, 자아 존중감을 형성하는 데 큰 역할을 한다는 것을 알고, 자신의 개성에 맞는 옷차림을 선택할 수 있도록 하기 위한 수업이다.

그림책 소개

문어 팬티 (수지 시니어 글, 클레어 파월 그림 | 천개의바람)
알몸인 문어가 자신의 다리를 넣을 수 있는 팬티를 찾아 나서고, 자신에게 맞는 옷을 찾게 된다는 이야기가 담긴 그림책이다.

1차시 **자신에게 어울리는 옷차림**

그림책을 함께 보면서 자신에게 어울리는, 개성 있는 옷차림에 대해 생각하는 시간을 가진 후 체형에 어울리는 디자인, 상황에 맞는 옷차림에 대해 알아본다. 표지와 제목을 보고 어떤 내용일지 짐작해 보고 주인공처럼 고민한 경험이 있는지, 주인공이 웃게 된 이유는 무엇인지 등을 질문하여 책 내용을 함께 나눈다.

```
■ 그림책 살펴보기
1. 무엇과 관련된 내용일까요?
   〈 문어가 어떤 팬티를 입을지 고민하는 내용. 〉
2. 그림책 장면들 중 '왜?' 궁금한 장면은?
   〈 애초에 문어는 왜 팬티를 입으려 했을까? 〉
   〈 왜 문어는 자신의 팔로 다니라고 생각했을까? 〉
3. 주인공처럼 고민했던 경험이 있나요? 구체적으로 작성해 보세요.
   〈 후드티를 살 때 남색 후드티를 살지 회색후드티를 살지
     고민한 적이 있다. 〉
4. 주인공이 웃게 된 이유는 무엇이라고 생각하나요?
   〈 팬티에 대한 고민이 해결되었기 때문이다. 〉
   〈 문어는 팬티가 아닌 티셔츠가 필요했다. 〉
```

2~5차시 코디북 만들기

체형에 적합한 의복 디자인 요소와 상황에 따른 옷차림을 학생들이 직접 적용해 볼 수 있도록, 이를 한눈에 볼 수 있는 코디북을 만든다. 먼저 개별적으로 B4 색지를 접어, 자신의 체형 분석을 토대로 적합한 의복 디자인 요소를 찾아 작성한다. 자신의 전신 사진을 찍어 얼굴형, 체형 등을 구체적으로 분석하고, 구체적인 상황을 설정하여 어떻게 입는 것이 바람직한지 크롬북으로 탐색하여 예시 사진도 찾는다. 최종적으로 자신의 체형과 설정한 상황에 맞는 옷차림 이미지를 찾아 구글 문서로 제출하도록 한다. 구글 문서로 제출한 모든 사진들은 출력하여 개별 배부하고 코디북에 붙이게 한다. 자신에게 적용한 의복의 종류에 맞는 세

탁, 관리 방법을 교과서나 활동지를 참고하여 작성하고, 자신의 개성이 표현되도록 코디북의 앞뒤 표지를 꾸미도록 한다.

  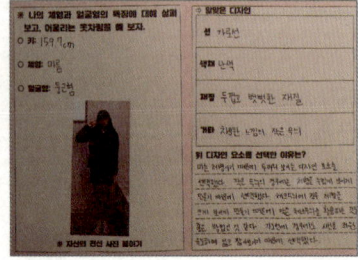

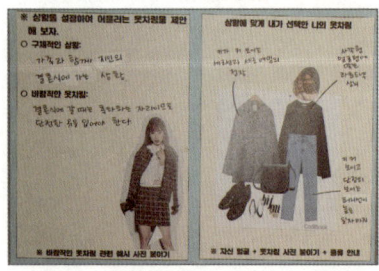 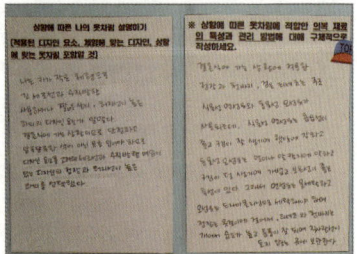

함께 활용하면 좋은 그림책

- ◆ 미미의 스웨터(정해영 글·그림 | 논장)
- ◆ 엄마, 난 이 옷이 좋아요(권윤덕 글·그림 | 길벗어린이)
- ◆ 아름답고 놀라운 옷의 세계(엠마 데이먼 글·그림 | 밝은미래)

책임 있는 소비 생활

소비에 있어서 주체가 되어 가는 시기가 바로 청소년기라고 할 수 있다. 하지만 구매의 필요에 대한 별다른 고민 없이 물건을 고르고 구입하는 경우가 대부분이다. 평소의 소비 행동에 대해 평가하고 바람직한 소비 습관을 갖추도록, 더 나아가 책임 있는 소비 행동을 위해 어떤 역할이 필요한지 생각해 보도록 하는 수업이다.

그림책 소개

너도 갖고 싶니? (앤서니 브라운 글·그림 | 웅진주니어)
새로운 물건을 보여 주면서 주인공에게 '너도 갖고 싶지?' 하며 매번 자랑하는 친구의 행동을 통해 '물건을 가진다'는 의미에 대해 생각하게 하는 그림책이다.

1~2차시 청소년의 소비 생활 특성과 합리적인 소비 방법

'하늘 무늬 상자 안에는 무엇이 들어 있을까?' 표지에서 상자를 들고 있는 등장인물의 모습이 학생들의 궁금증을 유발한다. 계속 자랑하는 아이와 별다른 반응을 보이지 않는 주인공의 모습을 보면서 비슷한 경험을 공유하고, '너도 갖고 싶지?' 하며 계속 묻는 친구의 심리도 함께 생각해 보면서 두 친구의 소비 행동을 비교하도록 한다.

그림책 살펴보기 예

1. 그림책을 읽고 어떤 생각이 드나요?
   - 제레미는 오로지 자신이 갖고 있는 물건만 과시하며 잘난 척을 하는 친구인 것 같다. 제레미도 처음에는 샘과 같은 아이였을 텐데, 제레미가 이렇게 변하게 된 이유가 무엇인지 궁금하다. 그리고 샘이 제레미가 자랑할 때 어떤 생각을 하고 있었을지도 알고 싶다. 제레미의 자기 과시는 늘 자신에게 화를 불러왔는데, 이 부분에서 깨달음을 얻었다.
2. 제레미는 왜 그렇게 행동했을까요?
   - 제레미는 사실 자존감이 낮았고, 그래서 값비싼 물건을 과시함으로써 자신을 더 대단해 보이게 하는 것 같다.
3. 소비 행동 측면에서 제레미와 샘의 행동을 비교한다면 어떤 차이가 있을까요?

제레미는	샘은
- 제레미는 구매한 물건을 가지고 샘에게 자랑만 했다. 제레미는 오로지 '자랑'하기 위해 물건을 사는 것 같다.	- 샘은 제레미가 아무리 자랑을 해도 부러워하지 않는다. 샘은 물건을 사는 데 큰 관심이 없는 것처럼 보인다.

그림책 소개

최고의 차 (다비드 칼리 글, 세바스티앙 무랭 그림 | 봄개울)
최고의 차를 사기 위해 돈은 버는 방법을 고민하다가 부업으로 작은 장난감 차를 조립하는 일을 하여 원하던 자동차를 가지게 되던 날, 더 멋진 자동차의 광고를 보고 다시 장난감 차 조립하는 일을 한다는 내용이다.

3~4차시 책임 있는 소비 행동 방안 제안하기

그림책 〈너도 갖고 싶니?〉가 청소년의 소비 행동에 대해 다뤘다면, 그림책 〈최고의 차〉는 물건을 구매하는 행동에 대해 이야기하고 있다. 학생들은 그림책을 보는 것만으로도 어떤 행동이 잘못됐는지 깨닫는다. 주인공과 비슷한 경험이 있는지 자신의 모습과 닮은 주인공의 행동을 분석하고, 소비 생활 측면에서 궁금한 장면이 있는지 등을 이야기 나눈다. 소비 생활에서 주인공의 행동을 바람직한 측면과 바람직하지 않은 측면이 나오는 장면을 뽑아 소비 행동을 분석 평가하고, 소비자의 역할 측면에서 근거를 찾아 판단 이유를 작성하도록 한다.

	해당되는 장면 & 주인공의 구체적인 행동	소비자의 역할 or 구매의사결정과정 설명
바람직한 행동	합법적인 생산활동을 하여 갖고 싶었던 제품을 구매하였다. (돈을 벌기 위해 할 수 있는 행동에는 강도가 되는 것, 도박을 하는 것 등의 옳지 못한 행동도 많은데 주인공은 꾸준하게 일하는 방법을 택했다.)	주체적으로 행동하는 소비자 자신의 소비 가치관에 따라 일을 하고 돈을 벌어 자신이 원하는 조건에 충족한 제품을 구매하였다.
바람직하지 않은 행동	원했던 차를 구매하고도 또 다른 자동차 광고를 보고서 갖고 싶어하는 것은 갖고 있음에도 필요 없는 것을 구매하려 하는 바람직하지 않은 행동이다.	주체적으로 행동하는 소비자 절약하고 나누는 소비자 이미 다른 디자인으로 가지고 있는 차를 새로 출시 되었다고 또 구매하는 것은 비합리적 소비에 해당한다. 그리고 또한 새 차를 구매하게 되면 현재 있는 차가 무쓸모해지기 때문에 자원 낭비에 한다.

미래의 소비자로서 학생들이 나뿐 아니라 사회와 환경을 위해 책임 있게 행동하는 것이 무엇보다 중요하다. 책임 있는 소비 행동인 윤리적 소비란 무엇인지, 그 특징이나 장점은 무엇인지, 구체적인 실천 방법은 무엇인지를 조사한다. 주인공의 소비 행동 분석 활동지와 윤리적 소비 방법 조사 활동지를 참고하여 주인공에게 편지 쓰기를 한다. 소비자 역

할 측면에서 주인공의 바람직하지 않은 소비 행동을 그 근거와 함께 구체적으로 제시하고, 자신의 소비 행동도 소비자 역할 측면에서 분석하여 함께 적는다. 또 조사한 윤리적 소비 실천 방안을 제안함으로써 책임 있는 소비자 역할을 다할 것을 권하는 내용을 담도록 한다.

함께 활용하면 좋은 그림책

- ◆ 또 마트에 간 게 실수야(엘리즈 그라벨 글·그림 | 토토북)
- ◆ 멋진 하루(안신애 글·그림 | 고래뱃속)
- ◆ 어머, 이건 꼭 사야 해!(이현진 글·그림 | 노란돼지)

생활 자원 관리

우리에게는 하루 24시간이라는 똑같은 시간이 주어진다. 시간을 제대로 사용하기 위해 다짐하면서 계획도 세워 보지만, 작심삼일이라는 말도 무색하게 하루 만에 무너지기도 한다. 시간 관리뿐 아니라 각자가 가진 생활 자원을 스스로 관리할 수 있는 방법을 찾기 위한 수업이다.

그림책 소개

슈퍼 거북 (유설화 글·그림 | 책읽는곰)
경주에서 토끼를 이긴 꾸물이는 다른 동물들이 실망할까 봐 진짜 슈퍼 거북이 되기 위해 밤낮없이 연습하지만, 그 때문에 오히려 점점 지쳐 가게 된다는 내용의 그림책이다.

1차시 나에게 시간이란

늘 주어지기 때문에 어쩌면 한 번도 생각해 보지 않았을 시간에 대해

'나에게 시간이란?' 하고 학생들에게 질문한다. 학생들은 자기 생각을 묻는 것을 아직도 어려워한다. 시간과 관련한 다양한 명언들을 제시하여 시간의 특성에 대해 이해하도록 하고, 시간을 어떻게 쓰면 좋을지 시간 계획을 세우기 위한 준비에 들어간다. 먼저 그림책 〈슈퍼 거북〉을 읽어 주면서 주인공의 문제를 찾아보도록 한다.

함께 나눌 수 있는 질문

1. 슈퍼 거북이 힘든 이유는 무엇일까요?
2. 슈퍼 거북은 언제 행복한 표정이었나요? 이유는 무엇일까요?
3. 슈퍼 거북의 하루를 생활 시간 종류별로 분류한다면 어떻게 될까요?
4. 시간 활용 측면에서 슈퍼 거북의 일과를 평가한다면 몇 점을 줄 수 있나요? 이유는?

2~4차시 | 생활 자원 관리 방안 제안하기

학생들이 겪는 시간 관리 문제를 포함해 생활 관리 문제 상황을 설정하고, 이를 해결할 수 있는 구체적인 방법이 담긴 스토리보드를 프레젠테이션 슬라이드로 만들게 한다. 개인별 활동으로 시간 관리, 스트레스 관리 등 주제나 캐릭터 등을 개인별 활동으로 자유롭게 결정하고, 어떤 이야기로 표현할 것인지 계획하여 스토리보드를 만들도록 한다.

생활 관리에 있어서 어떤 문제가 있는지, 왜 발생했는지, 이를 해결하는 방법에는 무엇이 있는지 이야기 흐름이 자연스럽게 표현되도록 한다. 캐릭터를 사용할 때는 반드시 출처를 표기하도록 하고, 말풍선이나 글상자를 사용하는 방법도 함께 안내한다. 수업에서 학생들은 〈슈퍼 거북〉

처럼 거북이나 자신이 좋아하는 캐릭터를 이용하기도 했지만, 직접 그림을 그린 후 사진을 찍어 완성하는 학생도 꽤 있었다. 또 〈슈퍼 거북〉의 주인공처럼 여가 시간이 없는 생활로 인한 피로를 표현하는 경우가 많았다.

의사소통과 갈등 관리

학교에서 만나는 아이들은 정말 다양한 얼굴을 하고 있다. 밝은 학생들도 있지만, 이해할 수 없는 물음표를 한가득 안기는 학생들도 있다. '왜 그랬을까?', '왜 그럴까?' 하고 잘 들여다보면 소통에 어려움을 가진 학생들이 대부분이다. 인간관계에 있어 큰 힘을 되어 주는 소통과 대화의 가장 가까운 대상인 가족 관계에서 불통으로 발생하는 갈등을 어떻게 해결할 수 있는지를 알아보고 직접 적용할 수 있도록 수업을 구성하였다.

> **그림책 소개**
>
> **가시 소년** (권자경 글, 하완 그림 | 천개의바람)
> 가시로 온몸이 뒤덮인 소년은 상대방에게 거칠게 가시를 쏟아 낸다. 그럴수록 점점 자신이 누군가에게 다가갈 수 없다는 것을 알게 된 소년이 가시를 없애고 진짜 하고 싶은 말을 전한다는 내용의 그림책이다.

1~3차시 효과적인 의사소통 방법

교무실에 앉아 있으면 자주 학생들의 거친 말이 귀에 꽂힌다. 그럴 때면 일어날 것인가, 귀를 막을 것인가 하는 내적 갈등을 느끼게 되는데, 이런 학생들에게 평상시에 가장 많이 사용하는 말이 어떤 말인지 적어 보게 하는 것으로 수업을 열었다. 평소 많이 사용하는 말인데도 고민하는 모습이 얼굴이 보여서 '비속어여도 상관없다'는 한마디를 덧붙였다. '어떻게 그래요?', '믿어도 되나?' 하는 표정으로 바라보던 학생들이 자신의 말을 글로 쓰고 부끄러워하는 눈치다.

이어서, 그림책 〈세상에서 가장 힘이 센 말〉(이현정 글, 이철민 그림 | 달달북스)을 읽으면서 가장 듣고 싶은 말, 가장 힘이 센 말을 정리해 보게 한다. 말, 대화로 친구를 잃기도 얻기도 하는 학생들을 많이 본다. 친구든 가족이든 모든 관계의 시작은 말로 시작된다. 상대방에게 상처 주는 말을 쏟아 내어 주변에 친구들은 하나도 남지 않고, 그러면서도 계속 친구를 그리워하는 학생들과 주인공은 닮아 있다. 그림책 장면을 분석하고 비슷한 자신의 경험도 나누도록 한다. 모두에게 있을 가시의 모습을 그림으로 표현해 보면서 가시가 많아지면 어떤 영향을 끼칠 수 있는지도 생각해 보도록 한다. 수업에서 학생들은 가시로 인해 영향을 받는 주인공을 통해 자신의 모습, 진짜 마음을 표현하기도 했는데, 이 과정에서 가시 대신 진짜 원하는 바를 잘 전달하는 의사소통의 중요성을 이해하게 된다.

함께 나눌 수 있는 질문

1. 소년은 왜 가시가 생겼을까? 내가 가시가 생길 때는 언제인가?
2. 나의 가시는 어떤 모습일까?

3. 가시가 커지고 많아지면 어떻게 될까?

4. 소년은 어떤 감정, 마음일까? 그 이유는 무엇일까?

5. 소년이 진짜 원하는 것은 무엇일까?

6. 왜 가시를 없애는 것을 선택했을까? 가시를 없애기 위한 방법은 무엇일까?

학생이 그린 가시의 모양

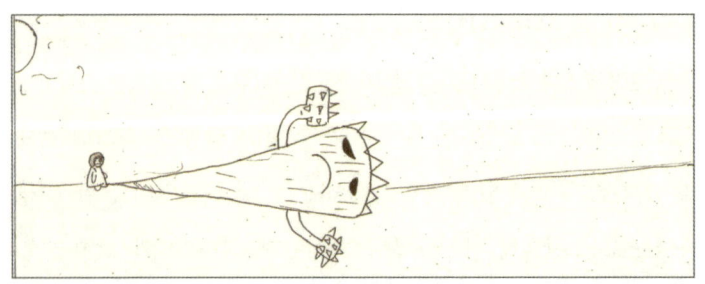

그림책 소개

짝꿍 (박정섭 글·그림 | 위즈덤하우스)
친했던 짝꿍이 자신을 험담했다는 얘기를 듣고 크게 싸워서 사이가 멀어졌다. 시간이 지난 후 모든 것이 자신의 오해였다는 것을 알게 되고, 어떻게 할지 고민하는 내용의 그림책이다.

4차시 장면 이어서 그리기

아이들은 학교에서 친구들과 오해로 시작된 갈등을 경험하곤 한다. 그림책처럼 '~카더라' 하는 상황이 학교에도 존재하는 것이다. 실제 경험과 비슷한 그림책 장면들에 학생들은 신이 난 표정이다. '툭! 저기 있잖아로 끝맺는 장면에서는 학생들 눈이 커졌는데, 이후 누가 어떻게 얘기하면 좋을지 선택하여 그 장면을 개별 활동지에 이어서 그리게 하였다. 효과적인 의사소통 방법을 반드시 활용하도록 안내하고, 그림책처럼 하나의 장면으로 그리든 여러 장면으로 그리든 장면 분할은 개별적으로 결정하게 하였다. 장면 이어서 그리기가 실제 학교생활 중 발생할 수 있는 친구 사이의 갈등을 해결하는 힘을 키워 줄 거라고 믿는다.

5~7차시 민주적 가족 관계 형성을 위한 스토리보드 만들기

친구 간의 갈등을 해결하는 방법을 생각해 보았으니 이번에는 가족 간의 갈등에 대해 고민해 본다. 다음에 소개하는 가족 관계와 관련한 다양한 그림책 16종을 각 1~2권씩 준비하고, 인터넷 서점의 미리보기나 북트레일러 영상으로 그림책을 소개한다.

가족 관계 및 의사소통을 담은 그림책
- 나 때문에(박현주 글·그림 | 이야기꽃)
- 끼인 날(김고은 글·그림 | 천개의바람)
- 알사탕(백희나 글·그림 | 책읽는곰)

- 이파라파냐무냐무(이지은 글·그림 | 사계절)
- 가시 소년(권자경 글, 하완 그림 | 천개의바람)
- 핑!(아니 카스티요 글·그림 | 달리)
- 위대한 가족(윤진현 글·그림 | 천개의바람)
- 수연(소윤경 글·그림 | 웅진주니어)
- 혼나기 싫어요!(김세실 글, 폴린 코미스 그림 | 나무말미)
- 엄마가 화났다(최숙희 글·그림 | 책읽는곰)
- 커다란 포옹(제롬 뤼예 글·그림 | 달그림)
- 친구랑 싸웠어!(시바타 아이코 글, 이토 히데오 그림 | 시공주니어)
- 토라지는 가족(이현민 글·그림 | 고래뱃속)
- 짝꿍(박정섭 글·그림 | 위즈덤하우스)
- 가만히 들어주었어(코리 도어펠드 글·그림 | 북뱅크)
- 내 말 좀 들어 주세요, 제발(하인츠 야니쉬 글, 질케 레플러 그림 | 상상스쿨)

    그림책의 상황과 자신의 경험을 포함해 갈등의 상황은 학생들이 자유롭게 선택한다. 먼저 활동지에 그림책 속, 혹은 자신의 경험에서 어떤 갈등 상황이 있는지, 그 원인은 무엇인지 분석하여 작성한다. 그림책에 원인이 표현되지 않은 경우가 있는데, 그런 경우는 개별적으로 있을 수 있는 원인을 상상 또는 재구성해서 작성하도록 한다. 이때 갈등 상황을 해결하기 위한 효과적인 의사소통 방법을 적용하여 활동지와 스토리보드에 표현해야 함을 안내한다.
    스토리보드는 이야기의 흐름이 자연스럽고 갈등의 원인과 상황, 그리고 해결을 위한 효과적인 의사소통 방법을 구체적으로 표현할 수 있도록 그림책을 그대로 따라 그리지 않고 재구성하도록 한다. 학생들이 선택한 그림책을 자유롭게 가지고 가서 참고하면서 스토리보드를 구성하고 채색하도록 한다.

함께 활용하면 좋은 그림책

- 알사탕(백희나 글·그림 | 책읽는곰)
- 내 말 좀 들어 주세요, 제발(하인츠 야니쉬 글, 질케 레플러 그림 | 상상스쿨)
- 곰씨의 의자(노인경 글·그림 | 문학동네)
- 이파라파냐무냐무(이지은 글·그림 | 사계절)
- 핑!(아니 카스티요 글·그림 | 달리)
- 가만히 들어주었어(코리 도어펠드 글·그림 | 북뱅크)

안전한 가정생활

폭력에 노출된 아이들의 소식에 많은 사람이 안타까워한다. 안식처가 돼야 할 가정에서 상처를 받기도 하고, 즐거워야 할 학교나 사회 곳곳에서 외모 평가나 성희롱의 대상이 되기도 한다. SNS 같은 온라인 상에서도 성적 이미지 합성 등의 사건 사고가 발생하고 있다. 피해자가 참고 숨지 않도록, 죄책감 없이 '몰랐어요!'라는 말을 뱉거나 방관자가 되지 않도록 하기 위한 수업을 진행하였다.

> **그림책 소개**
>
> **그렇게 나무가 자란다** (김흥식 글, 고정순 그림 | 씨드북)
> 아버지는 밤마다 아이에게 나무를 심고, 아이는 마당의 개에게, 반 친구에게, 자신의 아이에게까지 나무를 심게 된다는 내용이다. 거친 선과 어두운 색으로 폭력의 상처를 표현한 그림책이다.
>
>

1차시 **가정 폭력 사례 제대로 알기**

우리 정서상 한 가정의 부정적인 속내를 들여다보고 이야기하기는 쉽지 않다. 이 어려운 주제를 그림책 〈울음 소리〉(하수정 글, 그림 | 웅진주니어)를 펼쳐 보이며 수업을 열었다. 학생들은 짧은 탄식으로 준비됐음을 알린다. 준비한 그림책을 천천히 읽어 주고 질문을 함께 나눈 뒤 '나무를 심는다'는 것은 어떤 의미일지, 아빠가 왜 주인공에게 나무를 심는지 등을 물으면서 대물림된 가정 폭력에 대해 생각해 본다. '그림책 읽고 질문 만들기, 가정 폭력 사례 조사하기, 가족 폭력 원인 및 영향 조사하기, 가정 폭력 대처 방안 및 지원 방안 제안하기, 가정 폭력 예방을 위한 홍보물 만들기' 순서로 프로젝트 수업을 진행해도 좋다.

함께 나눌 수 있는 질문

1. 주인공의 가족은 어떻게 되나?
2. '나무를 심는다'는 것은 무슨 뜻일까?
3. '열매'는 무엇을 뜻하는 것일까?
4. 처음 주인공이 나무를 심은 대상은?
5. 친구들과 아이들에게는 왜 나무가 자라지 않았을까?
6. 폭력의 원인에는 어떤 것들이 있을까?
7. 아빠는 왜 자신의 아이에게 나무를 심었을까?
8. 처음 주인공이 아이에게 나무를 심었을 때, 그리고 아이에게 나무가 자라지 않았을 때 어떤 마음이 들었을까?
9. 대물림된 폭력이 정당화될 수 있을까? 그 이유는?

'대물림된 폭력이 정당화될 수 있을까'에 대한 답변 예

> 대물림된 폭력은 정당화될 수 있다고 생각하지 않는다. 왜냐하면 자신이 그런 폭력을 겪었다면 자신의 자식부터는 더 상처받지 않도록 해야 된다고 생각한다. 자기도 폭력을 당했을 때 아프고 슬펐던 감정을 느꼈을 텐데, 그걸 알면서 자기 자식에게 똑같이 하는 것은 정당화될 수 없는 행동이라고 생각한다.

2~3차시 가정 폭력 예방 선언문 쓰기

가정 폭력의 구체적인 사례와 가정 폭력의 원인, 피해 영향, 대처·지원 방안에 대해 조사한 후 토의를 통해 더 다양한 원인과 피해 영향을 탐색하도록 하였다. 이를 바탕으로 미래의 이웃과 가족에게 전하는 가정 폭력 예방 선언문 쓰기 활동을 진행했다. 이웃으로서 할 수 있는 행동으로 '이웃의 작은 소리에 귀기울이기, 신고하기' 등을 쉽게 적을 수 있으나, 폭력의 고통 속에 있는 당사자가 할 수 없는 일임을 강조하여 학생들이 진지한 태도로 선언문을 작성하도록 한다.

그림책 소개

좋아서 껴안았는데, 왜? (이현혜 글, 이효실 그림 | 천개의바람)
좋아한다는 이유로 친구를 껴안은 주인공은 친구가 화를 내는 이유를 알지 못한다. 저마다 경계가 있고, 경계를 넘어갈 때는 상대방의 동의를 받아야 한다는 사실을 알려 주는 그림책이다.

4~10차시 성폭력 예방 카드 뉴스 만들기

그림책을 읽어 주면서 좋아하는 연인 관계에서도 상대방의 성적 의사 결정을 존중해야 함을, 각자의 '경계'를 넘을 때는 '동의'를 구해야 한다는 점을 강조한다. 학생들이 일상에서 만날 수 있는 성과 관련한 상황들을 제시하고, 성폭력에 해당하는지 판단해 보도록 한다. '성폭력 예방 카드 뉴스 만들기' 프로젝트는 개별로 온라인 문서 작업을 통해 진행한다. 각자 성폭력의 유형과 사례를 조사하고, 그 발생 원인과 피해자에게 끼치는 영향 등을 알아본다. 또 성폭력 예방 방안과 성폭력 발생 시 대처 방안 등에 대해 자료 조사를 하고 이를 분석하게 한다. 개별 프로젝트로 진행해서 자료 조사나 분석 등의 문서 작업을 힘들어하는 학생들이 있었으나, 친구들에게 공개되는 것이 아니라서 오히려 성폭력 주제를 선정한 이유나 성폭력에 대한 자기 생각을 자유롭게 표현하는 학생이 많았다.

분석한 내용을 바탕으로 카드 뉴스를 만들기 위한 구성 계획을 세우게 한다. 카드 뉴스에는 선택한 성폭력 사례나 통계, 원인, 영향, 대처 방

학생들의 조사

⊙ 아동 성폭력에 대한 사회적 차원의 대처 방안
− 침착하고 흔들리지 않는 모습으로 아이를 달래 주고 아이의 잘못이 아님을 주지시키기
− 전문 기관을 통한 의료, 상담 지원, 법률적 지원을 받도록 도움 요청
− 몸을 씻지 않은 채로 가능한 한 빨리 산부인과에 가기
− 몸에 멍이나 상처가 있을 경우 사진을 찍어 놓기
− 자신을 지지해 주고 도와줄 수 있는 사람 찾기
− 혼자 있지 말고 가족이나 친구 집 등 안전한 장소로 피하기
− 성매매를 강요한 증거(녹취록, 장부 등)를 수집하기

⊙ 아동 성폭력에 대한 개인 차원의 예방 방안
− 남성과 여성의 신체 구조와 차이에 대해 인지하기
− 자신과 타인의 몸을 소중히 여기도록 가르치기
− 바로 교사나 부모에게 이야기하라고 하기
− 타인이 자신을 함부로 만지지 않도록 알리기
− 위험 상황을 감지하고 피할 수 있도록 상황에 맞는 표현과 대처 방법을 가르쳐 주기
− 학교(유치원), 통학로와 집 근처 약국, 편의점, 이웃집 등 위급할 때 뛰어가 도움 청할 곳(아동 안전 지킴이집)의 위치 등을 익혀 두기

안과 예방 방안, 전하고자 하는 메시지가 담기도록 구성한다. 카드 뉴스의 특성에 맞게 짧은 글과 이미지를 넣게 하고, 반드시 이미지의 출처를 남기도록 한다.

완성 후 패들렛을 활용하여 메시지 전달력과 구성 면에서 친구의 카드 뉴스를 평가하여 댓글로 남기고, 우수작에는 스티커를 붙이도록 했다. 많은 스티커를 받은 카드 뉴스는 인화하여 복도, 계단, 중앙 현관 등에 전시함으로써 성폭력 예방 홍보 활동도 함께 진행할 수 있다.

함께 활용하면 좋은 그림책

◆ 너 왜 울어?(바실리스 알렉사키스 글, 장-마리 앙트낭 그림 | 북하우스)
◆ 앵그리맨(그로 달레 글, 스베인 니후스 그림 | 내인생의책)
◆ 아빠의 술친구(김흥식 글, 고정순 그림 | 씨드북)
◆ 내가 안아 줘도 될까?(제이니 샌더스 글, 세라 제닝스 그림 | 풀빛)
◆ 슬픈 란돌린(카트린 마이어 글, 아네테 블라이 그림 | 문학동네)
◆ 선녀와 나무꾼(김순이 글, 이종미 그림 | 보림)

건강한 식생활

우리의 일상에서 의식주는 분리해서 생각할 수 없다. 바쁜 사회 생활과 감염병 발생 등 최근의 사회적 상황은 우리들의 먹거리에도 많은 영향을 끼쳤다. 직접 음식을 만들어 먹을 수 없거나 외식을 할 수 없어 배달 음식이나 밀키트 식품을 선택하는 경우가 늘었다. 건강을 위해서 어떤 음식을 선택해야 하는지 학생들이 스스로 생각할 수 있도록 수업을 구성했다.

> **그림책 소개**
>
> **시골쥐와 감자튀김** (고서원 글·그림 | 웅진주니어)
> 친구를 따라 서울에 간 시골쥐가 인스턴트 식품과 패스트푸드를 먹으면서 건강이 좋지 않음을 느끼고 다시 시골로 돌아간다는 이야기의 그림책이다.

1차시 **식생활 문제 분석하기**

　음식 선택의 중요성과 균형 잡힌 식사에 대한 수업을 진행한 후, 그림책을 보면서 시골쥐가 대접한 상차림에 대한 서울쥐의 태도에 대해 자신이라면 어땠을지 생각을 나누도록 한다. 수업에서는 시골쥐의 상차림에 대해, 채소만 있지만 정성을 생각해서 맛있게 먹을 것이라는 답이 많았다.

　패스트푸드와 인스턴트 식품을 먹으면서 점점 건강이 나빠지는 장면을 통해 자신의 식습관에 대해 평가하고 자신의 경험을 쓰도록 한다. 감자튀김을 곁들인 안심 스테이크를 권하는 친구의 제안을 뿌리치고 시골로 돌아가겠다는 시골쥐의 입장이라면 어떤 선택을 할 것인지도 생각해 보게 한다. 다행히 인스턴트식품이나 패스트푸드에 노출된 학생들은 그리 많지 않았는데, 시골로 돌아가서 균형 잡힌 식사를 하고 직접 기른 채소를 먹겠다는 학생들도 있지만 스테이크를 포기할 수 없다는 학생도 꽤 있었다.

그림책 소개

뭐, 맛있는 거 없어? (전금자 글·그림 | 비룡소)
갑자기 모든 것이 맛없어진 생쥐가 맛있는 것을 찾아 길을 떠난다. 그러던 중 뱀에게 먹혔다가 극적으로 살아나면서 입맛을 찾게 된다는 이야기다.

2차시 건강 음식 계획하기

시무룩한 생쥐의 표정이 왜, 무슨 일인데 하는 궁금증을 자아낸다. 최근 코로나 팬데믹으로 인해, 혹은 긴 방학 동안 불규칙한 생활로 인해 입맛이 없다는 학생을 간혹 볼 수 있다. 생쥐의 상황과 비슷한 자신의 경험을 작성하면서, 생쥐에게 필요한 것은 무엇인지 생각해 보도록 한다. 이어서, 그림책 〈시골쥐와 감자튀김〉, 〈뭐, 맛있는 거 없어?〉의 주인공, 비슷한 경험이 있는 자신이나 친구에게 식생활 측면에서 어려움을 해결할 수 있도록 건강 음식을 제안하는 건강 요리북을 계획한다.

3~6차시 건강 요리북 함께 만들기

건강 요리북은 짝과 함께 만들도록 했다. 먼저 요리를 대접할 대상을 함께 선정하고 식생활 문제를 개선하기 위한 음식을 결정한다. 음식 구성은 식품군이 골고루 포함되도록 계획하고, 1개 이상의 음식을 담당하여 식품 정보를 조사하도록 안내한다. 각자 휴대폰을 활용하여 음식의 재료인 식품의 영양소 정보, 구입 요령, 보관하는 방법 등을 조사하고 요리북에 작성한다. 앞뒤 표지에는 각자 담당한 음식을 그리고, 어떤 음식인지, 주된 재료와 영양 정보 등을 정리하여 소개하는 글을 작성하도록 한다.

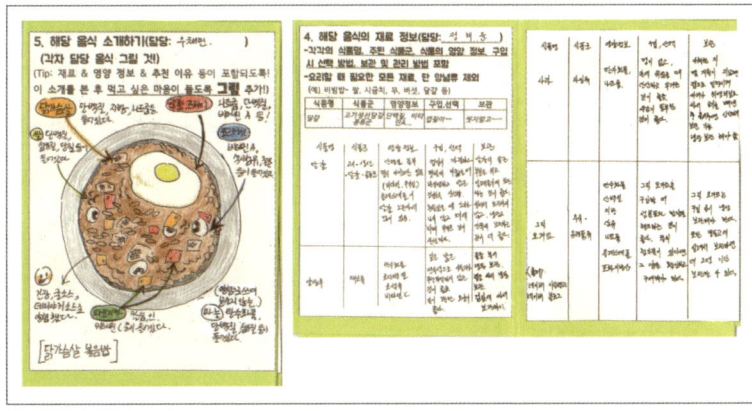

함께 활용하면 좋은 그림책

- 바삭바삭 갈매기(전민걸 글·그림 | 한림출판사)
- 과자 마녀를 조심해!(정희재 글, 김영수 그림 | 책읽는곰)
- 마음요리(엄지짱꽁냥소 글·그림 | 노란돼지)

이웃과 더불어 사는 주생활 문화

우리는 매일 일정한 공간에서 눈을 뜨고, 또 다른 공간으로 이동한다. 늘 공간에서 생활하지만 어떻게 공간을 선택해야 할지 깊게 생각해 본 학생은 많지 않을 것이다. 그림책에서 주인공이 '우리 집'에 대해 정겹게 이야기하는 것을 보면서 자신을 둘러싼 공간과 동네를 살펴보고, 서로 어떻게 생각하고 생활하는지 알아보면서 더불어 살아가는 방법을 생각해 보는 수업을 계획했다.

그림책 소개

안녕, 우리 집
(스테파니 파슬리 레디어드 글, 크리스 사사키 그림 | 비룡소)
한 소녀가 자신의 생활을 얘기하듯 집에 대해 조곤조곤 이야기한다. 집과 가족에 대해 따뜻함을 느끼게 하는 그림책이다.

1차시 주거 가치관 탐색하기

집에 대한 각자의 생각, 즉 주거 가치관에 따라 집을 선택하는 기준이 다름을 안내한 후 그림책을 살펴보면서 주인공의 주거 가치관을 탐색하도록 한다. 가장 공감되는 장면이 무엇인지 물었을 때, 한 학생이 감싸 안아 주는 팔이라고 얘기하는 장면을 꼽으며 자신도 그런 편안함을 집에서 느낄 수 있기 때문이라고 답했다. 이미지 카드를 활용하여 집에 대해 주인공은 어떻게 생각하는지, 자신은 어떻게 생각하는지 가장 비슷한 카드를 뽑고 이유를 작성하도록 하였다. 작성한 내용을 모둠원과 공유하면서 친구들의 주거 가치관에 대해 탐색하도록 했다.

'주거(집)' 하면 떠오르는 생각과 가장 관련된 카드를 뽑아주세요.	
주인공은 어떤 카드였을까요? 간단하게 카드 이미지를 설명해 주세요.	나는 어떤 카드인가요? 카드를 뽑은 이유는? (주거는 _____ 라고 생각하는데 이 카드는 _____ 이기 때문이다.)
두 사람이 함께 도자기를 빚는 카드. 주인공은 집을 가족들과 함께 꾸려가기도, 혼자만의 안식처이기도, 가끔 공허하지만 그래도 따뜻한 나의 공간이라고 생각하는 것 같았다. 도자기를 빚을 때 여러 사람이 함께 빚기도, 혼자 빚기도 하고 실수를 해도 다시 빚으면 예쁜 도자기가 완성되기 때문에 이 카드를 선택했다.	예: 오리들이 엄마 오리를 따라가는 카드. 나에게 집이란 나를 사랑해주는 가족들이 항상 나를 기다리고 있고 감정을 함께 공유하면서 계속 생각나고 안되는 곳이다. 이 카드에서는 엄마 오리가 아기 오리들을 잘 인솔하고, 아기 오리들도 오늘도 사이좋게 엄마 오리의 뒤를 따르는 모습이 나타난다. 나는 이런 카드의 모습에서 서로의 버팀목이 되어주는 화목한 우리 가족, 우리 집과 같다고 생각했다.

그림책 소개

우리 동네 (이해인 글, 박현주 그림 | 현북스)
이해인 수녀의 수필로 수녀원이 있는 동네를 소개한 그림책이다. 어떤 장소들이 있는지 동네와 사람들을 소개한다.

2~3차시 이웃과 함께하는 공간 소개하기

그림책에서 주인공이 좋아하는 공간을 찾으면서 자신이 어느 곳을 자주 가는지도 작성하도록 한다. 아파트 단지 내 놀이터나 편의점, 학원,

스터디 카페에 자주 간다는 답이 많았다. 학교나 자신의 집을 제외하고 동네에서 가장 자주 가거나 좋아하는 장소의 사진을 미리 찍어 준비하도록 하고, 그 장소의 위치와 선정 이유, 특징 등을 담아 구글 문서에 공간을 소개하게 한다. 더불어 살아가는 생활 속에서 발생할 수 있는 갈등과 예방, 해결 방안도 함께 제안하도록 한다. 추가 활동으로 학급별 추천 장소를 정하고, 인터넷의 다양한 디자인 도구를 활용하여 소개 홍보물을 제작 공유하는 시간을 가져도 좋다.

공간이름	놀○(만화 카페)
주소	경기 파주시 경의로
선정 이유	만화 카페를 선정한 이유는 내가 만화 카페를 가서 만화를 볼 때가 많기 때문이다. 만화 카페에는 먹을거리도 있고 집에 없는 책도 볼 수 있다.
특징	놀○에서는 만화책과 음료수, 먹을 것들이 있고 주로 만화를 좋아하는 사람이나 집에 만화책이 없는데 보고 싶은 만화가 있는 사람들이 많이 간다. 그곳은 만화책이어도 책을 읽는 공간이기 때문에 조용한 분위기가 대부분이지만 도서관처럼 완전 조용하지는 않고 사람들이 친구나 가족 등 지인들과 같이 오는 경우가 많아서 서로 대화를 하기 때문에 편하게 이용할 수 있다. 자리에 쿠션이나 담요 등이 있어서 편하게 기대거나 누워서 만화책을 이용하기 편하다.

함께 활용하면 좋은 그림책

- ◆ 세상이 특별해지는 순간(샘 보턴 글·그림 | 키즈엠)
- ◆ 모두를 위한 단풍나무집(임정은 글, 문종훈 그림 | 창비)
- ◆ 꿈의 집(허아성 글·그림 | 책읽는곰)

미래 가정생활

아이가 부모를, 특히 엄마를 이해하는 데는 많은 시간이 걸린다. 매일 이거 해라, 저거 해라 지시하고 재촉하듯 건네는 엄마의 말을 대부분 잔소리로 받아들이기 때문이다. 회사 일에 집안일까지 뚝딱 해내는 엄마가 왜 그럴 수밖에 없는지, 그림책을 통해서 조금이라도 이해하고 공감하면서 가족 구성원으로서 할 수 있는 작은 역할이라도 찾기를 바라는 마음을 담아 수업을 구성했다.

그림책 소개

고양이 손을 빌려 드립니다
(김채완 글, 조원희 그림 | 웅진주니어)

바쁘게 집안일을 하던 중 '고양이 손이라도 빌리고 싶다'는 엄마의 말처럼 고양이가 엄마를 대신하여 집안일을 한다는 내용의 그림책이다.

1차시 **그림책의 사례 들여다보기**

맞벌이 가족이 많아졌음에도 일과 가정의 양립이라는 말은 학생들에게 낯설다. 자신과 관련 없는 먼 미래의 일이라는 생각이 앞서기 때문일 것이다. 그림책에서 엄마를 도와주는 고양이는 어떤 존재일지, 고양이의 도움을 받고 엄마는 어떤 기분이었을지 생각해 본다. 교사가 읽어 주는 그림책을 통해 학생들은 부모님의 모습을 떠올린다.

함께 나눌 수 있는 질문

1. 가장 인상 깊은, 기억에 남는 장면은?
2. 고양이는 어떤 존재일까?
3. 고양이가 엄마를 도와주어 오랜만에 산책했을 때 엄마는 어떤 기분이었을까?
4. 엄마의 변화를 뒤늦게 알아차린 아빠는 어떤 생각을 했을까?
5. 고양이처럼 집안일을 대신해 줄 수 있는 사람은 누구일까? 이유는?

2차시 **일·가정 양립을 위한 방안 제안하기**

일·가정 양립을 이루기 위해서는 어떤 방법이 있을지 생각하는 시간을 갖는다. 고양이처럼 누군가 집안일을 대신한다면 누가 하는 게 좋을지, 또 전문가에게 맡긴다면 어느 정도의 비용이 들어갈지 금액을 적어 보게 한다. 수업에서 학생들은 높은 금액을 작성하며 집안일이 힘든 일임을 표현했다. 특히 아이 돌보기는 구체적으로 나이를 구분하여 필요한 비용을 제시하기도 했다. 가족 모두가 행복하기 위해서는 역할 분담이 필요함을 깨닫는 시간이었다.

학생이 작성한 활동지

1. 전문가 대체법을 활용해서 집안일을 처리한다면 가격은 얼마가 들까? 시간당 ○○원 등으로 작성한다.

식사 준비	설거지	집안 청소	빨래	아이 돌보기 (1명당)	은행 업부, 장보기 등	기타
한 끼 30,000원 (반찬 3개 이상)	하루 15,000원	하루 40,000원 (정리정돈 포함)	손빨래 시간당 30,000원, 세탁기 구별해서 돌리기 20,000원	10세 이하 시간당 30,000원 (공부 알려주기 & 밥 챙겨주기 등)	시간당 20,000원 (냉장고 정리까지 포함)	빨래 개기 시간당 20,000원, 강아지 돌보기 시간당 10,000원 (밥 주기, 간식 주기, 산책시키기)

2. 위 금액을 책정한 이유는 무엇인가? 예를 들어 구체적으로 작성한다.

식사는 어려울 것 같아서 30,000원이라고 했고, 설거지는 양이 다를 수 있을 것 같기 때문에 15,000원으로 책정했다. 집안 청소가 40,000원으로 가장 높은 이유는 집이 클 수도 있고 작을 수도 있기 때문이고, 청소가 청소 돌리기, 물걸레질, 거울 닦기 등 할 게 많기 때문에 가장 높은 금액을 책정했다. 손빨래가 30,000원인 이유는 엄마를 도왔을 때 팔이 아프고 힘들었기 때문에 30,000원으로 책정했다. 기타에 빨래 개기는 우리집이 사람이 많아서 빨래 개는 데만 2시간씩 걸려서 기타에 넣었다. 강아지 돌보기를 10,000원으로 가장 낮게 책정한 이유는 강아지를 좋아해서 즐겁게 할 수 있을 것 같기 때문이다.

함께 활용하면 좋은 그림책

- 불곰에게 잡혀간 우리 아빠(허은미 글, 김진화 그림 | 여유당)
- 엄마는 회사에서 내 생각해?(김영진 글·그림 | 길벗어린이)
- 엄마 로봇이 고장 났나 봐요!(지드루 글, 세바스티앙 슈브레 그림 | 살림어린이)
- 아빠의 이상한 퇴근길(김영진 글·그림 | 책읽는곰)
- 호랑이를 탄 엄마(서선연 글, 오승민 그림 | 느림보)

그림책으로 진행한 수업에 대해 학생들의 생각을 들어 보았다. 다행히 그림책을 활용한 가정 수업에 학생들이 후한 점수를 주었다. 딱딱한 이론 수업이 아니라, 그림이 있는 책을 활용하여 이해하기 쉬웠다는 반응이 대부분이었다.

다양한 그림책을 보면서 상상력이 풍부해지는 것을 느꼈고 동심으로 돌아간 느낌이라는 학생도 있었다. 그저 설명을 듣는 것이 아니라, 그림책에서 본 것을 활용하여 자기 생각을 표현하고 다른 친구와 의견 공유를 하며 다양하게 해석할 수 있는 점이 특히 의미 있었다고 하였다. 또 자신의 경험이나 생각을 깊게 들여다봄으로써 자신에 대해 더 알아 가는 시간이 되었다고 했다.

가장 기억에 남는 활동으로는 많은 학생들이 짝과 함께 만드는 건강 요리북 만들기 활동을 꼽았다. '시골쥐'와 '서울쥐'가 나오는 그림책이 재미있었고, 그림책을 통해 자신의 식생활을 돌아보는 계기가 되어 어떻게 먹어야 건강한지 알 수 있었다고 하였다. 짝과 함께 협의하면서 음식의 재료 정보를 조사하되 개별 점수가 부여되는 것 또한 부담이 없어 좋았다는 답변이 많았다.

민주적 가족 관계 형성을 위한 스토리보드 만들기 활동에서 그림책의 뒷이야기를 자기 생각을 반영하여 그리는 것도 재미있었다고 하였다. 자신의 가족을 생각해 보게 되는 의미 있는 활동이었다는 답변이 있었다.

이웃과 함께하는 공간 소개하기 활동은 따뜻하고 정감 있는 그림책이 어렸을 때의 동네를 생각나게 했다. 좋아하는 장소를 소개하는 활동이 신선하고 재미있었다는 학생들의 반응이 있었다. 앞으로도 가정 수업을 그림책을 활용하여 수업을 했으면 좋겠다는 의견이 대부분이었고, 더 많은 그림책을 봤으면 좋겠다는 의견도 있었다.

한문

한문과 그림책은 '온고지신(溫故知新)'의 관계로, 학생들의 질문을 바꾼다

　교사라면 누구나 수업 시간에 눈을 반짝이며 질문하는 학생들의 모습, 배우고 가르치면서 함께 성장하는 학생과 교사 관계를 꿈꾼다. 하지만 막상 수업에서 만난 학생들에게서 가르침을 갈구하는 눈빛을 찾기는 어렵다. 오히려 한문 교사인 내게 "선생님, 한문은 왜 배워요?" 따지듯 질문하고 얼른 수업이 끝나기를 바라는 것이 현실이다. 좀 더 행복한 수업, 가르치고 배우면서 성장하는 수업을 포기할 수 없어 토론, 미디어 활용, 비주얼 씽킹 등 다양한 방법을 시도해 보다가 그림책을 만났고, 한문 수업에서 그림책을 적극 활용하기 시작했다.

　오랜 시간 사용해 온 문자인 한문은 이미 우리 삶에 너무 깊이 스며들어 있는 문화인 동시에 더 이상 새로운 텍스트가 생성되지 않는 아이러니한 교과목이다. 중학교에 배치되어 있지만 중학교, 고등학교의 텍스트가 구분되어 있지 않고, 새로운 이론이 나오기도 어려운 분야다. 한문이라는 고전적인 텍스트에 지금 이 순간에도 새로운 작품이 창작되고 있는 그림책을 활용하는 것은 온고지신(溫故知新)이라는 성어가 잘 어울리는 의미 있는 조합이다.

한자는 익혀야만 공부할 수 있는 과목이기 때문에 가치관 함양과 한문 지식, 두 마리 토끼를 모두 잡기 위해서는 적절한 그림책 선정과 그에 맞는 활동을 하는 것이 중요하다. 논어(論語)에 실린 나이를 나타내는 표현을 가르칠 때 〈100 인생 그림책〉을 학생들과 함께 읽었다. 그리고 자신의 인생을 조망해 보고 앞으로의 삶을 기획하는 시간을 가지니, 다른 도구를 활용할 때보다 사뭇 진지한 학생들의 모습을 발견할 수 있었다.

고사성어 '우공이산(愚公移山)'을 그림을 그려 가면서 설명하거나 유튜브를 활용하여 고사 관련 플래시 영상을 보여 주는 것도 좋은 방법이지만, 그림책 〈밍로는 어떻게 산을 옮겼을까?〉를 함께 읽고 질문을 만들고 답변할 때 학생들의 눈이 빛나는 것을 발견할 수 있었다.

기아, 빈곤 관련 성어와 맹자의 '무항산무항심(無恒産無恒心)'을 학습할 때는 〈거짓말 같은 이야기〉를 학생들과 함께 읽었다. 그리고 항산(恒産)이 충족되지 않는 다른 나라의 사례들을 확인하면서, 현재의 우리는 이미 항산(恒産)이 충족되어 있고 항심(恒心)이 잘 자랄 수 있는 환경인지에 대해 이야기하는 시간을 가졌다.

학문과 관련된 성어와 논어의 문장들을 학습할 때는 〈우리는 매일 배우며 살아〉를 함께 읽고 배움에 대해 성찰하였다. 중간 중간 나왔던 감정 관련 한자들을 모아서 〈내 마음 ㅅㅅㅎ〉을 읽고 감정 탐정 놀이 활동도 하였다. 학생들이 감정과 관련된 한자를 주의 깊게 살피고 그냥 익히는 것보다 더욱 효율적으로 기억하는 것이 느껴졌다.

이렇게 그림책을 들고 학생들에게 다가가면 학생들이 수업을 기대하고,

함께 읽을 그림책을 궁금해했다. "한문은 왜 배워요?" 묻던 학생들이 "오늘 어떤 그림책 읽어요?" 하고 질문을 바꾸는 순간, 교사인 나도 왜 한문을 가르쳐야 하는지 당위성을 설득하는 역할에서 더 좋은 수업과 활동, 그림책을 준비하는 것으로 역할이 바뀌었다. 가끔 "그림책 읽어 주셔서 마음이 편안해졌어요.", "좋은 그림책 읽어 주셔서 감사합니다" 같은 인사도 받으니, 그림책 활용 수업을 준비한 보상을 이미 다 받은 것 같다.

그림책 수업을 준비하는 과정은 교사인 내게도 힐링이 된다. 저자 강연회, 연수 등에서 알게 된 책이나 그림책 박물관[11]에서 검색한 책들을 인근 도서관 아동 열람실, 그림책 카페 등에서 읽는다. 수업 활용에 적합한 책인지 확인하고 다른 책들은 없는지 읽는 동안 다른 매체가 주지 못하는 회복을 얻는다. 준비하는 교사에게는 힐링이 되고, 학생들에게는 기대과 궁금증을 유발하는 그림책을 활용한 한문 수업 이야기를 함께 나누고 싶다.

주제별 그림책 목록

주제	그림책
나이	100 인생 그림책
기아와 빈곤	거짓말 같은 이야기
노력	밍로는 어떻게 산을 옮겼을까?
감정	내 마음 ㅅㅅㅎ
배움	우리는 매일 배우며 살아
덕목	빛을 비추면

---

11 http://www.picturebook-museum.com/

나이

일상에서 자주 사용하는 불혹(不惑), 지천명(知天命) 등의 표현은 공자와 제자들의 언행을 기록한 논어(論語)에 나온다. 많은 학생들이 눈앞에 있는 학업 성적, 고민에 매몰되어 자신의 삶에 대한 성찰이나 고민 없이 시간을 보내는 경우가 많은데, 과거와 현재가 모여 미래가 만들어지고 과거, 현재, 미래 모두가 소중함을 알아차리게 하고 싶었다. 〈100 인생 그림책〉을 통해서 학생들이 자신의 소중한 시간을 가치 있게 보내도록 수업 활동을 준비하였다.

그림책 소개

100 인생 그림책 (하이케 팔러 글, 발레리오 비달리 그림 | 사계절)
0세부터 99세까지의 삶을 100개의 장면으로 담았다. 각 삶의 경험과 인터뷰를 통해 얻은 생애별 메시지가 기록된 그림책이다.

1차시 **나이를 나타내는 표현에 익숙해지기**

나이를 나타내는 표현과 익숙해지려면 먼저 한자를 알아야 한다. 시간을 주고 한자를 외우라고 하기보다는 놀이를 통해 익히는 시간을 가지면 학생들이 더 즐겁고 쉽게 기억하게 된다. 한 장을 뽑고 한 장을 사용한다는 단순한 규칙을 가진 보드 게임 러브레터[12]를 참고하여 나이를 나타내는 표현을 익힐 수 있는 '나이 먹기' 놀이를 만들었다. 각 가정에서 사용하는 생수병 뚜껑을 활용하여 나이 카드를 만들고, 나이별 능력이 적혀 있는 카드를 출력해 학생들에게 준다. 4인 1모둠이 되어, 모둠별로 나이 먹기 활동을 한다.

나이별 능력 카드 내용

나이	이름	능력	카드 수	능력 설명
15	志學	배움에 뜻을 둠	5	상대를 지정하고 志學을 제외한 자신의 목표 레벨을 말함. 만약 상대가 그 카드를 가지고 있다면 탈락함
20	弱冠	20살에 갓을 씀	2	지정한 상대의 카드를 확인함
30	而立	자립함	2	지정된 상대와 비공개로 서로의 카드를 비교하여 수가 낮은 사람은 탈락함
40	不惑	미혹되지 않음	2	다음 턴까지 받는 모든 효과가 무효화됨
50	知天命	천명을 앎	2	나 또는 지정된 상대는 손에 든 카드를 버리고 새 카드를 받음

---

12 인터넷에서 코리아보드게임즈 러브레터 게임 방법을 검색하여 참고한다.

60	耳順	귀가 순해짐	1	지정한 상대와 카드를 교환함
61	回甲	태어난 갑자가 돌아옴	1	손에 든 카드의 합이 110 이상이면 카드를 버림 (50, 60, 70이 들어오면 61을 버려야 함)
70	從心	마음 가는 대로 행동해도 법도를 넘지 않음	1	만약 이 카드를 버리게 되면 게임에서 탈락함

나이 먹기 놀이의 기본 규칙은 카드를 한 장 지닌 상태에서 새로운 카드를 뽑고, 두 개의 카드 중 하나의 능력을 활용하여 다른 사람들을 탈락시키는 것이다. 최후까지 남은 사람이 승리하는 놀이로, 최후의 2인이 남았을 때는 카드에 적힌 나이가 더 많은 사람이 승리한다.

놀이 방법

1. 모두 카드를 무작위로 한 장씩 나눠 갖는다.
2. 자신의 차례가 되면 새로운 카드를 뽑는다.
3. 두 장의 카드 중 한 장의 능력을 사용하고, 다른 한 장은 책상 가운데에 버린다.
4. 탈락한 사람은 그 판이 끝날 때까지 참여할 수 없다.
5. 바닥에 있는 마지막 카드를 사용할 때까지 남은 사람끼리 놀이를 계속한다.
6. 맨 마지막에 레벨이 높은 카드를 가지고 있는 사람이 승리한다.
7. 제일 처음에 탈락한 사람이 꼴등이 되며, 다음 판은 그 사람부터 시작한다.

나이별 능력을 기록한 카드에 적혀 있는 나이별 카드 개수를 확인하면서 놀이를 진행한다. 이미 보드 게임을 많이 경험한 학생들은 16개의 카드를 각각 4개씩 나눠 가지고 서로가 가진 카드가 어떤 카드인지를 맞히는 다빈치 코드 게임[13]에 나이 카드를 활용하여 진행하면서 각 표현이 몇 살인지를 익혔다. 카드를 활용하여 놀이를 하면서 나이 표현을 지속적으로 보기 때문에 학생들은 해당 표현이 몇 살을 의미하는지 곧 알게 된다.

2~3차시 논어에 나오는 나이 표현을 살피고 그림책 읽기

나이를 나타내는 표현은 여러 문헌에 다양하게 기록되어 있다. 그중 공자가 발달 과정에 따라 15, 30, 40, 50, 60, 70의 나이를 표현한 논어의 위정 4장을 가르쳐 준다.

吾十有五而志于學　나는 열다섯 살에 배움에 뜻을 두었고,
三十而立　서른에 자립하였고,
四十而不惑　마흔에 미혹되지 않았으며,
五十而知天命　쉰에 천명을 알게 되었고,
六十而耳順　예순에 귀가 순해졌으며,
七十而從心所欲不踰矩　일흔에 마음이 하고자 하는 바를 따라도 법도를 넘어서지 않게 되었다.

논어의 위정 4장을 익힌 뒤 모둠별로 〈100 인생 그림책〉을 한 권씩 나눠 주고 모둠별 읽기 시간을 가진다. 글밥이 많지는 않지만 장면이 많기 때문에 전체가 함께 읽기보다는 모둠별로 읽는 것이 좋다. 책을 읽은

---
[13] 인터넷에서 코리아보드게임즈 다빈치 코드 게임 방법을 검색하여 참고한다.

다음 가장 인상 깊었던 장면과 이유를 공유하는 시간을 가진다. 학생들은 자신의 어린 시절을 되돌아보고, 아직 경험하지 못한 20, 30, 40, 50, 60, 70세의 그림책 장면과 그 나이에 해당하는 사람의 인터뷰를 통해 자신의 미래 모습을 상상한다.

4차시 생애별 버킷 리스트와 인생관 쓰기

나이를 나타내는 표현을 익히고 그림책을 통해 자신의 삶에 대해 성찰하였다면, 미래의 자신의 모습을 상상하고 나이를 나타내는 한자 표현을 활용하여 자신의 생애별 버킷 리스트와 인생관을 적어 본다. 좀 더 구조화된 글을 받기 위해 다음 조건에 따라 기록하도록 안내하였다.

(가) 15, 20, 30, 40, 50, 60, 70세를 나타내는 어휘(한자로 작성)를 모두 활용하고, 어휘의 뜻을 기록한다.
(나) 해당 나이대별로 자신이 갖고 싶은 모습을 기록한다(15세는 자신이 어떤 모습이었는지를 기록한다).
(다) 자신의 인생관을 쓰고 그와 관련된 고전 명구를 한자로 기록한다(사자성어도 가능).
* 참고 : 芳年 從心 古稀 不惑 還甲 而立 志學 耳順 知天命 弱冠

학생 글

15세는 지학(志學)으로 '배움에 뜻을 둠'이라는 뜻을 가지고 있다. 나는 15세에 수학, 과학에 흥미를 느껴 열심히 공부하며 살았다.
20세는 약관(弱冠)으로 '갓을 쓴 어린 남자'라는 뜻이다. 또 방년(芳年)도 있는데 '꽃같이 예쁜 나이'라는 의미를 가진다. 나는 20세에 내가 무엇을 좋아하고 싫어하는지, 하고 싶은 것은 무엇인지 등 진정한 나를 알아가는 내가 되길 바란다.
30세는 이립(而立)으로 '경제, 사회, 정치적으로 자립함'을 의미한다. 나는 30세에 나의 진로 방향인 건축에서 깊이 탐구하고 노력하는 사람이었으면 좋겠다.
40세는 불혹(不惑)으로 '미혹되지 않음'을 의미한다. 나는 40세에 다른 사람들에게 가르쳐 줄 수 있는 만큼의 건축 지식을 가진 경지가 되었으면 좋겠다.
50세는 지천명(知天命)으로 '하늘의 명을 앎'이라는 뜻을 가진다. 나는 50세에 건축을 하는 사람들 사이에서 사회적으로 인정받는 사람이 되었으면 좋겠다.

60세는 이순(耳順)으로 '귀가 순함'을 의미한다. 나는 60세에 다른 사람들의 가치관을 귀 기울여 듣고 수용해 변화할 줄 아는 사람이길 바란다.

70세는 종심(從心)과 고희(古稀)로 각각 '하고 싶은 것을 해도 법도를 넘지 않음', '예로부터 드묾'이라는 의미를 가진다. 나는 70세에 내가 원하는 장소, 공간을 직접 설계하여 행복하게 살았으면 하는 바람이 있다.

나의 인생관과 관련된 사자성어는 십벌지목(十伐之木)이다. '열 번 찍어 아니 넘어가는 나무 없다'는 의미로 한번 시작한 하고자 하는 일은 끊임 없이 노력하여 뜻을 이루겠다는 뜻이다. 마지막에 내가 행복할 수 있는 집을 지어 살게 될 때까지 계속해서 노력하게 될 모습이 이 사자성어와 어울린다고 생각했다. 따라서 십벌지목(十伐之木)이 나의 인생관이다.

함께 활용하면 좋은 그림책

◆ 나의 엄마(강경수 글·그림 | 그림책공작소)

◆ 나의 아버지(강경수 글·그림 | 그림책공작소)

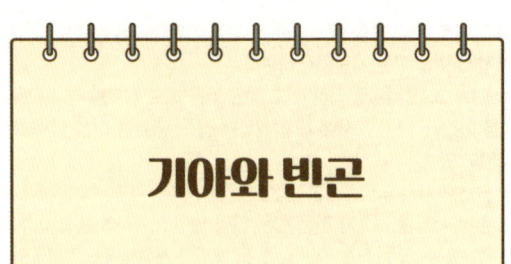

기아와 빈곤

　사는 곳에 따라 자신과 비슷한 생활 환경, 경제적 여건을 가진 사람들하고만 교류하는 경우가 많다. 그래서 자신이 속한 환경이 세계의 전부인 양 생각하기 쉬운데, 학생들과 더 넓은 세상과 다른 환경에 사는 아이들의 이야기를 나누고 싶었다. 학생 차원에서 어려운 사람을 도울 수 있는 방법은 없는지도 찾아보고 싶었다. 그림책을 통해 다양한 처지에 놓인 아이들을 만나고 타인의 아픔에 공감하는 수업을 해보았다.

그림책 소개

거짓말 같은 이야기 (강경수 글·그림 | 시공주니어)

배고픈 동생을 걱정하며 매일 50kg의 석탄을 나르는 하산, 하루 14시간씩 카페트 공장에서 일을 하는 피니어, 3년째 맨홀 밑에서 살고 있는 엘레나, 아홉 살에 전쟁터에 끌려가 심각한 마음의 병을 앓고 있는 칼라미 등 고통을 당하는 세계의 어린이들을 그린 그림책이다.

1차시 기아와 빈곤 관련 성어 익히고 문제 만들기

기아, 빈곤과 관련된 성어와 단문을 익히는 시간을 가진다. 자전 찾기를 통해 한자의 음과 뜻을 찾은 뒤, 4인 1모둠으로 각각 번호를 한 개씩 맡아 모둠 풀이를 완성한다. 다음 표에서 1, 2, 4번의 경우 사자성어로 구성되어 있어 풀이 자체는 어렵지 않지만, 관련된 고사(故事)를 모를 경우 무슨 뜻인지 알아차리기 어렵기 때문에 교사의 도움이 필요하다. 모둠 해석이 끝난 뒤에는 서로 해석을 공유하고, 교사가 제시하는 모범 해석을 통해 자신들의 해석 오류를 교정한다.

번호	갈래(모양)								
1	자(모양)	男	負	女	戴	無	依[亻]	托(亻)	桂(木)	玉	之	嘆
	음(소리)	남	부	여	대	무	의	무	탁	계	옥	지	탄
	훈(뜻)	사내		여자		없다		없다				어조사	
	모둠 해석												
	모범 해석												
2	자(모양)	螢(虫)	雪(雨)	之	功	曲	肱[月]	之	樂	安	貧(貝)	樂	道
	음(소리)	형	설	지	공	곡	굉	지	락	안	빈	락	도
	훈(뜻)			어조사				어조사					
	모둠 해석												
	모범 해석												
3	자(모양)	食	無	求	飽	居	無	求	安
	음(소리)		무	구	포	거	무	구	안
	훈(뜻)				구하다	하고	살다			하라
	모둠 해석									
	모범 해석									
4	자(모양)	糊	口	之	策(竹)	三	旬(日)	九	食	草	根(木)	木	皮
	음(소리)	호	구	지	책	삼	순	구	식	초	근	목	피
	훈(뜻)		입	어조사		석		아홉	먹다				
	모둠 해석												
	모범 해석												

해석 오류를 교정한 뒤에는 학습지 1~4번 내용 중 자신이 맡아 해석한 부분에서 문제를 2개씩 출제하여 모둠별로 8개의 문제를 만든다. 문제는 학습지에서 객관적인 답을 찾을 수 있는 질문으로 만들도록 한다.

모두 문제를 만들면 모둠별로 이끔이, 기록이, 나름이, 큰입이로 역할을 나눈다. 이끔이는 사회를 맡고 난이도를 확인한다. 기록이는 모둠원들의 문제를 취합해 기록하며, 나름이는 점수를 입력한다. 큰입이는 발표(문제 출제)와 대답하는 역할을 맡는다. 난이도는 별의 개수로 표시하는데 가장 쉬운 문제는 별 1개, 가장 어려운 문제는 별 3개를 준다. 자신의 모둠이 낸 문제를 모두 맞힐 경우 별 16개를 얻을 수 있도록 난이도를 조절하여 문제를 만든다.

질문 게임
- 개인별로 2개 질문을 만드시오.
- 모둠별로 8개 질문을 모으시오.
- 이끔이 : 사회 / 기록이 : 질문지 작성 / 나름이 : 자료 수집 / 큰입이 : 발표+대답

| 질문 1 |
| 별: |
| (출제자 :   답 :   ) |

| 질문 2 |
| 별: |
| (출제자 :   답 :   ) |

| 질문 3 |
| 별: |
| (출제자 :   답 :   ) |

| 질문 4 |
| 별: |
| (출제자 :   답 :   ) |

문제를 만든 뒤에는 발표와 대답을 맡은 큰입이가 다른 모둠으로 이동하여 자신의 모둠에서 만든 문제를 출제하고, 나머지 세 명의 모둠원은 문제를 맞힌다. '1모둠의 큰입이는 2모둠으로', '2모둠의 큰입이는 3모둠으로'와 같이 밀어내기 방식으로 이동한다. 학생들이 한자, 한문에 익

숙해지는게 목적이기 때문에 오픈 북으로 3회 가량 진행하고, 4회차부터 학습지를 보지 않도록 하면 학습하면서 형성 평가까지 할 수 있다.

2차시 **질문 땅따먹기 놀이하기**

모둠별로 〈거짓말 같은 이야기〉를 한 권씩 나눠 주고 함께 읽으며, 사자성어, 단문을 통해 배운 기아, 빈곤에 대한 생각을 그림책을 통해 확장시키고 공감하는 시간을 가진다. 먼저, 그림책을 읽고 질문 땅따먹기 놀이[14]를 활용하여 질문 만들기 연습을 한다.

모둠별로 같은 색깔의 헥사 보드를 6개씩 나눠 주고, 보드 하나에 질문을 하나씩 만들어 적도록 한다. 객관적 사실을 묻고 본문에서 한 개의 답을 찾을 수 있는 사실적 질문, 본문을 답변의 근거로 삼지만 두 개 이상의 답변이 나올 수 있는 해석적 질문, 본문 밖에서 사회나 자신의 경험을 답변의 근거로 삼고 두 개 이상의 답변이 나올 수 있는 평가적 질문을 2개씩 만들어 보드에 적는다.

모둠별 헥사 보드에 질문을 만들어 적었다면 질문 땅따먹기 놀이를 통해 사실적, 해석적, 평가적 질문에 익숙해지는 시간을 가진다. 먼저 칠판에 교사가 제작한 질문 땅따먹기 판을 게시하고, 놀이의 조건을 학생들에게 안내한다. 모둠원들은 놀이 방법과 조건을 확인하고 승리를 위한 전략을 짠다.

---

14 〈질문이 있는 그림책 수업〉(그림책사랑교사모임 | 케렌시아)

젊은 땅따먹기 그림판

땅따먹기 놀이 조건

1. 같은 질문은 붙일 수 없다.
2. 같은 유형의 질문을 연속해서 붙일 수 없다. 즉, 앞 모둠과 다른 유형의 질문을 붙여야 한다.
3. 세로로 연속해서 붙일 시에는 2배의 가산점이 주어진다.
4. 대각선으로 연속해서 붙일 시에는 3배의 가산점이 주어진다.
5. 가로로 연속해서 붙일 수 없다.
6. 질문 유형에 맞지 않게 땅을 넓혔다면 벌칙으로 본인의 땅 한 칸을 반납해야 한다.
7. 질문 하나당 10점씩 받을 수 있다.

땅을 선점할 모둠의 순서는 가위바위보로 정하는데, 한 번 정한 순서로 질문이 없어질 때까지 간다. 모둠의 대표가 칠판 앞으로 나가 순서대로 질문 1개를 질문 땅따먹기 판에 붙인다. 이때 상대가 가산점을 획득할 수 없도록 방해한다. 벌점을 받지 않기 위해 다른 팀의 질문들을 잘 살핀다.[15]

---

15 〈질문이 있는 그림책 수업〉(그림책사랑교사모임 | 케렌시아)

3~4차시 맹자의 무항산무항심(無恒産無恒心) 익히기

기아, 빈곤에 대한 그림책을 읽고, 맹자(孟子) 양혜왕(梁惠王) 상(上) 편의 '무항산무항심(無恒産無恒心)'을 익힌다.

		字(모양)	無	恒	産	有	恒	心	者		惟	士	爲	能
1		音(소리)	무	항	산	유	항	심	자	는	유	사	위	능
		訓(뜻)	없다								오직			
		모둠 해석												
		모둠 해석												
		字(모양)	若	民	則	無	恒	産		因	無	恒	心	
2		音(소리)	약	민	즉	무	항	산		인	무	항	심	
		訓(뜻)	만약/같다						이면					이다
		모둠 해석												
		모둠 해석												
		字(모양)	苟	無	恒	心		放	辟	邪	侈	無	不	爲	已
3		音(소리)	구	무	항	심		방	벽	사	치	무	불	위	이
		訓(뜻)	진실로				이면				을			그치다	너
		순서													
		모둠 해석													
		모둠 해석	及	陷(더)	於	罪	然	後	從	而	刑(벌)	之	是	罔	民	也
4		字(모양)	급	어	피	연	후		종	이	지		시	망	민	야
		音(소리)		어조사					에			면	는			
		訓(뜻)														
		순서														

5~6차시 소크라틱 세미나 토론

맹자 무항산무항심(無恒産無恒心) 본문에 대한 이해와 감상을 확장시키기 위해 소크라틱 세미나 토론을 활용했다. 소크라테스 대화법에서 아이디어를 얻은 소크라틱 세미나 토론은 의사소통 능력과 토론 기술을 세미나 방법을 통하여 고양시키는 모델이다.

모둠에서 한 명이 발언자 역할을 수행하는데, 내부 써클(inner circle)에서 텍스트에 표현된 의미를 탐색하는 데 집중하며 토론에 참여한다. 나머지 모둠원은 지원자가 되어 외부 써클(outer circle)에서 그 대화를 관찰하며 포스트잇으로 토론을 지원한다. 역할을 서로 바꿔 가면서 유기적으로 연결되는 토론 방식으로, 토론에 앞서 본문 내용에 대한 해석적 질문과 평가적 질문을 개인당 2개씩 만든다.

학생들이 만든 해석적 질문

1. 현명한 임금이 되기 위한 조건은?
2. 꼭 항심을 가져야 할까?
3. 현명한 임금이란?
4. 항심이 없으면 항산도 없을까?
5. 항심이 없으면 사회가 어떤 모습이 될까?
6. 맹자가 항산과 항심을 말한 의도는?
7. 어떻게 선비는 항산이 없어도 항심을 가질 수 있었을까?
8. 항산이 있다면 항심은 저절로 다 생기는가?

학생들이 만든 평가적 질문

1. 현대 사회에서 항산과 항심 중 무엇이 더 중요할까?
2. 현시대 사람들은 항산이 없으면 항심도 없는가?
3. 현대 사회에서는 이미 항산이 충족되었는데도 사람들에게 항심이 없는 것 같은 일들이 일어나는 까닭은?
4. 항산이 없는 사람들은 어떻게 살았을까?
5. 항산이 있으면서도 항심이 없어 보이는 사람들은 어떻게 된 걸까?
6. 사회에서 항심을 가진 사람들의 사례로 보이는 것은?
7. 현대 사회에서 훌륭한 리더는?
8. 항산이 없으면 항심이 없는 게 당연한 일인가?

개인별 질문을 만든 뒤 모둠 안에서 함께 이야기하기 좋은 질문을 투표를 통해 선정하는 시간을 가진다. 모둠별로 작전 회의를 통해 토론에 가지고 갈 질문을 선정하고, 모둠별 한 명의 발언자들이 교실 중앙에 빙 둘러앉고 모둠별 지원자 학생들은 발언자 학생 주변에 위치한다.[16]

소크라틱 세미나 자리 배치(36인 학급)

지원자	지원자	지원자	지원자	지원자	지원자
지원자	발언자	지원자	발언자	발언자	지원자
지원자	지원자			발언자	지원자
지원자	발언자			지원자	지원자
지원자	발언자	발언자	지원자	발언자	지원자
지원자	지원자	지원자	지원자	지원자	지원자

소크라틱 세미나 토론을 진행할 때 음성을 문자화하여 기록해 주는 네이버 클로바노트 등의 어플리케이션을 활용하여 기록한다. 그러면 교사가 토론에 온전히 집중하여 중간중간 적절하게 개입할 수 있고, 토론이 끝난 뒤에 생활기록부 등에 기록해 주기도 좋다. 정확도가 조금 떨어지기는 하지만 토론이 끝난 뒤에 기록을 보면 당시에 어떤 이야기들이 오갔는지 떠올릴 수 있다.

학생1 저희 조에서는 7번 문장에 나온 '풍년에 배부른 게 낫냐, 아니면 흉년에 죽음을 면하는 게 낫냐' 이 두 개 중에 선택하는 질

---

16 〈소크라틱 세미나 모형을 활용한 한문과 수업 모델 구안〉(국내 석사학위 논문, 권순홍, 공주대학교 교육대학원, 2023)

문이 나왔습니다. 이 질문에 대해 이야기해 봐도 좋을 것 같습니다. 풍년에 배부르면 흉년에 죽을 수 있고, 흉년에 죽음을 면하면 풍년이 배부르지 못할 수도 있다, 즉 짧고 굵게 살 건지 길고 얇게 살 건지 하는 문제로 얘기를 해봐도 좋을 듯합니다.

학생 2 저는 풍년을 배부르게 사는 게 더 낫다고 생각을 합니다. 인간은 일단 언제 죽을지 모릅니다. 우리가 사고가 나서 언제든 떠날지도 모르는데, 현재 만족스러운 것이 행복하게 사는 게 보장되지 않는 미래를 기대하면서 사는 것보다 더 중요하다고 생각합니다.

학생 3 말씀하신 것에 따르면 락세에 배부르게 먹게 되면 흉년에 배를 굶고 사망에 이를 수 있다고 했는데, 락세에 좀 배부르지 않게 먹는다고 하더라도 흉년에 사망을 면할 수 있는 그런 경우가 있을 수 있다고 저는 생각해요. 그래서 이 질문을 이렇게 둘로 나누어서 생각을 할 수 있을까요? … (후략) …

토론이 끝나고 나서 학생들이 맹자는 선비였는지, 진짜 선비는 어떤 사람인지 묻는 질문을 교사에게 던졌다. 여태까지 받았던 질문들이 풀이 순서, 필기 놓친 부분, 이해 안 가는 부분, 한문은 왜 배워야 하는지 등이었던 것에 비해 생각지도 못한 질문을 던져 줘서 너무 반갑고 고마웠다.

함께 활용하면 좋은 그림책

◆ 내가 라면을 먹을 때(하세가와 요시후미 글·그림 | 고래이야기)

　노력, 열정, 성실 등은 모두 중요한 가치다. 하지만 그것은 이미 학생들도 알고 있는 사실이다. 모든 사회가 많은 매체를 통해 강조하는 '노력해야만 성공할 수 있다'는 이야기 말고, 다른 방향으로 생각하는 것도 한 방법이 될 수 있다는 사실을 알려 주고 싶었다. 한 가지 길만을 위해 무작정 노력하기보다는 다양한 길을 생각해 보고, 그 속에서 앞으로 한 걸음 더 나아갈 수 있는 힘을 얻을 수 있도록 돕고 싶었다. 그림책 〈밍로는 어떻게 산을 옮겼을까?〉를 통해 이미 노력하고 있는 학생들을 위로하고, 다른 방법도 있다는 사실을 알아차림으로써 더 노력할 수 있는 힘을 얻도록 하는 수업 활동이다.

> **그림책 소개**
>
> **밍로는 어떻게 산을 옮겼을까?**
> (아놀드 로벨 글·그림 | 갈벗어린이)
>
> 툭하면 떨어지는 돌멩이들, 산꼭대기에 낀 구름 때문에 자주 내리는 비, 햇빛을 가리는 산그늘 등으로 불편을 겪던 밍로 부부가 지혜로운 노인에게 산을 옮기는 방법을 물어보고 여러 시도 끝에 좋아하는 집에서 행복하게 살 수 있게 된다.

1차시 노력 관련 성어를 익히고 문제 만들기

노력과 관련된 성어와 단문을 익히는 시간을 가진다. 자전 찾기를 통해 한자의 음과 뜻을 찾은 뒤, 4인 1모둠으로 각각 번호 한 개씩 맡아 모둠별로 해석을 완성한다.

(표 생략)

모둠 해석이 끝난 뒤에는 서로의 해석을 공유한 뒤 교사가 제시하는 모범 해석을 보고 자신들의 해석 오류를 교정한다. 이어서 학습지 1~4번의 내용 중 자신이 맡아 해석한 부분에서 2문제씩 출제하고, 모둠별로 풀어 보는 시간을 가진다.

2차시 그림책을 읽고 질문 만들기

그림책 〈밍로는 어떻게 산을 옮겼을까?〉를 읽고, 질문 만들기를 연습한다. 앞 시간에 연습했던 사실적, 해석적, 평가적 질문 만들기를 하며 그림책을 집중해서 읽고, 자신의 삶에서 산처럼 장애물 역할을 했던 요소가 있다면 무엇이었는지 생각해 본다.

학생들이 만든 사실적 질문
1. 밍로가 산을 옮기려고 한 까닭은?
2. 밍로가 산을 옮기기 위해 한 행동은?

해석적 질문
1. 밍로 가족이 이사를 하지 않고 산을 옮기려고 한 까닭은?
2. 밍로는 지혜로운 노인이 제시한 해결책에 만족했을까?

평가적 질문
1. 내 앞에 놓였던 산은 무엇인가?
2. 앞으로 만나게 될 산은 무엇인가?

3차시 | 역경을 이겨 낸 경험 글쓰기

노력 관련 성어를 익히고 〈밍로는 어떻게 산을 옮겼을까?〉를 통해 자신의 삶에 대해 성찰해 보았다면, 노력 관련 성어를 활용하여 자신이 역경을 이겨 낸 사례를 기록하는 시간을 가진다.

---

1. 자신이 처한 역경을 이겨 낸 사례를 아래 〈조건〉에 맞게 쓰시오.

(가) 十伐之木, 愚公移山, 磨斧作針, 七顚八起, 切齒腐心, 走馬加鞭, 切磋琢磨
(나) 목표 수립 과정, 목표 수행 과정 중 만난 어려움, 어려움(문제) 극복을 위한 자신의 노력과 개선, 개선에서 배운 점, 교훈 등

〈 조 건 〉

ㄱ. (가)의 성어를 3개 이상 쓸 것. 한자로 쓰고 그 뜻이 드러나도록 쓸 것.
ㄴ. (나)의 항목이 포함되도록 쓸 것.
ㄷ. 자신이 배운 점과 관련 있는 한문 명구를 한자로 쓸 것.

학생 글

나는 어렸을 때부터 선생님께 영향을 많이 받으면서 자랐기 때문에 나의 진로를 교사로 잡고 노력해 왔다. 하지만 고등학교에 들어와서 切齒腐心(절치부심 : 이를 갈고 마음을 썩힘)으로 준비하여 시험을 보았지만, 결과가 좋지 못했다. 하지만 十伐之木(십벌지목 : 열 번 벤 나무 – 열 번 찍어 안 넘어가는 나무 없다)의 마음으로 끝까지 포기하지 않았던 내 자신이 굉장히 뿌듯했고 대견스러웠다. 나는 이런 상황들을 통해 苦盡甘來(고진감래 : 괴로움이 다하면 즐거움이 온다)를 깨달았다. 시험 결과와 준비 과정이 나에게 괴롭고 고통스러운 일일 수 있지만, 고통 뒤에 성취감, 뿌듯함을 느낄 것이라는 생각이 들었다. 이런 깨달음을 가지고 끝까지 노력하고 포기하지 않는다면 불가능한 일은 없을 것이라는 교훈도 얻었다. 앞으로도 더 잘할 수 있도록 노력하고 나의 진로를 포기하지 않겠다고 다짐했다.

함께 활용하면 좋은 그림책

◆ 산을 옮긴 아이(첸 지앙 홍 글·그림 | 바람의아이들)

감정

학생들은 학습에 가장 많은 시간과 에너지를 들인다. 방과후에도 학원, 예습, 복습으로 고생하는 학생들뿐 아니라, 학교만 가까스로 오가는 학생들에게도 학습은 큰 부담이고 신경 쓰이는 일이다. 학생들이 배움의 기쁨을 느끼고 자신의 감정에 집중할 수 있는 시간을 가질 수 있도록 돕고 싶었다. 그림책 〈내 마음 ㅅㅅㅎ〉을 통해 배움에서 얻는 '기쁨'을 비롯해 자신의 감정과 타인의 감정에 공감해 보는 수업 활동이다.

그림책 소개

내 마음 ㅅㅅㅎ (김지영 글·그림 | 사계절)

한 어린이에게 일어난 마음의 변화를 보여 주는 그림책이다. 어린이가 자음 'ㅅㅅㅎ'으로 마음의 단어를 찾는 과정을 초성 퀴즈처럼 글과 그림으로 표현했다. 자음 ㅅㅅㅎ으로 표현할 수 있는 감정 단어들을 확인하면서 자신의 감정을 확인할 수 있다.

1차시 **감정을 나타내는 한자로 감정 탐정 놀이하기**

 그림책 〈내 마음 ㅅㅅㅎ〉을 읽고, '學而時習之 不亦說乎(학이시습지 불역열호)'를 익히면서 '說(열)'처럼 감정을 나타내는 한자를 학습한다. 다양한 감정 중 논어에 나오는 '기쁨'이라는 감정에 주목해 보고, 마음속에 있는 다양한 감정을 느끼는 시간을 가진다. 감정 탐정 놀이[17]를 활용하여 감정을 나타내는 한자를 익히면, 한자를 익히면서 서로의 감정에 공감하는 시간도 가질 수 있다.

 10개의 감정 한자를 선정한 뒤 모둠별로 같은 한자 카드 3장씩 10세트, 빈 한자 카드 1장을 준비해서 나눠 준다. 감정 탐정 놀이를 하면서 한자의 음과 뜻을 익히고, 서로의 감정에 공감하는 연습을 한다.

놀이 방법

1. 같은 감정 한자가 적혀 있는 카드 3장(10세트), 아무것도 적혀 있지 않은 카드 1장을 준비한다.
2. 같은 감정 한자가 적힌 카드 3장과 빈 카드 1장을 4명이 1장씩 나눠 가진다. 아무것도 적혀 있지 않은 카드를 받은 학생은 감정 탐정이 되고, 나머지는 시민이 된다.
3. 참가자들이 차례로 돌아가며 감정 한자 제시어와 관련된 경험, 사물, 사람 등을 말한다. 이때 감정 한자 카드를 받은 사람들은 감정 탐정이 카드에 적힌 감정 제시어를 눈치채지 못하도록 한다.
4. 참가자가 모두 말하며 두 번 돌고 나서 감정 탐정을 지목한다. 이때 감정 탐정을 추측할 수 없다면 한 번 더 돌아가며 말한다.
5. 다수가 지목한 사람이 감정 탐정이 아니라면 감정 탐정이 승리한다.

---

17 〈그림책 감성놀이〉(그림책사랑교사모임 | 교육과실천)

감정 탐정이 맞다면, 감정 탐정은 자신이 추측한 감정을 맞힌다.

6. 감정 탐정이 감정을 맞히지 못하면 시민 승리, 감정 탐정이 맞히면 감정 탐정이 승리한다.

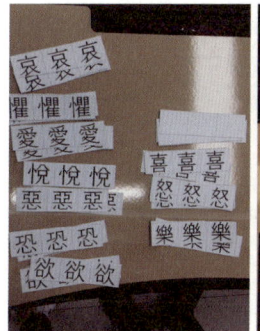  

함께 활용하면 좋은 그림책

◆ 감정은 다 다르고 특별해(엠마 브라운존 글·그림 | 미세기)

배움 중심 수업, 배움의 공동체 등 몇 년 전부터 교육계에서 배움 자체에 집중하는 움직임이 보인다. 하지만 아직도 배움을 학생 안에서 일어나는 자생적이고 능동적인 움직임으로 보기보다 교사가 일깨우고 가르침을 줘야만 하는 수동적인 일로 여기는 경우가 많다. 문장 '三人行必有我師(삼인행필유아사)'를 익히고 서로에게 배울 수 있다는 사실을 확인한다.

> **그림책 소개**
>
> **우리는 매일 배우며 살아** (존 무스 글·그림 | 달리)
> 우리는 모든 순간 배우고 깨달으며 성장한다는 깨달음을 전하는 그림책이다. 책 속에 등장하는 세 명의 친구들은 한 명이 특별히 지혜롭거나 뛰어나서 해결책을 제시하는 것이 아니라, 각각의 상황에서 상대를 통해 깨달음을 얻는다.
>
>

1~3차시 그림책 읽고 토론하기

먼저, 배움과 관련된 성어와 단문을 익히는 시간을 가진다.

	訓(모양)	不	恥	下	問	反	面	教	師	多	岐	亡	羊	曲	學	阿	世	同	門	愛	學
1	音(소리)		치					교	사		기			곡		아					
	訓(뜻)		부끄러워하다					가르치다	스승		갈림길			굽다		아첨하다					
	표준 해석																				
	모범 해석																				
	訓(모양)	螢	雪	之	功	敎	學	相	長	溫	故	知	新	聞	一	知	十				
2	音(소리)	형																			
	訓(뜻)	반딧불이																			
	표준 해석																				
	모범 해석																				
	訓(모양)	子	曰	溫	故	而	知	新	이면	可	以	爲	師	矣	니라.						
3	音(소리)													의							
	訓(뜻)													어조사							
	표준 해석																				
	모범 해석																				
	訓(모양)	子	曰	三	人	行	必	有	我	師	焉	이니									
	音(소리)										언										
	訓(뜻)										어조사										
	표준 해석																				
	모범 해석																				
	訓(모양)	擇	其	善	者	而	從	之		其	不	善	者	而	改	之					
4	音(소리)	택	기		자		종								개						
	訓(뜻)	가리다	그		좋다										고치다						
	표준 해석																				
	모범 해석																				

그림책에서 일어나는 배움에 집중하고 토론이 진행될 수 있도록 그림책을 읽으면서 5가지 질문을 제시했다. 답변에 대한 근거는 그림책에서 찾도록 했다.

질문	학생의 답변
배움이 일어나는 것 같은 장면과 그렇게 생각한 이유는?	– 스틸워터가 몰리에게 '반조의 칼' 이야기를 해 주며 마음을 조급하게 먹지 말고, 느긋한 마음으로 연습할 것을 알려 주는 장면 – 리오가 스틸워터에게 욕심 부리면 안 된다는 것을 알려 주고 악당 없는 모험 놀이를 할 때 – 세 친구가 불가사리를 위해 늦은 밤까지 불가사리를 포기하지 않고 바다로 돌려보내 준 일

나에게 배움이 일어난 경험과 배움이 일어났다고 판단한 이유, 근거는?	– 고등학교에 들어와서 내 진로를 확실히 정해서 계획을 세우고, 공부하는 방법을 배운 것 – 진로를 정할 때 기준을 확실히 정하고 내가 선택해야 한다는 것 – 공부를 할 때 방향 설정을 하고 시작해야 한다는 것을 배움
실제 경험에서 배움이 일어날 수 있는 조건은?	– 자신의 목표(추진력) – 목표를 이끌어 주는 멘토(방향성) – 함께할 수 있는 친구(동반자 및 선의의 경쟁자)
'배움'이 중요한 이유는?	– 배움이 중요한 이유 : 삶의 방향을 잡을 수 있도록 하기 때문에 – 삶의 방향을 정해야 하는 이유 : 방황하며 시간을 허비하지 않아야 하기 때문에 – 방황하며 시간을 허비하면 안 되는 이유 : 인생이란 시간을 효율적으로 사용해야 하기 때문에 – 인생을 효율적으로 써야 하는 이유 : 인생은 굉장히 짧고 낭비하기 쉬워서 – 인생이 짧고 낭비하기 쉬운 이유 : 인생의 주인공인 나를 알아 가는 데 시간이 오래 걸리기 때문에
배우기 어려운 이유는 무엇인가?	– 남의 의견을 생각보다 받아들이기 힘들고, 나의 마음을 보채지 않는 것, 그리고 누군가의 조언, 나의 결심을 실천으로 행하기 어렵기 때문이다. 우리는 모두 자신만의 생각을 가지고 있기 때문에 남의 조언을 수용하는 것이 힘들고, 내 마음의 조급함을 없애는 것, 조언과 결심을 실천하는 것 모두가 자신의 습관을 변화시키는 것인데 자신의 삶을 변화시키는 것은 매우 힘들기 때문이다.

답변의 근거를 한문 학습지로 제한하니, 학습지를 반복해서 주시하는 데는 큰 도움이 되었으나 그림책과 연결하여 생각하기 어려워하였다. 그림책과 한문 학습지 두 부분 모두에서 답변의 근거를 찾는다면 좀 더 유기적인 수업이 될 수 있을 것이다.

함께 활용하면 좋은 그림책

◆ 나는 [ ] 배웁니다(가브리엘레 레바글리아티 글, 와타나베 미치오 그림 | 출판사)

덕목

칭찬이나 격려, 지지보다는 당위, 의무, 평가에 익숙한 학생들에게 자신들이 가진 덕목들을 빛이라는 이름으로 발견할 수 있게 해 주고, 서로의 덕목들을 가지고 축복하는 시간을 갖고 싶었다. 〈빛을 비추면〉을 통해서 아이들이 서로의 덕목을 발견하고, 그것의 소중함을 깨달을 수 있도록 하는 수업 활동이다.

그림책 소개

빛을 비추면 (김윤정 글, 최덕규 그림 | 윤에디션)
제목처럼 빛을 비출 때 나타날 수 있는 다양한 현상들을 눈으로 직접 보면서 확인하고, 자신 안에 있는 빛을 발견할 수 있도록 돕는 그림책이다.

1차시 리더의 덕목 찾기, 덕목 한자 익히기

사자성어 '君舟民水(군주민수)'를 익히고 태종실록에서 발췌한 본문을 읽은 후, 리더에게 필요한 덕목이 무엇인지 활동지 마지막 부분에 제시한 한자 30개 중에서 2개씩 고른다. 해당 한자를 고른 이유를 각각 30자 내외로 서술한다.[18]

2학년   반   번호   이름

君 舟 民 水:
( ) ( ) ( ) ( )
임금은 '배' 백성은 '물'이다.

조선왕조 3대 태종실록 5권, 태종 3년 5월 5일
경상도의 조운선 34척이 해중에서 침몰되어 죽은 사람들이 상당히 많았다. 만호(萬戶)가 사람을 시켜서 수색하니, 섬에 의지하여 살아난 사람이 이를 보고 도망하였다. 쫓아가서 붙잡아 그 까닭을 물으니, 대답하기를 "도망하여 머리를 깎고, 이 고생스러운 일에서 떠나려고 한다" 하였다.
임금이 듣고 탄식하기를 "책임은 내게 있다. 만인을 몰아서 사지에 나가게 한 것이 아닌가? 닷샛날은 음양에 수사(受死日)이고, 또 바람의 기운이 대단히 심하여 행선(行船)할 날이 아닌데, 바람이 심한 것을 알면서 배를 출발시켰으니, 이것은 실로 백성을 몰아서 사지(死地)에 나가게 한 것이다" 하며 좌우에 묻기를 "죽은 사람은 얼마이며, 잃은 쌀은 얼마인가?" 하니, 좌우가 대답하지를 못하였다.
임금이 말하기를, "대개 얼마인가?" 하니 좌우가 대답하길, "쌀은 만여 석이고, 사람은 천여 명입니다" 하였다. 임금이 말하기를 "쌀은 비록 많더라도 아까울 것이 없지마는, 사람 죽은 것이 대단히 불쌍하다. 그 부모와 처자의 마음이 어떠하겠는가? 조운(漕運)하는 고통이 이와 같으니, 선군(船軍)이 그 고통을 견디지 못하여 도망해 흩어지는 것은 마땅하다" 하였다. 우대언(右代言) 이응이 말하길, "육로로 운반하면 어려움이 더 심합니다" 하니 임금이 말하였다. "육로로 운반하는 것의 어려움은 우마의 수고뿐이니, 사람이 죽는 것보다는 낫지 않겠느냐."
출처 : 한국고전번역원 DB

---

1. 『君舟民水』 겉뜻:
             속뜻:
2. 이것과 관련지어 볼 때, 본인이 생각하는 군주의 2가지 덕목을 고르고 이유를 각각 30자 내외로 서술하시오.

---

18 전국 한문교사 오픈 채팅방 '啐啄同時(줄탁동시)'에서 권영미 교사 활동지 참고

```
( ) _____
    _____
( ) _____
    _____
```

義	信	善	禮	慈
옳다(의)	믿다(신)	착하다(선)	예절(례)(예)	사랑(자)
美	法	情	仁	知
아름답다(미)	법(법)	뜻, 정(정)	어질다(인)	알다(지)
智	德	勞	思	敬
슬기, 지혜(지)	덕(덕)	노력하다(노)	생각하다(사)	공경하다(경)
笑	愛	勇	貞	忠
웃다(소)	사랑하다(애)	날쌔다(용)	곧다(정)	충성(충)
學	和	淸	敏	細
배우다(학)	화목하다(화)	맑다(청)	재빠르다(민)	가늘다(섬세하다)(세)
共	誠	平	悲	省
함께(공)	성실하다(성)	평등(평)	슬프다(비)	살피다(성)

2차시 친구가 가진 빛(덕목) 찾기

태종이 가진 리더의 덕목을 찾는 활동을 한 뒤, 교사가 그림책 〈빛을 비추면〉을 읽어 준다. 교실을 어둡게 할 수 있는 환경이라면 최대한 어둡게 하고 책 뒷면에 랜턴을 비춰 그림책 속에 숨겨진 그림들을 함께 찾으며 읽으면 좋다. 그림책을 읽고 나서 4인 1모둠이 되어 모둠원들에게 있는 덕목을 찾는 활동을 한다.

교사 그림책에 빛을 비췄을 때 전에는 보이지 않았던 그림들이 보였죠? 이처럼 우리 안에도 보이지 않는 빛들이 있어요. 그 빛들을 선생님이 덕목 한자로 가져왔는데, 모둠 친구들이 가진 빛들을 덕목 한자로 찾고 응원하는 시간을 갖도록 하겠습니다.

빛 대화 툴킷 학습지[19] 1장과 크기가 서로 다른 포스트잇을 큰 것 두 개, 작은 것 6개씩 개인별로 배부하고 빛 대화를 시작한다. 타인의 눈으로 본 자신의 빛들을 확인하고 자신이 가진 빛을 입으로 말하면서 내면화하는 시간을 가진다.

활동 방법

1. 빛 대화 툴킷 학습지 좌측 상단 네모 칸에 '○○○(이름)의 삶', 우측 상단 네모 칸에 '○○○(이름)의 빛'이라고 적는다.
2. 받은 두 장의 큰 포스트잇에 자신의 삶에서 중요했던 경험 두 가지를 적는다. 이때 자신에게 중요했던 경험은 긍정적인 것도 부정적인 것도 괜찮다.
3. 자신의 삶에서 중요했던 경험이 긍정적이라면 좌표 평면 상단에 붙이고, 부정적이라면 좌표 평면 하단에 붙인다.
4. 모둠원들에게 자신의 삶에서 중요했던 일 2가지에 대해 이야기한다. 중요했던 일, 그때의 감정, 중요하게 여기는 이유 등을 함께 이야기한다.
5. 이야기를 들은 모둠원들이 해당 모둠원이 가진 덕목을 찾아 작은 포스트잇에 한자로 적는다.
6. 한자가 적힌 포스트잇을 해당 모둠원에게 전달하며 "당신이 가진 빛은 '노력하다(노)'입니다"처럼 말해 준다.
7. 포스트잇을 받은 학생은 받은 포스트잇 3장을 들고 "제가 가진 빛은 '노력하다(노), 사랑하다(애), 살피다(성)'입니다" 하고 말한 뒤 포스트잇을 자신의 빛 대화 툴킷 학습지에 붙인다.

---

19 〈퍼실리테이션 빛 대화 강의〉(안병훈 | 함성소리)

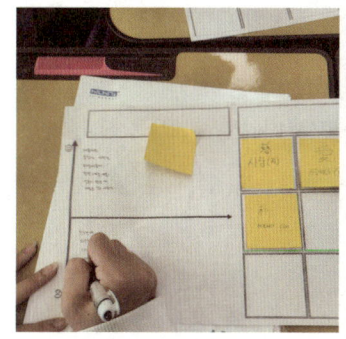

빛 대화 툴킷 학습지   친구의 덕목 찾아주기

8. 모둠 안에서 모두 공유가 끝나면 모둠별로 한 명씩 전체를 대상으로 자신의 삶에서 중요했던 일을 이야기한다.

9. 학급원 전체가 이야기를 듣고 이야기한 친구가 가진 덕목을 찾아 작은 포스트잇에 한자로 적고 해당 학생이 가진 덕목에 대해 이야기해 주며 포스트잇을 전달한다.

함께 활용하면 좋은 그림책

◆ 당신은 빛나고 있어요(에런 베커 글·그림)

그림책을 활용한 한문 수업에 대해 학생들은 대체로 만족스러워했다. 다소 어려울 수 있는 한문 주제를 그림책으로 다뤄 접근성이 좋아졌다는 반응이 많았다. 다만, 같은 주제로 접근하더라도 한문 지식에 대한 이해와 숙지가 필요하기 때문에 반복해서 텍스트를 읽는 활동이 필요하다는 의견이 많았다.

학생들의 반응이 특히 좋았던 수업은 〈100 인생 그림책〉을 읽고 나이를 나타내는 표현을 익히는 '나이 먹기' 놀이, 〈내 마음 ㅅㅅㅎ〉을 읽고 감정을 나타내는 한자를 익히는 '감정 탐정' 놀이 등 놀이를 통해 한자를 익히는 시간이었다. 〈거짓말 같은 이야기〉를 읽고 소크라틱 세미나를 통해 본문을 반복해서 읽으며 익히는 시간도 좋아했다. 그림책 속에 담긴 기아와 관련된 내용에 대해 고민하고, 2000년도 더 된 시대에 빈곤에 대해 고민하던 맹자의 이야기에 주목하며 깊게 텍스트를 읽으며 고전 속으로 들어갔다.

그림책을 모둠별로 배부하여 깊이 읽고, 그림책과 관련된 활동 시간을 많이 가질수록 학생들이 좋아했다. 한문 시간에 한문 지식을 익히는 것과 함께 주제별 그림책을 통해 고민하고, 고민했던 부분을 말과 글로 표현함으로써 내면화하는 시간이 인상 깊었다고 하는 학생들이 많았다.

한문 교과 시간에 더 좋은 그림책 수업을 하기 위해서는 주제에 맞는 그림책 선정이 중요하다. 주제별로 재구성한 성어들과 단문을 더 효과적으로 익히도록 돕고 자신의 생각을 이야기하고 고전이 말하는 가치를 아이들의 눈높이에서 말해 주는 그림책은 한문이 살아있는 학문으로 학생들에게 다가가도록 돕는다. 한문 고전이 그림책과 만나 학생들에게 앎으로, 배움과 활동의 과정을 통해 삶으로 연결된다. 그림책을 사랑하지 않을 수 없다.

――― 교육과 실천이 펴낸 책 ―――

그림책 성교육

김경란, 신석희 지음

어떻게 하면 아이들과 자연스럽게 성에 대해 이야기 할 수 있을까? 성교육의 중요성과 필요성은 누구나 공감하지만, 다양한 가치관 앞에서 무엇을 어떻게 가르쳐야 할지 고민이 생긴다. '성교육'을 그림책을 통해 편안하고 친근하게 접근할 수 있게 안내한다.

그림책 토론

권현숙, 김민경, 김준호, 백지원, 조승연, 조형옥 지음

누구나 쉽고 재미있게 생각과 감정을 나눔으로써 토론이 재밌어지고 수업이 즐거워진다. 책 선정에서 읽는 방법, 실제 수업까지 그림책으로 토론해 보고 싶은 교사를 위한 친절한 가이드.

토론이 수업이 되려면

경기도토론교육연구회 지음

교실에서 가장 많이 활용되는 찬반 토론, 소크라틱 세미나, 하브루타, 에르티아 토론, 그림책 토론의 이론적인 토대와 어떻게 수업에 적용할 수 있는지를 여러 교과의 적용 사례로 보여준다.

그림책 교사의 삶으로 다가오다

김준호 지음

삶에 지쳐 힘들 때 그림책을 펼쳐보자. 그림책은 삶에 지친 우리의 마음에 지금 충분히 잘 하고 있다고, 억지로 무엇을 더 할 필요가 없다고 위로와 위안을 건네준다.

제라드의 우주쉼터, 소피아의 화를 푸는 방법

제인 넬슨 지음, 빌 쇼어 그림, 김성환 옮김

'긍정의 훈육' 창시자인 제인 넬슨의 교육철학이 담긴 그림책. 전세계 300만 부 이상 판매된 베스트셀러로, 2014년 우리나라에 '학급 긍정훈육법'이 처음 번역 출간된 이래로 수많은 교사와 부모에게 여전히 사랑받고 있다.

좋아서 그런건데

아이와 함께 읽고 생각을 나누는 감정 신호등 그림책 ①

황진희 글, 조아영 그림

좋아하는 마음을 표현하는 것에도 올바른 방법이 있다. 이 그림책으로 '경계선 지키기', '좋아하는 감정 표현하기', '거절하기와 수용하기'를 배우고 올바르게 행동할 수 있다.

교육과정-수업-평가-기록 일체화
이명섭 지음

'어떻게 가르치느냐?'보다 '누구에게 무엇을 가르치느냐?', 더 나아가 '누가 무엇을 어떻게 배우느냐?'에 대한 고민이 더 필요하다는 것을 깨달은 저자가 같은 방향을 바라보는 동료들과 함께 일구어낸, 몇 번이나 실패하고 간혹 작은 성공을 이룬 소중한 수업 현장의 기록이다.

교사 교육과정
김덕년, 정윤리, 최미현, 김지연, 고승선, 이하영, 최윤정 지음

교사로서 수많은 시행착오를 거치면서 교사가 교육과정 운영의 주체라는 사실을 깨닫게 되었고, 그 고민을 함께 나눈 동료들과 공감하고 좌절하고 다시 일어서며 완성시킨 이야기를 담았다.

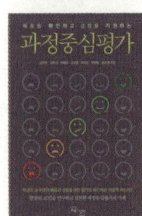

과정중심평가
김덕년, 강민서, 박병두, 김진영, 최우성, 연현정, 전소영 지음

2015 개정 교육과정의 핵심 내용 중 하나로, 최근 교육 현장에서 가장 큰 화두인 '과정중심평가'를 소개한다. 특히 '과정중심평가를 어떻게 실천할 것인가'에 대한 실마리를 제시한다.

특수교육에서의 교육과정 재구성과 수업
한재희 지음

수업공개를 통해 특수교실의 문을 활짝 연 저자는 특수교육에서 교육과정 재구성이 왜 중요하며, 그것이 교실에서 어떻게 실현되어야 하는지 성공 사례와 실패 사례를 통해 보여준다.

격려 수업, 격려 수업 워크북
린 노트, 바버라 멘덴홀 지음, 김성환 옮김

새로운 사람처럼 생각하고 느끼고 행동하게 하는 아들러 심리학에 기반한 8주간의 격려 상담. 당신이 겪고 있는 문제와 관련된 정보를 찾고 그로부터 그 문제를 해결하도록 돕는다.

포노 사피엔스를 위한 진로 교육
김덕년, 유미라, 허은숙 지음

아이들 각각의 개성과 다양한 가능성을 열어주고 행복한 미래를 설계하는 힘을 키워줄 수 있게 다시 짜는 진로 교육. 소중한 존재들에게 어른들이 해줘야 하는 실천적 과제들을 담고있다.